· 西北大学“双一流”建设项目资助

Sponsored by First-class Universities and Academic Programs of Northwest University

卖空机制、企业创新与股价崩盘风险研究

Research on the Short Selling Mechanism, Corporate Innovation and Stock Price Crash Risk

陈怡欣◎著

中国经济出版社
CHINA ECONOMIC PUBLISHING HOUSE
北 京

图书在版编目（CIP）数据

卖空机制、企业创新与股价崩盘风险研究 / 陈怡欣著. -- 北京：中国经济出版社，2024. 7. -- ISBN 978-7-5136-7847-6

Ⅰ. F832. 51；F279. 23

中国国家版本馆 CIP 数据核字第 2024QR6038 号

责任编辑　贺　静　杨元丽
责任印制　李　伟
封面设计　华子设计

出版发行　中国经济出版社
印 刷 者　河北宝昌佳彩印刷有限公司
经 销 者　各地新华书店
开　　本　710mm × 1000mm　1/16
印　　张　16
字　　数　229 千字
版　　次　2024 年 7 月第 1 版
印　　次　2024 年 7 月第 1 次
定　　价　89. 00 元
广告经营许可证　京西工商广字第 8179 号

中国经济出版社 **网址** http://epc. sinopec. com/epc/ **社址** 北京市东城区安定门外大街 58 号 **邮编** 100011
本版图书如存在印装质量问题，请与本社销售中心联系调换（联系电话：010 - 57512564）

前言

企业创新是提升企业竞争实力、推动产业结构升级、引领国家经济增长的根本动力，是实现可持续发展的必由之路。与发达国家相比，我国企业普遍存在创新投入不足、创新效率偏低的现实问题。如何提升企业创新投入与创新效率已成为当前经济发展的核心议题。国家要求“加快实施创新驱动发展战略”，明确提出“强化资本市场对技术创新的支持”。本书基于2010年3月A股市场引入卖空机制的制度背景，研究了卖空机制对企业创新投入和创新效率的影响；并从股价崩盘风险角度，考察了卖空机制对企业创新经济后果的影响。以A股上市公司为样本，运用多期双重差分模型研究发现：卖空机制的引入，通过治理大股东和经理人代理行为，显著提高了企业创新投入强度；卖空机制的引入，通过增强市场信息反馈、治理经理人代理行为、强化研发人员股权激励效果，显著提高了企业创新效率；企业创新投入加剧了股价崩盘风险，卖空机制的引入，通过提高创新效率、促进创新信息披露，减弱了创新投入对股价崩盘风险的正向影响。研究结论表明，卖空机制能够有效提高企业创新水平，并能缓解企业创新引发的股市负面效应，降低了非系统性风险发生的概率。

与已有文献相比，本书主要的创新点如下：

第一，将卖空机制纳入企业创新的研究框架，本书证明了卖空机制的引入会提高企业创新投入和创新效率，并揭示了卖空机制产生这一作用的内在机理，拓宽了股票市场与企业创新关系的研究视角。股票市场如何影响企业创新是创新研究的重要领域，现有文献更多关注了股票市场参与主体、股票特征和市场规模等因素对创新的影响，鲜有对市场交易机制与企业创新的关系进行的研究。本研究的前期成果初步证明了卖空机制对企业创新水平的促进作用，但未从投入和效率角度有效揭示卖空机制促进创新水平的具体路径。鉴于此，本书在前期研究成果的基础上，运用委托代理理论、市场微观结构理论和市场反馈理论等，证实了A股市场卖空机制的引入对企业创新投入和创新效率存在正向影响，揭示了卖空机制促进企业创新的内在机理。研究结论从交易机制层面，发现了股票市场影响企业创新的新路径，为探讨股票市场与企业创新的关系提供了新的视角与经验证据。

第二，本书研究发现，卖空约束缓解后，卖空机制对企业创新投入和创新效率的促进作用得到显著增强，证实了卖空约束是影响卖空机制功能发挥的关键因素。与发达股票市场相比，我国A股市场仍然存在融券券源不足和融券费率过高等问题，卖空交易的撮合受到了较强的制度约束，影响了卖空机制经济效应的有效发挥。现有研究主要关注了引入卖空机制产生的经济后果，鲜有探讨卖空约束对卖空机制功能发挥的影响。本书利用2013年2月A股市场转融券制度的实施，构建了卖空约束缓解的代理变量，并使用卖空机制引入与卖空约束缓解的交乘项进行研究，发现卖空约束缓解增强了卖空机制对企业创新的促进作用。研究结论表明，单纯扩大融券标的范围难以有效发挥卖空机制对企业创新的积极作用，在未来政策修订中，建议在有效的市场监管下，适度缓解A股市场对卖空交易的制度约束。

第三，从股票市场交易机制层面，本书研究并证实了引入卖空机制是缓解企业创新引发的股价崩盘风险的有效途径。近期相关研究发现，企业创新投入加剧了股价崩盘风险，但仅从股权特征角度研究了如何缓解创新引发的股价崩盘风险，研究视角有待拓展。本书研究发现，通过提高企业创新效率与创新信息披露水平，卖空机制的引入能够显著减弱企业创新投入对股价崩盘风险的正向影响。研究结论从股票市场交易机制层面，丰富了关于缓解企业创新引发的股市负面效应的研究成果，克服了现有文献仅从股权特征角度进行研究的局限，对于防范企业创新可能引发的非系统性风险具有一定的现实意义，也为全面、客观地评价卖空机制的实施效果提供了理论依据。

目录

1　绪论

如何强化资本市场对企业创新的支持、优化企业创新资源的配置效率，是当前我国经济发展的重要议题。在此背景下，本书重点研究我国 A 股市场卖空机制的引入对企业创新投入和创新效率的影响，并从股价崩盘风险角度，考察卖空机制对企业创新经济后果的影响。1.1 节为研究背景，首先介绍了当前我国企业创新水平的现状和主要问题，探讨了资本市场发展对企业创新的重要意义，论述了卖空机制对企业行为的重要影响；其次介绍了本书研究的理论背景，总结并归纳了相关研究的现状与不足。1.2 节为研究问题与意义，提出了本书的研究问题，论述了研究的现实与理论意义。1.3 节介绍了本书的研究内容、方法与框架。

1.1　研究背景

1.1.1　实践背景

（1）我国企业创新水平与发达国家企业差距较大

创新是企业生存发展的必由之路，是国家经济增长的核心动力。《2019 年全球竞争力报告》将创新能力作为衡量国家竞争实力的核心指标。企业是创新的主体，为激励企业创新，各国政府在 21 世纪出台了一系列支持企业创新的战略计划。日本早在 2007 年便开始实施激励企业创新的《创新 25 战略》；美国在 2009 年首次发布《美国创新战略》，制定了鼓励企业优先研发的技术创新项目；德国在 2013 年提出了旨在实现智能制造的“工业 4.0”计划；对标德国“工业 4.0”，韩国也在 2014 年发布了《制造业创新 3.0 战略》。我国高度重视企业创新对经济发展的重要意义，2012 年，党的十八大提出实施“创新驱动发展战略”，并在 2015 年发布了《中国制造 2025》，旨在通过顶层设计提升我国企业在关键技术领域的创新水平。2017 年，党的十九大进一步提出要“加快建设创新型国家”，建立以企业为主体的技术创新体系。

当前我国企业创新的真实水平到底如何？2015 年 11 月，工信部指出，我国企业创新水平仍然处于世界第三梯队，企业创新活动集中在低端技术领域，整体创新水平与第一梯队的美国和第二梯队的日本及欧盟各国存在较大差距，尤其在高端技术领域差距甚大。根据《中国企业创新能力百千万排行榜（2019）》对我国超过 15 万家高新技术企业的调查，2019 年我国企业创新水平虽有提高，但整体水平仍然较低，具体有以下两个方面的表现。

一方面，专利申请数量在样本企业间分布极不均衡，少数企业占据了绝大多数的专利申请。调查结果显示，在专利申请数量前千强企业中，前 10% 的企业专利申请数量占到所有企业专利申请总数的 45.9%，大部分企业的专利申请数量仍然较少，整体创新水平较低。

另一方面，与发达国家企业相比，我国企业发明专利申请数量占比较低，申请的专利质量仍然较差。根据我国调查结果，在专利申请数量前千强企业中，反映企业创新水平的发明专利申请数量仅占专利申请总数的 60%①，而美国和日本企业这一指标分别高达 91.5% 和 85.6%。结果说明，即便是我国创新水平较高的前千强企业，专利申请质量与发达国家企业相比仍有不小的差距。高质量专利的缺乏导致我国企业在诸多核心技术上受制于人，加剧了在国际竞争日益激烈环境下，企业持续经营能力的不确定性。

近年来，中美两国的贸易摩擦更加清晰地呈现出了两国企业创新水平的真实差距。2018 年，中兴通讯因违反美国对伊朗的出口管制而遭到制裁，美国商务部宣布将在未来 7 年内禁止美国企业向中兴通讯出口任何技术和产品。中兴通讯设备生产高度依赖美国芯片供应，美国的制裁导致中兴通讯被迫停产。最终，中兴通讯缴纳了 11.92 亿美元的天价罚款。由此可见，核心技术依赖国外进口加剧了企业持续经营能力的不确定性。不只是芯片制造，我国企业在发动机制造和航空电子技术上同样落后于美国等发达国家。航空发动机、航空电子设备和飞行控制系统被喻为飞机制造的“三大件”，我国 C919 客机的“三大件”均进口于美国通用电气公司。伴随 2019 年中美贸易摩擦

① 根据国家统计局公布的最新统计数据，2018 年我国规模以上工业企业发明专利申请数为 371569 件，仅占专利申请总数的 38.8%，这一比值与美国、日本等国企业相比差距更大。

的不断升级，特朗普政府就曾在2020年2月表示禁止向我国出口发动机和航空电子设备，严重影响了我国C919客机的生产计划。2023年10月，美国商务部工业和安全局发布了旨在限制向中国出口AI芯片的一系列出口禁令。此外，在高端医疗器械的核心部件、高强度不锈钢、激光雷达等制造业关键技术上，我国企业同样高度依赖国外进口。综上说明，当前我国企业创新水平与发达国家企业仍有较大差距，企业亟须在关键技术领域提升创新水平，打破核心技术受制于人的被动局面。

（2）我国企业创新投入与创新效率亟待提高

哪些因素阻碍了我国企业创新水平的提高？创新水平由创新投入和创新效率共同决定。在创新投入方面，近年来我国企业投入水平逐渐提高，但仍与发达国家企业存在较大差距。据统计①，2018年我国研发支出总额为1.97万亿元，占当年GDP的2.18%，其中规模以上企业研发支出为1.23万亿元，占当年GDP的1.36%；美国在2018年的研发支出总额占当年GDP（以下简称研发支出强度）的2.83%，其中企业研发支出占当年GDP（以下简称企业研发支出强度）的2.00%；我国与日本和韩国的差距更大，日本2018年研发支出强度为3.26%，企业研发支出强度为2.71%；而韩国2018年研发支出强度和企业研发支出强度分别高达4.53%和3.68%。

图1-1列示了我国与6个代表性国家研发支出强度的对比数据，反映出我国企业创新投入强度仍然较低，投入不足是抑制创新水平的重要原因。此外，微观层面的统计通常使用研发支出与主营业务收入的比值进行衡量。国际上公认的标准是：如果这一比值低于1%，企业将难以生存。2018年我国规模以上企业的研发投入强度仅为1.3%，较2017年增长0.2个百分点，与美国（4.0%）、日本（3.4%）、德国（2.3%）等国企业相比仍有较大差距。综上，虽然我国企业创新投入强度呈现出逐渐提高的趋势，但与国际上传统创新强国的企业差距较大，创新投入水平亟待提高。

在创新效率方面，如果以具有创新价值的发明专利作为创新产出的衡量标准，我国企业与发达国家企业的差距更大。美国战略与国际研究中心在2017年发布了《科技胖龙——中国创新力基准报告》，指出虽然我国企业创

① 资料来源：国家统计局和OECD网站公布的最新统计数据，2018年为可获得的最新数据披露年份。

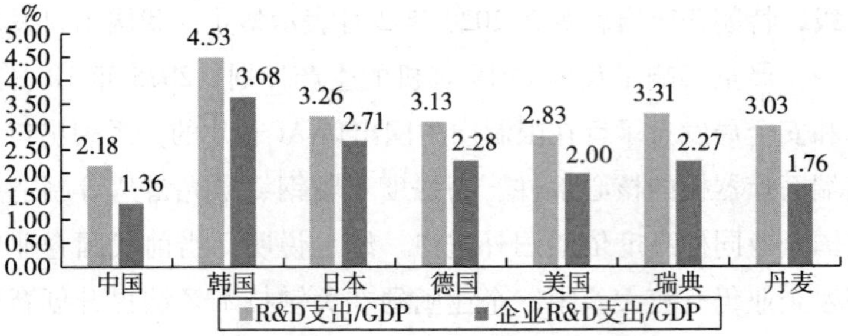

图 1-1 2018 年研发支出强度的国际对比

资料来源：中国统计局网站和 OECD 数据库网站。

新投入在不断增长，但是在以发明专利为衡量标准的产出数量上增长却极为缓慢，外观设计和实用新型专利占到产出的很大比例。根据该报告的调查结果，2015 年我国批准的企业专利中只有 21% 是发明专利，其余均为外观设计或实用新型专利。并且，2015 年我国企业专利创收仅为 17.5 亿美元，而美国企业专利创收在 2012 年便已达到 1152 亿美元。我国企业创新投入和产出严重不匹配，企业创新效率整体偏低。

事实上，即便是我国科技创新企业的典范——华为，2018 年其创新投入高达 1015 亿元，占销售收入的 14.1%，PCT 国际专利申请总量更以 5405 件位居世界第一。但在这 5405 件专利申请中，外观设计和实用新型专利占比高达 79%，发明专利仅占 21%，而排名第四的美国高通公司的发明专利申请占比高达 44%。因此，如果仅以发明专利申请数量衡量企业的创新产出，那么华为在高投入下未能实现高水平的创新产出，仍需进一步提升企业的创新效率。

此外，根据《中国企业家成长与发展专题调查报告（2015）》，虽然我国企业创新投入强度持续提高，但是创新产出却未呈持续增长的趋势。具体而言，在被调查的 2446 个样本企业中，52.7% 的企业表示与上年相比增加了创新投入资金，但仅有 32.7% 的企业表示创新产出较上年有所增加。为更加直观地反映我国企业的创新效率，本书使用随机前沿分析法（Stochastic Frontier Analysis，SFA）对 A 股上市公司 2008—2015 年的创新效率水平进行了统计，结果如图 1-2 所示。以企业在当年申请并最终授权的发明专利数量作为创新产出时，企业在样本期间的创新效率虽然呈现出逐渐递增的趋势，但样本创新效率的均值仅为 0.45，即企业创新效率的实际水平距离前沿最高水平还有

55%的缺口，创新效率亟待提高。

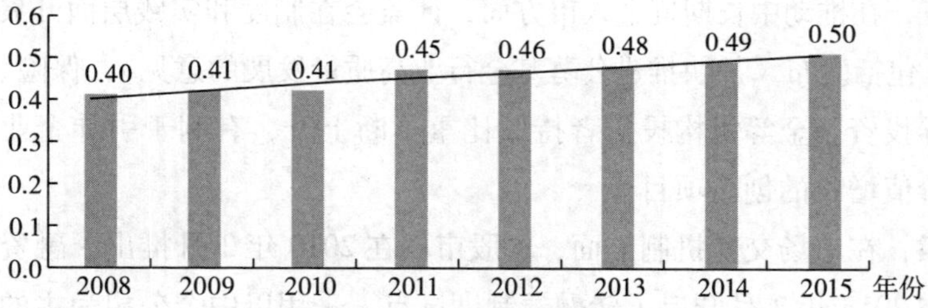

图 1-2 2008—2015 年 A 股上市公司创新效率水平

资料来源：笔者根据国家知识产权总局网站和国泰安数据库数据整理。

上述统计数据与相关分析表明，近年来我国企业创新水平虽然有所提高，涌现出如华为、阿里巴巴等创新能力较强的科技企业，但在整体水平上和传统创新强国仍有较大差距，尤其在一些高技术难度的创新领域，我国企业创新能力亟须提升。从企业创新投入和效率角度的分析结果表明，虽然我国企业创新投入增长较快，但创新投入强度与美国、日本、德国等发达国家企业差距较大；在专利申请方面，我国企业在国际专利申请中仍以低技术含量的外观设计和实用新型专利为主，发明专利所占比重较低，投入与产出的不匹配反映出企业创新效率普遍偏低。由此可见，我国企业在创新投入和创新效率上与发达国家企业仍有较大差距，提高企业创新投入和创新效率是促进我国企业创新水平的关键。

（3）国家提出应“强化资本市场对技术创新的支持”

服务实体经济是资本市场的天然使命，2015 年 3 月，国务院发布《关于深化体制机制改革加快实施创新驱动发展战略的若干意见》，提出应“强化资本市场对技术创新的支持”。2024 年 4 月 19 日，证监会发布《资本市场服务科技企业高水平发展的十六项措施》。综合来看，A 股市场近年来在服务实体企业创新方面进行了大量开创性实践，具体措施可以归纳为以下四个方面。

第一，在多层次资本市场建设方面，2019 年 6 月，A 股科创板正式开市，采用注册制的科创板为科技类企业股权融资提供了重要渠道，有利于缓解创新型企业“融资难”问题；2021 年 9 月 3 日，北京证券交易所注册成立，为中小型创新企业提供了公开的权益融资途径。

第二，在资本市场对外开放方面，2002 年 11 月，境外合格机构投资者（QFII）正式引入 A 股市场，并于 2019 年 6 月取消了对其投资额度的限制，这类投资者的进入有利于引进国外先进的公司治理和创新经验。

第三，在推动中长期资金入市方面，证监会在制度和实践层面开展了一系列改革，包括发布《加快推进公募基金行业高质量发展的意见》，保险、社保、各类证券投资基金等机构投资者持股比重不断上升，有利于引导企业投资促进长期价值增长的创新项目。

第四，在市场交易机制方面，A 股市场在 2010 年 3 月推出了融资融券制度，并在 2013 年 2 月开启了转融券制度试点，采用以中金公司为主的会员制集中授信模式，进一步缓解了卖空交易券源不足的制度约束。

资本市场的制度发展不仅能降低企业融资约束，提供支持创新研发的外部资本，并且能通过促进上市公司内部治理和增强市场信息反馈等功能，提高企业的创新意愿与创新效率，促进创新水平的有效提升。本书重点从市场交易机制改革的视角，探讨 A 股市场卖空机制的引入对实体企业技术创新的影响。

（4）卖空机制对 A 股市场的影响不断增强

2010 年 3 月 31 日，我国 A 股市场正式引入卖空机制，结束了近 20 年的只允许做多的单边交易机制，进入了股票市场双向交易时代。首批融券标的共计 90 只股票，此后历经数次扩容，于 2019 年 12 月 31 日达到 1767 只股票，占 A 股总数的 47.8%。此后，融券标的数量及其占 A 股总数的比例也在不断上升[①]。

卖空交易规模也在迅速扩大，在 2010 年 3 月 31 日卖空机制引入当天，A 股沪深两市融券发生额仅为 4000 股，融券余额仅有 9.5 万元；而在 2019 年 12 月 31 日，沪深两市融券发生额已高达 1.68 亿股，融券余额为 137.8 亿元。

在交易发生额方面，2010 年至 2015 年上半年，卖空交易发生额呈明显的递增趋势，2014 年全年累计发生额为 2027 亿股，占 A 股市场当年交易总量的 2.783%。这一比例直观上并不高，但香港股市常年的卖空交易量也仅占市场交易量的 5.6% 左右[②]。事实上，卖空交易对市场和企业行为的影响并不需要较高的交易量，其主要通过信号传递带动中小投资者“用脚投票”，以影响市场运行和企业决策。

---

① 截至 2024 年 5 月，A 股市场融券标的数量达到 3605 只股票，占 A 股总数（5198 只）的 69.35%。

② 资料来源：海通策略研究报告《市场的另一半：卖空—美股、港股、A 股》。

从2015年下半年开始，A股市场发生剧烈震荡，股市进入“熊市”阶段。股价下行时卖空交易的撮合将在严格的价格测试下进行，因此交易规模大幅缩减。由此可见，卖空交易在我国A股市场主要发生在股市上涨阶段，起到了抑制价格泡沫的作用，而在股市下行阶段发生规模较小，没有加剧市场下行压力。图1－3展示了融券标的数量与卖空交易市场规模历年来的变化情况。

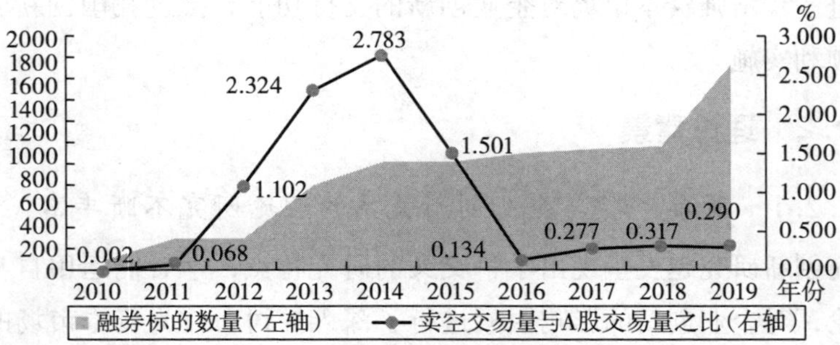

图1－3　融券标的数量与卖空交易市场规模变化情况

资料来源：国泰安（CSMAR）“融资融券”数据库。

在实际操作方面，卖空机制在A股市场得到了投资者的有效运用。2014年10月30日，“水产第一股”獐子岛（002069. SZ）发布公告称，因黄海领域遭遇冷水团，公司海洋牧场遭遇灭顶之灾，因此第三季度业绩由上半年盈利4858万元转为亏损8.12亿元，事件最终以证监会认定獐子岛存在财务造假为结局。在獐子岛10月14日正式停牌之前，从10月8日起，投资者便开始扩大獐子岛股票的卖空仓位。卖空交易的信号传递带动了中小投资者“用脚投票”，造成股价在停牌之前连续下跌，在12月8日恢复交易后下跌趋势也未停止，市值在两个月内蒸发约30%。

上述案例说明，与美国等国的发达股票市场相比，A股市场的卖空投资者同样具备较强的信息优势，能够提前获取公司负面消息并卖空股票，市场的中小投资者也会在卖空交易的“信号传递”下“用脚投票”，造成股价大幅下跌。在卖空机制对股票价格的上述影响下，这一机制的引入会产生两类经济效应：一类是“治理效应”，即公司内部大股东和经理人由于担心自身机会主义行为可能导致股票被投资者卖空，造成股价大跌，进而会在事前减少损害公司价值的行为；另一类是“信息效应”，即卖空机制的运行能够促使股价包含更多的公司负面消息，从而提高公司股价的信息含量。股价信息含量的提高有利于增强股市的信息反馈，提升经理人决策的有效性。

在国家提出强化资本市场对企业创新支持功能的背景下，基于上述卖空机制影响企业行为的经济效应，卖空机制及其相关制度完善是否会影响企业创新？从投入和效率的角度，卖空机制是否会增强企业创新水平？从经济后果角度，卖空机制能否缓解企业创新对股价崩盘风险的不利影响？对这些问题的回答，有利于理解资本市场与企业创新的内在关联，通过政策的修订与完善，进一步增强资本市场对企业创新的支持功能，推进我国创新驱动发展战略的顺利实施。

1.1.2 理论背景

1.1.2.1 股票市场与企业创新关系的理论研究不断丰富

当前创新研究越发呈现出学科交叉的研究特点，学者们运用自身学科的经典理论，对企业创新的影响因素进行了深入探讨。作为资本市场的重要组成部分，股票市场如何影响企业创新是近期财务与会计学研究的关注热点，文献从创新投入和创新效率角度，对相关影响因素进行了理论分析与实证检验。鉴于这两类研究的理论基础存在明显差异，本节将分别论述两类研究的理论背景。

（1）股票市场影响企业创新投入的主要理论

创新投入由企业融资能力与创新意愿决定，是企业开展创新活动的标志。这一方向的研究重点在于探讨缓解企业创新融资约束、增强经理人创新主观意愿的有效机制。在股票市场研究范畴中，相关文献运用信息不对称、委托代理和融资优序等理论，探讨了股票市场中影响企业创新投入的相关因素。按照理论基础的差异，现有成果可以分为以下三类。

第一，运用委托代理理论，探讨股票市场各类主体对创新投入的影响。根据委托代理理论（Jensen and Meckling，1976），两类代理问题分别会对企业的创新意愿与融资能力产生重要影响。第一类代理问题是指股东与经理人之间的代理冲突，这类代理问题的存在削弱了经理人的创新意愿，具体有以下两种表现：① 当公司内部治理水平较低时，经理人为享受“平静生活”的私有收益而怠于创新，创新意愿明显不足（Bertrand and Mullainathan，2003）；② 经理人因忌惮股东可能错误地将随机因素导致的创新失败归咎于其能力不足，而存在不愿意开展创新的“职业担忧”（Holmstrom，1989）。

第二类代理问题是指大股东与中小股东之间的代理冲突，这类代理问题广泛存在于公司治理水平较低的新兴股票市场（Shleifer and Vishny，1997），具体以大股东运用控制权的利益侵占行为为主要表现，恶化了企业持续经营能力，加剧了创新的资本约束。如何运用有效的公司治理机制，治理两类代理行为对企业创新投入的消极影响，是当前文献的研究重点。

首先，在股票市场中，机构投资者的公司治理功能是近期学术研究的关注焦点。研究发现，机构投资者持股比例的增加能够治理第一类代理问题，增强企业创新意愿（Aghion et al.，2013）；此外，从机构投资者身份特征角度，研究发现境外机构投资者能够更加积极地监督经理人创新决策，因此上述两类经理人创新的代理问题能够得到更加有效的缓解，从而更高程度地促进创新投入水平（Luong et al.，2017）。

其次，作为股票市场重要的信息中介，分析师的公司治理作用得到了越来越多文献的肯定。通过积极搜集企业相关信息，分析师能够对公司的经营能力与发展前景进行评判，从而对经理人行为发挥了监督作用（Lang et al.，2004）。基于此，分析师跟踪能够治理经理人代理行为，增强经理人创新意愿，有利于提高企业创新的投入水平（陈钦源等，2017）。关于资本市场主体的治理作用如何影响第二类代理问题，现有文献探讨较少。但从理论上讲，机构投资者和分析师的监督作用也应会增加大股东机会主义行为的实施成本，进而降低利益侵占行为对企业创新资源的攫取，促进企业创新投入的有效提高。

第二，运用信息不对称理论，探讨股票市场如何通过缓解企业创新的融资约束，进而促进创新投入水平。信息不对称是影响企业融资能力的关键，尤其对于创新型企业而言，创新活动的复杂性、不可比性、创新资产交易市场的缺乏，以及创新信息披露高昂的专有成本，均会加剧企业与投资者之间的信息不对称，导致企业融资成本上升、融资难度增大（Aboody and Lev，2000）。因此，股票市场如何发挥创新融资约束的缓解功能，是影响企业创新投入水平的关键。

现有研究发现，作为股票市场的信息中介，分析师不仅能够发挥监督作用，并且其对公司信息的解读与传播能够缓解企业与投资者的信息不对称，进而降低创新型企业的融资成本，促进企业创新投入水平（陈钦源等，2017；余明桂等，2017）。但对于如审计师、机构投资者等其他市场主体能否缓解创新型企业的信息不对称，现有文献探讨较少。

第三，运用融资优序理论，探讨股票市场发展如何为企业融资提供便利，进而影响企业创新投入水平。融资优序理论指出，在考虑了资本的使用成本后，企业融资时应首选自有资金，其次是债务资本和权益资本（Myers and Majluf，1984）。然而对于创新型企业而言，债权人无法分享创新的上行收益，但要承担创新的下行风险，因此对这类企业的信贷意愿较低。在外源融资中，权益资本便成为企业创新的重要资本来源。

作为企业权益资本的主要来源，股票市场的发展对于企业创新融资意义重大。现有研究发现，在高度依赖外源融资的行业中，股票市场规模的发展有利于缓解企业创新的融资约束、促进企业创新的投入水平（Hsu et al.，2014；钟腾、汪昌云，2017）。

（2）股票市场影响企业创新效率的主要理论

创新效率反映了企业对创新资源的配置水平，是体现企业创新能力的核心指标。现有创新研究的相关成果更多基于创新投入影响的相关理论，关于创新效率的影响因素研究仍未形成系统的理论框架。本书在对创新效率研究文献进行归纳的基础上，初步构建了效率研究的理论框架。按照相关理论基础，股票市场影响企业创新效率的研究可以分为以下两类。

第一，运用决策理论和市场反馈理论，探讨股票市场如何通过影响企业信息获取，最终影响企业创新效率。根据决策理论，经理人是有限理性的，并不能获得关于这项决策的所有信息（Simon，1960）。因此，外部信息的获取对于企业创新项目选择、创新决策执行效率具有重要影响。

关于股票市场如何通过影响经理人信息获取进而影响创新效率，现有文献按照信息的获取来源可以分为以下两个分支。

在第一个分支下，文献将股票市场作为经理人决策信息来源，并以股价作为股票市场信息的传播途径（Hayek，1945）。根据市场反馈理论，股票价格是市场各类投资者依据私有信息进行交易形成的均衡结果，股价本身蕴藏的丰富市场信息有利于引导企业资源配置、提升资源配置效率（Bond et al.，2012）。因此，从理论上讲，股价信息含量越高，越能有效地引导企业配置生产资源。基于这一思想，现有文献围绕股价信息含量与企业创新效率的关系进行了初步探讨，相关文献数量十分有限，研究视角亟待扩展，但研究结论均肯定了股价信息含量提高对企业创新效率的积极影响（李启佳等，

2020；Zhong，2018；Hsu et al.，2014）。

在第二个分支下，现有研究将专业机构投资者作为创新信息的主要来源，探讨了机构投资者在企业创新项目选择与创新决策执行时，如何帮助企业更高效率地配置创新资源。研究发现，同时持有多家公司股份的机构投资者（Chemmanur et al.，2023）、专业对冲基金（Brav et al.，2018）和境外机构投资者（Luong et al.，2017），在帮助企业获取外部创新知识、促进企业创新资源的配置效率中发挥了积极影响。

第二，运用委托代理理论，探讨股票市场如何通过缓解研发人员代理问题，促进企业创新效率。根据委托代理理论，在企业创新过程中，研发人员是创新决策的执行者，但当研发人员个人利益与创新价值未能有效结合，或当研发人员预期企业可能在创新成功后通过“敲竹杠”攫取其应得利益时，研发人员也存在事前消极怠工的代理行为（Acharya et al.，2014）。

现有研究发现，股票市场能够通过影响研发人员代理行为，进而影响企业创新效率，具体机制是企业通过在股票市场上市，提升研发人员股权激励的实施效果（张劲帆等，2017）。但关于股票市场其他要素是否会在研发人员创新激励中发挥积极影响，现有文献的探讨仍然较少。

1.1.2.2 企业创新与股价崩盘风险关系的理论探讨逐步兴起

当前企业创新的研究热点仍聚集于创新的影响因素，而对创新的经济后果关注较少。这一领域的早期研究更多关注了创新对企业业绩和市场价值的影响，主要从投入或产出角度进行了探讨（Wakelin，2001；陈超等，2014；徐欣、唐清泉，2010；吴超鹏、唐菂，2016）。

基于有效市场假说和信息不对称理论，近期文献初步探讨了企业创新对股价崩盘风险的影响，以及缓解企业创新引发的股价崩盘风险的途径。根据Fama（1970）提出的有效市场假说，一切有价值的信息已经被股价完全反映，即股票价格总是能够实时反映关于资产的所有可获得信息，股价发生崩盘的概率极低。而在现实股票市场中，公司层面的股价崩盘现象时有发生，这无疑对有效市场假说的可靠性提出了严峻挑战。现实与理论的不一致，源于有效市场假说近乎苛刻的前提要求，即投资者具备完全理性的特征，以及市场主体间信息完全对称。因此，解释股价崩盘现象的成因，需要放宽有效市场假说成立的前提。

运用信息不对称理论，Jin 和 Myers（2006）提出了用于解释公司层面股价崩盘现象的“信息隐藏假说”，在信息不对称的环境中，负面消息难以被股价及时反映，若此时经理人不主动对负面消息进行披露，负面消息的累积超过一定阈值时易导致股价崩盘。根据这一观点，近期研究初步探讨了企业创新对股价崩盘风险的影响，并发现由于创新的高风险且易加剧企业与市场的信息不对称，创新投入越多的企业股价崩盘风险越高。然而，关于如何缓解创新引发的股价崩盘风险，仍是困扰理论界的学术难题。现有文献仅从企业股权特征角度对这一问题进行了研究，发现外资股份占比的提高（林川、杜思俊，2019）、第一大股东持股比例的增加（赵文耀等，2019）有利于缓解创新造成的股价崩盘风险。

1.1.2.3 卖空机制影响企业行为的理论框架日渐成熟

作为股票市场交易机制的重要组成部分，卖空机制具有极为悠久的发展历史。早期研究更多关注卖空机制对股票市场质量的影响，从市场定价效率（Miller，1977；Chang et al.，2014）、流动性（Diamond and Verrecchia，1987；Boehmer et al.，2013）与波动性（Charoenrook and Daouk，2009；褚剑、方军雄，2016）角度进行了探讨，形成了极为丰富的研究成果。近期研究开始关注卖空机制对企业行为的影响，相关研究的理论框架逐渐成熟。

市场微观结构理论是卖空机制研究的基础性理论，这一理论重点研究金融市场的微观结构对金融资产定价的过程与结果的影响，探讨制度发展对金融市场质量的重要影响（O'Hara，1997）。作为股票市场的一种交易机制，卖空机制本质上是股票市场微观结构的组成部分，在股票价格的形成过程中发挥了重要影响。Miller（1977）研究认为，在缺少卖空机制的股票市场中，对公司价值持负面看法的投资者缺少表达价值判断的途径，从而造成股价高估。因此，卖空机制在股价形成中降低了股价被市场高估的程度，提高了市场定价效率。

基于Miller（1977）的“股价高估假说”，卖空机制应会对股票价格形成发挥重要作用。具体而言，卖空机制的引入，能够将看跌公司价值的投资者信念更加及时地从股票价格上反映出来，这类投资者能够深入挖掘公司负面消息，并且通过卖空交易向市场传递公司价值的负面信号。根据信号传递理论（Spence，1973），不具备信息优势的中小投资者，在公司价值负面信号影响下很有可能“用脚投票”，造成股价大幅下跌。这一过程产生了卖空机制的两种效应。

第一种效应为卖空机制的“治理效应”，即公司内部的代理主体，由于担心自身机会主义行为引发卖空交易，损害自身利益，因此会在事前减少不利于企业价值的机会主义行为，卖空机制的公司治理功能得到发挥；此外，由于大股东财富与股价高度相关，卖空机制的引入也会促使大股东通过增强企业内部治理水平，提高对企业内部其他代理主体机会主义行为的监督。

第二种效应为卖空机制的“信息效应”，即卖空交易会促使股价更高程度地反映公司负面消息，提高信息含量。股价信息含量的提高能够增强股市的信息反馈，引导经理人制定更加有效的企业决策。

相关文献更多探讨了卖空机制“治理效应”对企业行为的影响，具体行为包括信息披露（Massa et al.，2015；张璇等，2016）、投资决策（Grullon et al.，2015；陈胜蓝、马慧，2017）、融资决策（褚剑等，2017；Meng et al.，2020）、股利分配政策（Chen et al.，2019；沈珂月、王学军，2019）、公司内部治理（De Angelis et al.，2017）和大股东利益侵占（侯青川等，2017；陈胜蓝、卢锐，2018）等，研究总体肯定了卖空机制有效地发挥了公司治理作用。

然而，现有文献对卖空机制“信息效应”与企业行为的研究较少。仅有陈康和刘琦（2018）研究发现，卖空机制通过增强股价信息含量，提高了企业投资—股价的敏感性水平，说明卖空机制的“信息效应”发挥了决策引导功能，但对决策引导后的经济效果缺少研究。

1.1.2.4 现有研究的局限

对相关理论成果的分析发现，现有研究在以下几个方面仍存在明显不足。

第一，在股票市场与企业创新关系的研究中，现有文献从市场参与主体、市场发展规模、股票特征等角度研究了股票市场对企业创新的影响，但较少从市场交易机制角度进行研究。根据市场微观结构理论，卖空机制是股票市场微观结构的重要构成，其两类经济效应的发挥理论上应会影响企业创新投入和创新效率。本书研究的前期论文成果初步探讨了卖空机制对创新水平的影响，但并未从理论和实证层面研究卖空机制对企业创新投入和效率的影响。关于卖空机制如何影响企业创新的系统性结论，仍需要更加深入的研究进行揭示。

第二，现有卖空机制的相关研究忽视了卖空交易约束对卖空机制经济效应发挥的影响。例如，有限的融券来源、过高的融券费率、卖空仓位的规模限制等卖空约束的存在，应会对卖空机制经济效应的发挥产生不利影响。2013 年 2 月，A 股市场转融券制度的实施，极大地缓解了投资者融券时的券源约束，可能会进一步增强引入卖空机制产生的“治理效应”和“信息效应”。融券约束缓解是否会增强卖空机制对企业行为的积极影响？对这一问题的研究对于卖空机制相关制度的进一步完善意义重大。

第三，在卖空机制与企业行为的现有研究中，学者们更多关注卖空机制“治理效应”对企业内部代理主体行为的影响，对卖空机制“信息效应”如何影响企业决策的探讨不足。现有文献仅初步发现了卖空机制“信息效应”的决策引导功能，而对决策引导后的经济效果如何却鲜有涉及。卖空机制是否会通过“信息效应”增强企业决策效率？对这一问题的研究具有较强的理论与现实意义。

第四，在企业创新经济后果的研究中，现有文献对企业创新与股价崩盘风险关系的探讨仍不够系统全面，忽视了企业创新效率对创新投入和股价崩盘风险关系的调节效应。在如何缓解企业创新导致的股价崩盘风险的机制探讨中，现有文献仅从股权特征角度进行了初步考察，未能考虑股票市场交易机制对二者关系的影响，研究视角仍较为局限。

本书基于上述现实与理论背景，着眼于现有研究的局限，运用市场微观结构理论、委托代理理论和市场反馈理论等相关经典理论，重点从投入和效率角度研究卖空机制对企业创新的影响。在此基础上，进一步探讨企业创新对股价崩盘风险的影响，以及卖空机制对企业创新和股价崩盘风险关系的影响。

1.2 研究问题与意义

1.2.1 研究问题

企业创新不仅关乎企业自身的发展，在知识经济时代逐渐成为国家竞争的核心力量。与美国、德国、日本等发达国家相比，我国企业创新水平仍然较低，创新投入和创新效率亟待提高。作为国家创新支持体系的重要组成部分，资本市场不仅是创新融资的重要途径，还能通过制度的发展与完善，扮演激发企业创新意愿、提升企业创新效率的重要角色，对企业创新的支持功能日益凸显。

作为我国股票市场交易机制的重大改革，2010 年 3 月卖空机制在 A 股市场的引入，对市场运行质量和企业行为产生了深刻影响。在此背景下，探讨卖空机制对企业创新及其经济后果的影响具有重要理论与现实意义。与此同时，本书将卖空机制纳入企业创新的研究框架，通过对卖空机制与企业创新投入和效率关系的研究，从市场交易机制层面，扩展了股票市场与企业创新关系的研究视角，也丰富了卖空机制对企业行为影响的研究文献。

具体而言，本书的主要研究问题设置如下。

（1）卖空机制是否会影响企业创新投入

创新投入标志着实际创新活动的开展，即使企业拥有较高的创新能力，倘若创新投入不足，最终也难以产出具有较高价值的创新成果。因此，卖空机制如何影响企业创新投入是本书需要研究的首要问题。对这一问题的研究，本书主要运用委托代理理论、信号传递理论和市场反馈理论，从卖空机制的“治理效应”角度，研究卖空机制对企业创新内源融资能力和经理人创新意愿的影响。在具体影响机制的探讨中，首先分析了卖空机制是否会通过治理第二类代理问题，提高企业创新的内源融资能力；并进一步分析了卖空机制是否会治理第一类代理问题，增强经理人的创新意愿。在理论分析的基础上，实证检验了卖空机制的引入对企业创新投入强度的影响，从理论与实证层面对这一问题进行研究。

（2）卖空机制会对企业创新效率产生怎样的影响

创新投入的增加并不能保证创新水平的提高，在企业创新过程中，创新效率是反映企业将创新投入转化为创新成果的核心指标，是影响企业价值的关键。本书第二项研究进一步考察卖空机制对企业创新效率的影响。现有文献指出，创新效率主要与企业创新决策制定和执行水平有关（Zhong, 2018）。据此，本书运用市场反馈和委托代理等相关理论，从创新决策制定和执行两个层面，探讨卖空机制的“信息效应”与“治理效应”对企业创新效率的影响，并对影响机制进行实证检验。通过上述理论和实证研究，回答本书第二项研究问题。

（3）企业创新是否会影响股价崩盘风险

企业创新是一项高风险的资本投资。一方面，创新投入的提高应会增加负面消息的发生概率，也会加剧投资者与企业的信息不对称程度，造成投资者无法对负面消息进行及时反应，负面消息的不断累积增加了股价崩盘风险。另一方面，创新效率的提高有助于降低负面事件的发生概率，从而缓解创新投入导致的股价崩盘风险。由此可见，关于企业创新与股价崩盘风险的关系探讨，需要考虑创新投入和创新效率在影响股价崩盘风险中的互动关系，不能只考虑投入的消极影响而忽视效率的积极影响。本书将在理论分析的基础上，对第三项研究问题进行实证检验，形成企业创新与股价崩盘风险关系的系统性认识，为第四项问题的研究奠定理论基础。

（4）卖空机制会对企业创新与股价崩盘风险的关系产生怎样的影响

在对第三项问题研究的基础上，本书第四项研究问题进一步探讨卖空机制对企业创新与股价崩盘风险关系的影响。理论上，卖空机制可能会通过增强企业创新效率与创新信息披露，进而缓解创新投入引发的股价崩盘风险。具体而言，效率的提升减少了创新负面事件的产生，创新信息披露的增强有利于投资者及时了解创新的相关信息。在这两条影响机制下，企业创新的负面消息能够被股价更加及时地反映，股价崩盘风险应会有效降低。对这一问题的研究，能够从创新的股票市场效应角度揭示卖空机制对企业创新经济后果的影响。通过对第一项至第四项问题的研究，本书从创新投入、创新效率和创新的经济后果三个方面形成了卖空机制如何影响企业创新的理论观点。

1.2.2 研究意义

1.2.2.1 理论意义

（1）提供了卖空机制影响企业创新的系统性经验证据，拓展了股票市场与企业创新关系的研究视角。当前关于卖空机制与企业创新关系的系统研究仍较为有限，本书研究的前期论文成果初步探讨了卖空机制对企业创新水平的影响。本书在前期成果的基础上，进一步研究了卖空机制对企业创新投入、创新效率，以及创新经济后果的影响，研究结论提供了卖空机制影响企业创新的系统性经验证据。并且，股票市场与企业创新关系的研究同样是近期创新研究的热点，本书从股票市场交易机制层面，扩展了股票市场与企业创新关系的研究视角，为理解股票市场制度变化与企业创新的动态调整提供了理论参考。

（2）将卖空交易约束纳入卖空机制经济后果研究的理论框架，为卖空机制相关研究的开展提供了理论与方法借鉴。卖空机制的有效运行离不开相关制度的不断完善，我国 A 股市场引入卖空机制时间较短，卖空机制在制度设计和执行层面仍存在较多问题。现有文献对卖空机制经济后果的研究较少考虑卖空交易的制度约束。理论上，如果卖空约束较大，卖空交易难以发生，那么卖空机制的“治理效应”和“信息效应”也只是一种理论上的探讨，而缺乏实践支撑。2013 年，转融券制度的引入缓解了卖空交易的券源约束，本书以此为代表，研究了卖空约束缓解对卖空机制经济后果的影响，为卖空机制经济后果的深入研究提供了一定的借鉴。

（3）从股票市场交易机制层面，发现了缓解企业创新导致的股价崩盘风险的新路径。在现有关于企业创新与股价崩盘风险关系的研究文献中，学者们主要探讨了企业创新投入对股价崩盘风险的影响，少数文献从股权特征的角度研究了如何缓解创新投入导致的股价崩盘风险。本书从投入和效率角度，研究了企业创新对股价崩盘风险的影响。在此基础上，进一步从股票市场交易机制层面，考察卖空机制是否发挥了缓解企业创新股市负面效应的作用。并从创新效率与创新信息披露角度，分析了卖空机制发挥影响的主要机理。研究结论拓展了缓解企业创新股市负面效应文献的研究视角。

1.2.2.2 现实意义

（1）为我国“强化资本市场对技术创新的支持”提供了新思路。国家要求加快实施“创新驱动发展战略”，明确提出应“强化资本市场对技术创新的支持”。然而，关于如何增强资本市场的创新支持功能，现有政策的关注焦点仍是资本市场的基本融资功能，旨在通过对各类金融政策和金融产品的完善与开发，拓宽企业创新的融资渠道。政策制定忽视了资本市场其他功能对企业创新的潜在影响。根据研究结论，股市交易机制的完善，通过提升公司治理、增强市场信息反馈，对企业创新投入和创新效率产生了积极影响。本书为国家创新支持政策的制定提供了理论参考，拓展了相关政策的制定思路。通过坚定不移地推行卖空机制、扩大融券标的和转融券标的范围、有效降低融券费率等不合理的制度约束，强化对恶意卖空等违法行为的监察和打击力度，卖空机制的实施有利于提高企业创新水平。

（2）为促进我国股票市场稳定性提供了一定的政策参考。维护市场稳定是股票市场发展的重要目标，“防范化解金融风险”是国家安全战略层面的重要内容。增强企业创新是我国经济发展的必由之路，但伴随创新投入的提高，企业股价崩盘风险被进一步放大，造成企业层面非系统性风险不断升高。如何在增强企业创新水平的同时，防范创新可能导致的金融风险，成为市场监管部门的重要工作目标。本书从股票市场交易机制层面，提出了一条有效化解创新金融风险的解决路径。卖空机制的引入通过增强企业创新效率和创新信息披露、加速股价对创新负面消息的反映速度，降低了负面消息累积导致的股价崩盘风险。未来应加强市场制度建设，增强卖空机制对金融风险的防范功能。

（3）为全面、客观评价卖空机制的实施效果提供了理论与经验依据。自2010年3月卖空机制引入我国A股市场，卖空机制在A股市场已运行了10年。回顾这10年的发展历程，关于卖空机制对于资本市场发展的利弊探讨，成为实务与理论界的争辩热点，需要更加全面地对卖空机制的实施效果进行客观评价。早期研究主要围绕市场定价效率、流动性和稳定性等方面，对卖空机制的实施效果进行了初步探讨。近期研究开始关注卖空机制对企业行为的影响，本书从企业创新角度发现了卖空机制的积极影响，研究结论对于全面评价卖空机制的实施效果具有一定价值。

1.3 研究内容、方法与框架

1.3.1 研究内容

本书针对研究问题，共设计了8个章节，具体内容如下。

第1章为绪论。本章在详述本书实践与理论背景的基础上，明确了本书的研究问题，说明了研究问题的理论与现实意义，概述了本书的研究内容、方法与研究框架。

第2章为文献综述。本章对与本书密切相关的文献进行了综述。具体包括五部分内容：第一部分介绍了卖空机制的概念界定，随后从股票市场质量与企业行为的视角，综述了卖空机制经济后果的现有研究；第二部分介绍了企业创新的概念界定，并从企业特征、股票市场与法律制度层面，综述了企业创新影响因素的现有研究；第三部分对卖空机制与企业创新的现有研究进行综述，指出了现有研究的不足；第四部分从股价崩盘风险角度，综述了企业创新经济后果的相关研究；第五部分对上述文献进行述评，分析并阐明了现有研究的不足和相关研究启示。

第3章为制度背景、理论基础与概念模型。在制度背景介绍中，本章首先介绍了国内外卖空机制的发展历程与运行现状，对比分析了我国A股市场卖空机制与国外发达市场卖空机制的制度差异与主要问题；随后对国内外企业创新的相关政策背景进行了深入对比，总结了国外发达国家可供借鉴的政策经验。在理论基础的介绍中，主要对本书开展涉及的相关经典理论进行了介绍，说明了相关理论在本书的研究过程中的具体应用。最后，构建了概念模型，具体包括对模型要素的定义和相关理论的介绍，以及使用相关理论构建概念模型的理论逻辑。

第4章为卖空机制对企业创新投入的影响。本章理论分析了卖空机制对企业创新投入的影响效果与影响机制，并使用实证研究方法进行了检验，从而回答了本书第一项研究问题。本章实证结果支持卖空机制的引入促进了企业创新投入强度的研究假设，并发现卖空机制对第一、二类代理问题的治理是卖空机制发挥影响的路径机理。进一步研究发现，融券约束缓解进一步增强了卖空机制对企业创新投入强度的正向影响；在机构投资者持股水平较低的企业中，卖空机制的引入更加显著提高了企业创新投入强度；最后，卖空机制对企业创新策略也产生了显著影响，显著提高了企业探索型创新的投入强度。

第5章为卖空机制对企业创新效率的影响。本章使用随机前沿分析法估算了上市公司的创新效率，检验了卖空机制对企业创新效率的影响，从而回答了本书第二项研究问题。实证结果表明，卖空机制的引入显著提高了企业创新效率，并发现这一作用产生于卖空机制对股市信息反馈的增强、研发人员股权激励效果的提升，以及对经理人削减研发支出的治理。进一步研究发现，融券约束缓解、较高的行业创新强度增强了卖空机制对企业创新效率的促进作用；最终，在创新投入和创新效率均得到显著增强后，卖空机制的引入显著提高了企业创新水平。

第6章为企业创新对股价崩盘风险的影响。本章理论分析并实证检验了企业创新与股价崩盘风险的关系，从而回答了本书第三项研究问题。实证结果表明，企业创新投入强度的提高增加了股价崩盘风险，但创新效率的提高缓解了创新投入对股价崩盘风险的正向影响。本章研究结论为第7章研究的开展奠定了基础。

第7章为卖空机制对企业创新与股价崩盘风险关系的影响。本章在理论分析与实证检验的基础上，回答了本书第四项研究问题。实证检验发现，卖空机制的引入降低了企业创新投入带来的股价崩盘风险。影响机制检验表明，卖空机制的上述作用主要通过增强企业创新效率、提高企业创新的信息披露水平实现，在这两方面作用下，企业因为创新负面消息累积导致的股价崩盘风险显著下降。实证结果支持了卖空机制对企业创新股市负面效应的防范功能。

第 8 章为结论与展望。本章归纳了本书的主要研究结论，阐明了本书的主要创新点，指出了研究的局限性以及未来研究的方向。

1.3.2 研究方法

本书采用规范研究与实证研究相结合的方法。规范研究贯穿全书，第 2 章文献综述部分主要使用了规范研究方法，对现有相关文献进行回顾分析，指出了目前研究的不足以及获得的理论启示；第 3 章使用规范研究方法对卖空机制与企业创新的国内外制度背景进行了比较分析，发现了我国相关制度的缺陷与不足，并明确了各个要素内涵；在第 3 章构建的概念模型基础上，本书在第 4 章至第 7 章运用规范研究方法，通过理论分析与逻辑推演逐一得出了各研究假设。

实证研究方面，本书第 4 章至第 7 章使用了描述性统计与相关性分析、OLS 回归方法、SFA 效率测算法、Logit 回归和 PSM 配对检验、System - GMM 估计方法、文本分析法等实证方法，各方法在本书中的具体应用如下。

（1）描述性统计与相关性分析。本书第 4 章至第 7 章对回归变量进行了描述性统计与相关性分析，描述性统计的目的在于了解样本中各变量的基本统计结果，相关性分析的目的在于发现各变量间的关系，对研究假设进行初步检验。

（2）OLS 回归方法。普通最小二乘回归是第 4 章至第 7 章中多元回归分析的基本方法，本书对各研究假设的检验均使用了 OLS 回归方法。并且为控制样本可能在时间序列上存在自相关性，所有 OLS 回归模型均对标准差进行了公司层面的聚类处理。

（3）SFA 效率测算法。本书第 5 章使用了随机前沿分析法测算企业的创新效率。随机前沿分析方法考虑了随机性技术因素对企业创新效率的负面影响，相较于其他效率测算方法更加符合企业创新的内在特征。

（4）Logit 回归和 PSM 配对检验。本书在第 4 章、第 5 章和第 7 章使用了 Logit 回归和 PSM 配对检验处理潜在的可观测遗漏变量对回归结果的干扰。具体而言，首先，使用 Logit 回归估算公司成为融券标的公司的概率；其次，使用 PSM 配对检验对概率得分最接近的公司进行匹配，并使用匹配后样本对研究假设进行重新检验。

（5）System－GMM 估计方法。本书在第 4 章至第 7 章使用了系统广义矩估计（System－GMM）方法处理潜在的内生性干扰。系统广义矩估计方法在近期实证研究中被广泛采用，用于处理遗漏变量和反向因果的内生性问题。

（6）文本分析法。本书在第 7 章影响机制检验中探讨了卖空机制对企业创新信息披露的影响，其中使用文本分析法衡量企业创新信息的披露强度。具体而言，首先采用“Word2Vec”的机器学习方法构建了与“创新”相关的关键词库，并使用文本分析法统计了各公司年报中关键词的词频，以此作为创新信息的披露强度。

1.3.3 研究框架

本书研究框架如图 1－4 所示。

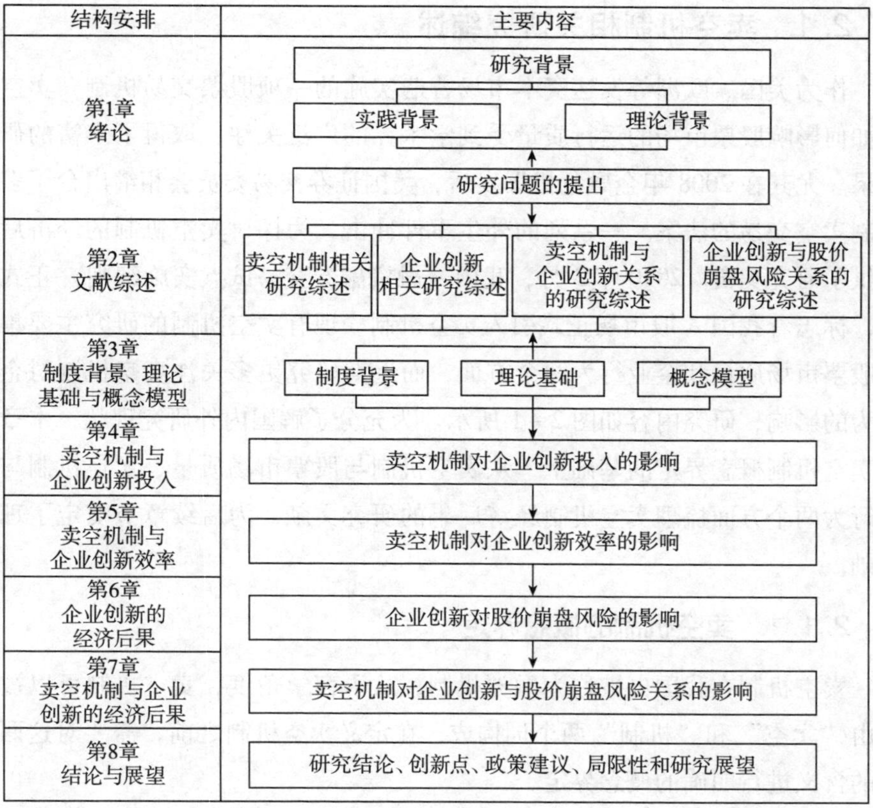

图 1－4 本书研究框架

2 文献综述

本章在对现有文献进行综合述评的基础上，指出了当前研究的不足，明确了本书的研究方向。2.1 节对卖空机制相关研究进行综述；2.2 节对企业创新相关研究进行综述；2.3 节综述了卖空机制与企业创新关系的现有文献；2.4 节综述了企业创新与股价崩盘风险关系的相关成果；2.5 节为文献述评与研究启示；2.6 节对本章内容进行小结。

2.1 卖空机制相关研究综述

作为美国、欧洲等发达资本市场普遍实施的一项股票交易机制，卖空机制如何影响股票市场的运行质量受到学术界的广泛关注，取得了丰富的研究成果。尤其在 2008 年金融危机爆发后，美国证券交易委员会相继出台了多项限制卖空交易的法案。一系列的外生事件冲击，为探讨卖空机制的经济后果提供了研究契机。2010 年 3 月，我国《融资融券交易试点实施细则》正式颁布，标志着我国 A 股市场正式引入卖空机制。现有卖空机制的研究主要集中于股票市场质量和企业行为两个方面，而近期研究更多关注卖空机制对企业行为的影响，研究内容如图 2-1 所示。为充分了解国内外研究现状，本章在对卖空机制概念界定的基础上，从卖空机制与股票市场质量、卖空机制与企业行为两个方面梳理卖空机制经济后果的研究文献，为后续章节奠定了理论基础。

2.1.1 卖空机制的概念界定

卖空机制在我国也被称为融券机制，从语言学角度，卖空机制可以被看作由“卖空”和“机制”两个词构成，在定义卖空机制之前，需要对这两个词的含义进行明确的概念界定。

我国《证券公司监督管理条例》（2014 年修订版）从证券公司角度对

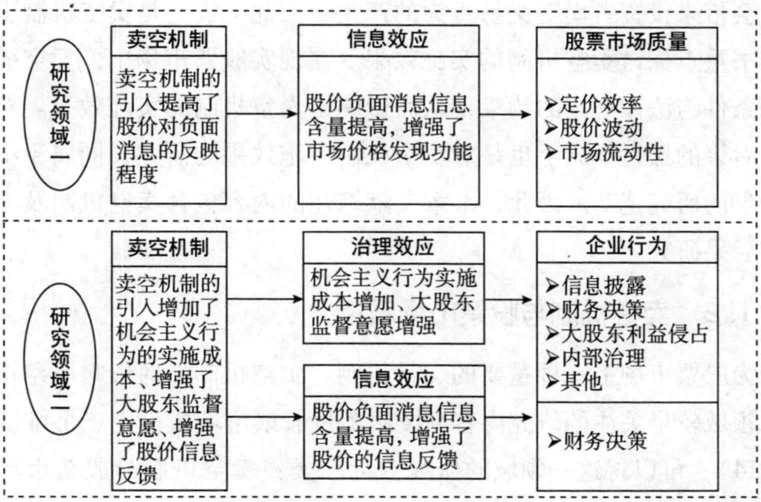

图 2－1 卖空机制主要研究内容

"卖空"进行了定义，卖空是指"证券公司向客户借出证券供其卖出，并由客户交存相应担保物的经营活动"。美国《1934 年证券交易法》从投资者角度，将卖空定义为"投资者出售其并不拥有所有权的证券，或基于自有账户以借来的证券进行交割的任何出售行为"。这一定义与我国《证券公司监督管理条例》（2014 年修订版）的定义虽然角度不同，但有两点相同：① 都是投资者出售证券的交易行为；② 投资者在出售证券时并不拥有证券的所有权。结合这两类定义的共同点，本书将"卖空"定义为投资者借入股票并卖出的股票交易行为。

关于"机制"的定义，"机制"一词最早源于希腊文，是指机器的构造和动作原理。根据《现代汉语词典（第七版）》，所谓机制，"泛指一个工作系统的组织或部分之间相互作用的过程和方式"。这一定义中需要把握两个关键点：① 系统的组成部分；② 相互作用的过程和方式。结合"卖空"和"机制"的相关定义，卖空交易（系统）的参与主体（组成部分）为投资者和证券公司，按照二者在卖空交易中的作用过程和方式，本书对卖空机制定义如下：卖空机制是指投资者从证券公司借入股票并卖出的股票交易过程和方式。

从概念上讲，卖空与卖空机制存在明显的概念差异，前者是投资者的股票交易行为，后者强调的是股票交易方式。从二者关系上讲，卖空交易方式的引入会带来投资者卖空交易行为的产生。因此，卖空是卖空机制引入的后果，本书重点探讨卖空机制的实施效果。在现实股票市场中，卖空受到了具体市场条件与法律规定的约束，从而影响了卖空机制的实施效果。对卖空约束经济后果的探讨本质上也是对卖空机制实施效果的研究，同属于卖空机制经济后果的研究范畴。因此，本章文献综述的内容包含卖空机制及卖空约束的经济后果研究。

2.1.2 卖空机制与股票市场质量

作为股票市场上一种重要的交易机制，卖空机制如何影响股票市场质量是这一领域较早关注的研究内容。按照衡量股票市场质量的三个维度（张峥等，2014），可以将这一领域的研究分为三类：卖空机制与股票市场定价效率、卖空机制与股票市场流动性、卖空机制与股票市场稳定性。

（1）卖空机制与股票市场定价效率

这一领域的早期研究主要应用经济学理论模型，研究了当市场禁止卖空或增设卖空限制时，股票市场的定价效率会受到何种影响，进而探讨卖空机制与股票市场定价效率的理论关系。作为这一领域研究的开创者，Miller（1977）首次运用经济学供求均衡分析方法，研究发现在缺少卖空机制的股票市场中，当投资者对公司价值存在异质信念时，乐观的投资者会买入股票，而悲观的投资者因为没有表达信念的途径则会选择离场。此时股价对负面消息反应不足，造成股价被高估。并且，两类投资者对公司价值判断的意见分歧越大，资产价格被市场高估的程度便越高，未来收益率越低。这就是著名的“股价高估假说”。

Miller“股价高估假说”的成立依赖两个条件：① 市场存在卖空限制；② 投资者具有异质性信念。Harrison 和 Kreps（1978）在此基础上进行了扩展研究，发现在卖空机制缺位和投资者存在意见分歧时，股票价格被高估的程度甚至要高于最乐观投资者的价值预期。Hong 和 Stein（2003）基于投资者差异构建了信念异质性模型，发现当市场未引入卖空机制时，公司负面信息被暂时隐藏，当负面信息累积超过一定的阈值时，被隐藏的负面消息会集中释放导致股价崩盘，研究发现了卖空机制缺位与股票未来收益率的负向关系。

为证明“股价高估假说”在现实市场中的客观存在性，实证研究使用各类卖空约束的衡量变量，或者基于限制卖空交易的特殊事件，检验了卖空机制与股票收益的关系。研究发现，当卖空约束程度越高或市场暂时禁止卖空交易时，股票收益在未来期间下跌幅度越大，为 Miller（1977）的“股价高估假说”提供了经验证据支持。Jones 和 Lamont（2002）以 1926—1933 年美国上市公司为样本，使用融券费用衡量卖空约束程度，发现卖空约束程度较高的股票在观察期内平均收益率较低。Chen 等（2002）使用机构持股比例衡量卖空约束，发现约束程度较高（机构持股比例越高）的股票组合比约束程度较低的股票组合在未来一年的收益率低 6.8%，从而证明了卖空机制对市场效率的积极影响。

Boehmer 等（2008）使用美国股市卖空交易数据研究发现，卖空投资者是知情投资者，卖空交易修正了股价高估，提高了市场效率。Chang 等（2007）利用香港股市卖空标的动态调整的制度特征，实证发现卖空机制受限会导致股价高估，并且在投资者异质性信念越大的公司中，这一结果越显著。Saffi 和 Sigurdsson（2011）使用 26 个国家的股票市场数据，同样支持了卖空机制对市场效率的促进作用，发现卖空约束较大的市场定价效率普遍较低。Beber 和 Pagano（2013）以 2008 年金融危机为背景，发现金融危机期间限制卖空交易的市场定价效率发生了显著下降，并且在市场价格下行时，这一现象更加显著。

然而，也有学者提出了不同的观点。基于 CAPM 研究框架，Jarrow（1980）认为由于股票间存在替代效应，在不同的经济情况下，缺少卖空机制可能造成股价高估，也可能造成股价被低估。此外，鉴于 Miller（1977）的模型中未考虑投资者理性预期对股票收益的影响，Diamond 和 Verrecchia（1987）在理性预期假设下认为由于投资者具有理性预期，能够及时认识到卖空机制缺位会导致市场上多为持乐观态度的投资者，因而会修正对股价的高估，吸收悲观投资者的信息，此时卖空机制的缺位并不会导致股价被过度高估。然而，Diamond 和 Verrecchia（1987）研究结论成立的前提需要投资者对经济环境具有完全认知且能够在短时间内实现贝叶斯更新，这一前提假设过于严苛，因此大多数学者仍然认同 Miller（1977）的“股价高估假说”。

基于我国 A 股市场 2010 年引入卖空机制的制度背景，国内学者开始关注卖空机制对我国 A 股市场有效性的影响，并从总体上肯定了卖空机制对股市定价效率的促进作用。李志生等（2015）使用准自然实验方法，发现卖空机制的引入有效提高了股市定价效率，并且融券交易量越大，定价效率越高。李科等（2014）研究了卖空机制缺位对股票错误定价的影响，发现卖空机制缺位会导致股票价格被严重高估，卖空机制的引入有助于降低股价被高估的水平，提高市场定价效率。古志辉等（2011）使用随机估值模型对我国A股市场价格泡沫的成因进行了研究，发现卖空机制缺位是造成股价高估的重要原因。Chang 等（2014）基于多期面板数据的检验发现，卖空机制的引入降低了股价波动，提高了市场定价效率。然而，许红伟和陈欣（2012）发现卖空机制对定价效率的提升作用有限，并认为这一现象产生的原因在于融券来源较少与标的股票的范围有限。

（2）卖空机制与股票市场流动性

流动性是衡量股票市场质量的重要指标，适度的流动性对于促进市场交易、提高市场效率、降低企业融资成本具有重要意义。

从本质上看，卖空机制的引入为看空股价的投资者提供了交易机制，这部分投资者的入场应会促进股票流通，提高市场流动性。不仅如此，Diamond 和 Verrecchia（1987）认为在缺少卖空机制的股票市场中，看空公司价值的悲观投资者缺少交易机制，阻碍了股票市场的价格发现功能。卖空限制增加了投资者对企业基本面判断的不确定性，从而扩大了股票买卖价差（Bid-Ask Spread），降低了市场流动性。相反地，卖空机制的价格发现功能有助于降低股票买卖价差、提高市场流动性。Wooldridge 和 Dickinson（1994）实证研究发现，卖空投资者通过在股价上涨时增加卖空交易，并在股价下跌时减少卖空交易，为市场提供了流动性。

Charoenrook 和 Daouk（2009）基于全球111个国家的样本，使用股票换手率衡量流动性水平，证明了卖空机制对市场流动性的促进作用。美国在2008年金融危机爆发后暂时性地禁止了卖空交易，全球多个证券市场也出台了禁止卖空交易的相关规定。学者们以此为背景，对卖空机制与股市流动性的关系进行了研究，发现限制卖空交易导致股票交易的买卖价差变大，市场流动性下降（Bris et al.，2007；Kolasinki et al.，2013；Boehmer et al.，2013）。Beber 和 Pagano（2013）对全球30个国家卖空机制市场运行状况的调查发现，对卖空机制的限制增加了股票买卖价差，降低了流动性，并且这一效应对市值较小、无期权上市的公司股票影响更加显著。Clifton 和 Snape（2008）对英国股市的研究发现，对卖空机制的限制导致股票买卖价差增加，股票交易量和换手率均显著下降。此外，在2008年金融危机前，美国SHO法案的出台降低了卖空交易约束，Diether等（2009）以此为背景研究发现，卖空约束的缓解降低了卖空难度，增加了卖空交易的发生，提高了市场流动性水平。

基于我国融资融券制度的实施背景，Sharif等（2014）研究发现卖空机制的引入造成了市场流动性下降，其原因是不知情投资者担心知情投资者卖空导致股价下跌，因此对融券标的股票持观望态度，造成流动性损失。然而，大部分研究仍然支持了卖空机制对我国A股市场流动性的积极影响。谢黎旭等（2018）使用双重差分模型研究发现，卖空机制的引入提高了公司股票流动性。吴术等（2014）使用实验研究方法，发现卖空机制对流动性的改善主要来源于两个方面：一方面，卖空交易使原来看空股票的交易者入场交易，增加了股票交易数量；另一方面，当市场处于上涨期，卖空交易为看多的投资者提供了股票供给，而在股市处于下跌期时，卖空投资者在投资者大量抛售时回购股票套利，平衡了市场的供给和需求，促进了市场流动性。此外，于潇和毛雅萍（2014）、李志生等（2015）也均发现了卖空机制对市场流动性的积极影响。

总体而言，现有国内外研究基本肯定了卖空机制对市场流动性的促进作用。

（3）卖空机制与股票市场稳定性

股票市场稳定性主要体现为较低的收益率波动、较少的收益率偏态和较低的股价暴涨暴跌风险。稳定性本质上是对市场效率的反映，是市场质量的重要表现。关于卖空机制如何影响市场稳定性，现有研究还未形成一致的研究结论。

正方观点认为卖空机制对股市稳定性发挥了积极影响。持这类观点的学者指出，卖空机制的引入促使市场加快了对负面消息的反应速度，缓解了因负面消极积累导致的收益率负偏和异常波动等问题，有利于降低股价崩盘风险、促进股票市场稳定（Miller，1977；Diamond and Verrecchia，1987）。Hong和Stein（2003）对卖空机制与股价崩盘风险的关系进行了理论分析，认为卖空限制导致负面消息不断积累，从而增加了由负面消息突然释放造成崩盘的风险，破坏了股票市场稳定性。

此后，大量实证研究对这一理论观点给予了支持。Charoenrook和Daouk

(2009)使用全球市场数据研究发现，卖空机制对于提高股票市场稳定具有重要意义，当股票市场对卖空机制管制较少时，股票的收益波动性更小。Boehmer等（2013）发现，2008年金融危机时期，美国SEC对卖空的短暂禁令造成规模较大公司股价波动性显著增加，市场稳定性明显下降。以我国A股市场为研究样本，Chang等（2014）同样发现卖空机制引入后，股票收益率波动程度、偏度以及极端负（正）收益率发生频率均发生了显著降低，证明了卖空机制对稳定股票市场的积极作用。此后，李志生等（2015）也发现卖空机制在我国A股市场发挥了稳定价格、抑制股价暴涨暴跌的重要功能。

反方观点则认为卖空机制的引入会造成股价因卖空交易而发生大幅下跌，加剧了股价波动，股票负收益率出现频率更高，降低了市场稳定性。Chang等（2007）对香港股市的研究发现，卖空管制放松后，市场波动性更大并且股价崩盘风险显著增加。Bris等（2007）对全球46个证券市场的研究发现，在限制卖空交易的市场中，股票收益率负偏程度较低，说明限制卖空促进了市场稳定。

基于A股市场数据，褚剑和方军雄（2016）发现由于融券标的的选择并不是随机的，标的公司股票本身股价崩盘风险就较低，卖空机制未能发挥降低崩盘风险、促进市场稳定的作用。陈海强和范云菲（2015）研究发现，我国A股市场的卖空交易增加了市场波动性。除了上述两类观点，一些研究得出了更为复杂的结论。许红伟和陈欣（2012）研究发现，卖空机制降低了股价崩盘风险，但对股价暴涨几乎没有显著影响。苏冬蔚和倪博（2018）以我国A股市场转融券制度的引入作为卖空约束缓解的标志，发现卖空机制既可降低股价高估程度、完善价格发现并增强市场稳定，也可扩大股价波幅、加剧市场股价崩盘风险。

由此可见，关于卖空机制对股票市场稳定性的影响，国内外研究均未得到统一明确的研究结论。研究结论的不一致性主要源于理论不够统一，这种不统一可用下面的例子说明：假设有两类股票市场，一类市场引入了卖空机制，这类市场中卖空交易的发生加速了股价对负面消息的反映速度，从而造成股价下跌；而另一类市场未引入卖空机制，股价对负面消息反映较差，导致负面消息不断积累，最终负面消息释放造成股价下跌。争议的核心在于，这两类股价下跌的幅度和频率之间是否存在较大差异？直觉上讲，卖空机制导致的股价下跌可能更加频繁，但下跌幅度可能会低于在缺少卖空机制下负面消息累积造成的股价下跌，因此在理论上很难厘清卖空机制与股价波动的关系。在一个较短的期间内观察，卖空机制可能会增加股价波动；但在一个较长的观察期间内，卖空机制也可能会降低股价波动。

表 2 -1 对卖空机制与股票市场质量的研究文献进行了简要汇总。

表 2 -1　卖空机制与股票市场质量研究文献结论概述

研究内容	代表文献	研究结论
市场定价效率	Miller（1977）、Jones 和 Lamont（2002）、Boehmer 等（2013）、李志生等（2015）	卖空机制降低了股价高估，提高了市场定价效率
	Diamond 和 Verrecchia（1987）、许红伟和陈欣（2012）	卖空机制对市场定价效率没有影响
市场流动性	Diamond 和 Verrecchia（1987）、Beber 和 Pagano（2013）、谢黎旭等（2018）	卖空机制降低了价值判断的不确定性，缩小了股票买卖价差，提高了市场流动性
	Sharif 等（2014）	卖空机制降低了市场流动性
市场稳定性	Hong 和 Stein（2003）、Chang 等（2014）、李志生等（2015）	卖空机制加快了股价对负面消息的反映速度，降低了因负面消息累积导致的股价崩盘风险，提高了市场稳定性
	Cheng 等（2007）、Bris 等（2007）、褚剑和方军雄（2016）	卖空机制加剧了市场波动，降低了市场稳定性

2.1.3　卖空机制与企业行为

现有研究发现，卖空机制不仅对股票市场的定价效率、流动性和稳定性产生了深刻影响，还能通过“治理效应”和“信息效应”影响企业的行为决策。这一领域的研究虽然起步较晚，但近年来借助各类外生事件冲击，文献数量增长较快，得到了国内外学者的广泛关注。按照具体企业行为的类型划分，现有文献可以分为以下五类：① 卖空机制与企业信息披露；② 卖空机制与企业财务决策；③ 卖空机制与企业内部治理；④ 卖空机制与大股东利益侵占；⑤ 其他。

2.1.3.1　卖空机制与企业信息披露

这方面的研究主要基于卖空机制的“治理效应”，探讨卖空机制对企业信息披露的影响，取得了十分丰富的研究成果，也是卖空机制与企业行为研究的开端。

本节首先对卖空机制的“治理效应”进行理论阐述：根据卖空交易的内在逻辑，卖空投资者需要依靠企业价值的负面消息选择卖空标的，信息披露质量较差的企业盈余持续性较低，股价下跌风险较高，是卖空投资者关注的重要方面。Desai 等（2006）指出，卖空投资者具有较强的信息优势，能够提前卖空即将发生财务重述公司的股票，获取超额投资收益，而这种知情交易也会对股价产生下行压力。根据市场反馈理论（Bond et al.，2012），股价的下跌会导致经理人持有的股票与期权薪酬价值下降，同时也增加了经理人被董事会解雇的风险。为了降低股票被卖空的风险，经理人会减少自身机会主义行为。大股东也会加强对经理人行为的监督，以缓解股价下跌对自身财富造成的损失。通过对经理人机会主义行为的直接治理和增强大股东对经理人监督力度的间接治理，卖空机制降低了股东与经理人之间的委托代理成本，发挥了公司治理功能。

Massa 等（2015）使用跨国数据研究了卖空机制对企业盈余管理的影响，发现卖空机制实施以后，企业盈余管理增加了股票被卖空的风险，经理人在重新权衡盈余管理的利与弊后，会主动减少盈余管理行为，卖空机制对企业盈余管理发挥了治理作用。Fang 等（2016）基于美国 SHO 法案出台的制度背景，发现卖空管制放松后，企业盈余管理程度显著降低，SHO 法案实施以前进行的财务欺诈在该法案实施以后更易被发现。这一结果也说明，卖空管制放松能够提高卖空机制的实施效果，从而更加有效地治理经理人信息披露中的机会主义行为。

国内研究中，陈晖丽和刘峰（2014）首次对我国卖空机制的“治理效应”进行了检验，他们发现公司在股票成为融券标的后，应计与真实盈余管理水平显著降低。张璇等（2016）研究了卖空机制对企业财务重述的影响，发现公司在股票成为融券标的后，财务重述发生的可能性显著下降。白雪莲等（2018）发现卖空机制引入后，融券标的公司会计稳健性水平显著提高。杨慧辉和刘伟（2018）发现卖空机制的引入显著降低了企业信息披露违规的概率，信息披露质量显著提高。此外，刘亭立和姜莹（2019）、彭文平和张姗姗（2019）的研究结论也肯定了卖空机制对企业信息披露质量的促进作用。

虽然现有研究整体上肯定了卖空机制对企业信息披露质量的积极影响，但 Li 和 Zhang（2015）的研究得出了不同的结论，他们基于美国 SHO 法案的颁布，研究了卖空机制对企业自愿性信息披露的影响，发现企业会通过降低坏消息披露的准确度与年报可读性以应对卖空约束的缓解。总体而言，虽然有不一致的结论，但大部分研究认为卖空投资者扮演了“市场警察”的重要角色，发现卖空机制的引入或卖空约束缓解显著提高了企业信息披露质量。

2.1.3.2 卖空机制与企业财务决策

投资决策、融资决策与股利政策是企业三大财务决策，也是公司财务领域研究的核心内容。卖空机制如何影响企业财务决策，是这一领域近期关注的重点问题。学者们基于卖空机制的“治理效应”和“信息效应”，对相关问题进行了深入研究。

（1）投资决策

这一领域的前期研究同样基于卖空机制的“治理效应”，探讨了卖空机制对经理人代理问题导致的非效率投资的影响。认为卖空机制的引入增加了对经理人非效率投资的惩罚，约束了经理人通过扩大投资规模进行“帝国建造”等机会主义的投资行为，提高了企业资源配置效率。

近期研究更多关注了卖空机制“信息效应”对股价信息反馈的影响。认为卖空机制通过提高股价对负面消息的反映程度，增强了经理人可获得的信息含量，改善了企业投资效率，这一影响机制被称为卖空机制影响企业决策的“信息效应”。与股价影响经理人个人收益进而影响企业决策一样，信息反馈同样是股价影响企业决策的重要途径（Bond et al.，2012）。尤其当经理人决策信息完备性较低时，来自股价的市场信息反馈是其获取决策信息的有效途径。以下对这一领域的主要文献进行回顾和分析。

以美国SHO法案出台这一外生事件为契机，Grullon等（2015）研究了卖空约束缓解对公司股价和投资活动的影响。发现在SHO法案实施以后，标的公司股价显著下跌，小公司会通过减少权益增发和投资活动以应对卖空约束缓解对股价的负面影响。

基于卖空机制的“治理效应”，靳庆鲁等（2015）发现当公司面临较差的投资机会时，卖空机制的引入提高了投资与投资机会的敏感性，说明卖空机制的引入增强了大股东对经理人投资决策的监督，并且经理人能够从股价中获得更多决策信息，提高了经理人的决策效率。王仲兵和王攀娜（2018）对卖空机制与企业投资效率关系进行了研究，发现卖空机制的“治理效应”显著降低了企业非效率投资水平，提高了企业投资效率。

此外，并购活动也是企业重要的战略性投资。陈胜蓝和马慧（2017）考察了卖空机制对企业并购绩效的影响，发现卖空机制的治理作用能够降低企业高管在并购活动中的代理成本，改善了企业短期和长期的并购绩效。Chang等（2019）同样发现卖空机制的“治理效应”改善了企业并购绩效，并且这一效应只在代理问题更严重的企业中显著。

基于卖空机制的“治理效应”和“信息效应”，顾乃康和周艳利（2020）研究发现卖空机制的引入降低了企业过度投资程度，使得投资—股价敏感性水平显著提高，证实了卖空机制会提高企业的资源配置效率。陈康和刘琦（2018）基于卖空机制的“信息效应”，研究了卖空机制对企业投资—股价敏感性水平的影响，发现卖空机制的引入通过提高股价中有利于高管投资决策的信息含量，提高了投资—股价敏感性水平。从而证明了卖空机制能够通过“信息效应”影响企业的投资决策。综上，现有文献总体肯定了卖空机制对企业投资活动的积极影响。

（2）融资决策

关于卖空机制如何影响企业融资决策和融资表现，现有研究结论并不统一。

一方面，一些研究肯定了卖空机制治理作用的发挥降低了信息不对称，减少了企业道德风险行为，有利于改善企业融资能力。褚剑等（2017）的研究表明，卖空机制通过发挥公司治理功能，提高了企业信息披露质量、降低了经理人代理成本，从而缓解了企业的信息风险与信用风险，提高了债务融资能力。Gao和Lin（2018）研究了卖空机制对债券信用利差的影响，发现卖空机制的引入显著降低了企业债券信用利差。

另一方面，卖空机制也可能加速负面信息传播，对企业融资产生负面影响。顾乃康和周艳利（2017）研究发现，卖空机制的引入可能会导致卖空投资者提前披露企业的负面消息，造成股价下跌，因此股东与债权人会在公司股票成为融券标的后要求更高的风险补偿，增加了企业外源融资成本，导致企业权益资本与债务资本融资数额显著下降。基于我国融资融券制度的实施背景，Meng等（2020）研究了卖空机制对企业融资约束的影响，同样发现卖空机制的引入增加了企业融资成本，降低了融资能力，导致融资约束显著上升。

（3）股利政策

作为上市公司利润分配的重要途径，股利政策向市场释放了企业经营情况的价值信号，但同时也受到企业现金需求的影响。卖空机制如何影响企业股利政策受到了国内外学者的关注。Chen 等（2017）基于美国 SHO 法案的颁布，研究发现企业在卖空压力上升后，会通过派发更多的现金股利向市场传递股价被低估的信号，以降低股票被投资者卖空的风险。国内研究中，沈珂月和王学军（2019）认为，现金股利支付是企业传递公司经营状况良好的一种信号，卖空机制的引入增强了企业信号传递的动机，企业会通过提高现金股利支付水平降低卖空风险。

相反地，赵文庆和王婧（2017）的研究却发现，卖空机制的引入显著降低了企业现金股利支付水平，其背后的原因是卖空机制引入后，投资者异质信念显著增加，对股利政策的容忍度提高，并且卖空机制能够提高企业投资效率，进而促使企业减少现金股利支付以满足投资的资金需求。由此可见，关于卖空机制如何影响企业股利政策的研究结论并不统一。

2.1.3.3 卖空机制与企业内部治理

Massa 等（2013）首次对卖空机制与企业内部治理的关系进行了考察，发现卖空机制的“外部威慑”增强了股东对经理人代理问题的监督力度，显著提高了企业内部治理水平，促进了企业经营业绩。此外，经理人薪酬设计是企业内部治理的重要手段。Angelis 等（2017）基于美国 SHO 法案，研究了卖空约束缓解对经理人薪酬的影响，他们认为卖空约束缓解提高了股价的信息含量，通过提高经理人薪酬中的股权激励比重，能够使薪酬激励契约更加有效。实证结果发现卖空约束的缓解显著提高了高管股权激励水平。

国内研究中，陆瑶等（2018）的研究显示，卖空机制通过发挥外部治理作用，显著提高了经理人薪酬业绩敏感性，表明企业外部卖空威胁的增加会促使股东提高内部治理水平，减少高管机会主义行为引发的卖空风险。马慧娴和佟爱琴（2019）研究发现，卖空机制的引入增强了股东对企业高管的监督动机，并且提高了股价的信息含量，在二者的共同影响下，经理人薪酬与企业股价、财务业绩的敏感性水平均有显著提高。

2.1.3.4 卖空机制与大股东利益侵占

相较于美国等发达证券市场，我国 A 股上市公司股权集中度高，中小股东与大股东之间的代理问题更加突出。卖空机制能否有效地治理大股东利益侵占、降低第二类代理成本，受到了国内学者的重点关注。

侯青川等（2017）研究了卖空机制外部治理效应对大股东“掏空”的影响，发现卖空机制的引入增加了大股东实施“掏空”的经济成本，促使大股东减少了对上市公司的“掏空”行为，保护了中小股东利益。陈胜蓝和卢锐（2018）也同样发现卖空机制通过外部治理功能，有效减少了大股东的利益侵占。并且，当企业内部和外部治理力量较弱时，卖空机制对大股东利益侵占行为的抑制作用更加显著。洪昀等（2018）研究发现，控股股东控制权与现金流权的分离会增加控股股东“掏空”行为，而卖空机制的引入通过“治理效应”显著减少了大股东“掏空”行为的发生。

2.1.3.5 其他

除上述四类主要研究外，也有少数学者探讨了卖空机制对企业避税和违规行为的影响，肯定了卖空机制的外部治理功能。关于企业避税，熊家财等（2019）研究发现，卖空机制的外部治理作用增加了企业避税的成本，显著抑制了企业避税行为。关于企业违规行为，孟庆斌等（2019）研究发现，卖空机制作为一种有效的外部治理机制，在防范公司违规方面发挥了重要作用，卖空机制的引入显著减少了公司违规行为。

表2－2对卖空机制与企业行为研究文献的结论进行了概述和汇总，现有文献的研究结论基本上肯定了卖空机制“治理效应”对企业代理问题的积极影响，并初步证明了卖空机制“信息效应”对企业财务决策效率的促进作用。

表2－2　卖空机制与公司财务研究文献结论概述

研究内容	代表文献	研究结论
信息披露	Massa等（2015）、Fang等（2016）、陈晖丽和刘峰（2014）、张璇等（2016）	卖空机制减少了企业盈余管理、提高了财务信息披露质量
财务决策	1）投资决策：Grullon等（2015）、靳庆鲁等（2015）、顾乃康和周艳利（2020）	卖空机制通过“治理效应”与“信息效应”，减少了企业过度投资，提高了投资效率和并购绩效
	2）融资决策：褚剑等（2017）、Gao和Lin（2018）、顾乃康和周艳利（2017）、Meng等（2020）	卖空机制减少了企业代理问题，提高了企业融资能力
		卖空机制增加了企业负面消息被发现的概率，增加了企业融资成本
	3）股利政策：Chen等（2017）、沈珂月和王学军（2019）	卖空机制增强了企业通过派发现金股利释放积极价值信号的动机

续表

研究内容	代表文献	研究结论
内部治理	Angelis 等（2017）、陆瑶等（2018）	卖空机制提高了内部治理水平，促使高管股权激励和薪酬业绩敏感性提高
大股东利益侵占	侯青川等（2017）、陈胜蓝和卢锐（2018）	卖空机制降低了大股东代理成本，减少了大股东“掏空”等利益侵占行为

2.2 企业创新相关研究综述

创新理论指出，创新是企业持续竞争优势的来源（Porter，1992），是宏观经济增长的不竭动力（Schumpeter，1911；Solow，1957；Romer，1986）。2018 年我国科技进步贡献率达到 58.5%，技术创新已然成为我国经济增长的核心动力。作为创新的主体，如何激励企业创新、促进企业创新水平历来是业界和学术界关注的热点问题。由于企业创新受到社会系统各要素的共同影响，这一领域的研究越来越表现出跨学科的研究特点。本节在对创新进行概念界定的基础上，对企业创新相关研究成果进行综述，重点选取了与本书相关度较高的文献进行综述，这些文献主要集中在公司财务与会计学研究领域，考察了企业创新的影响因素。

按照影响因素的层次差异，企业创新的影响因素可以分为企业特征、股票市场与法律制度三个层面。据此，本节具体内容安排如下：2.2.1 小节为企业创新概念界定；2.2.2 小节为企业特征与企业创新；2.2.3 小节为股票市场与企业创新，主要对股票市场中各类要素和主体如何影响企业创新的研究进行综述；2.2.4 小节为法律制度与企业创新，从宏观制度设计层面，探讨激励企业创新的制度安排。图 2－2 展示了 2.2.2 小节至 2.2.4 小节涉及的主要影响因素与相关理论，并按照理论逻辑，从投入和效率角度对影响因素作用于创新水平的理论机制进行了简述。

2.2.1 企业创新的概念界定

（1）创新概念的起源——广义与狭义的创新

1911 年，Schumpeter 第一次将“创新”的概念引入经济学研究领域，在其著作《经济发展理论》中，首次对创新进行定义：创新是把一种从未有过的生产要素的“新组合”引入生产系统的过程。这一概念中的“新组合”含

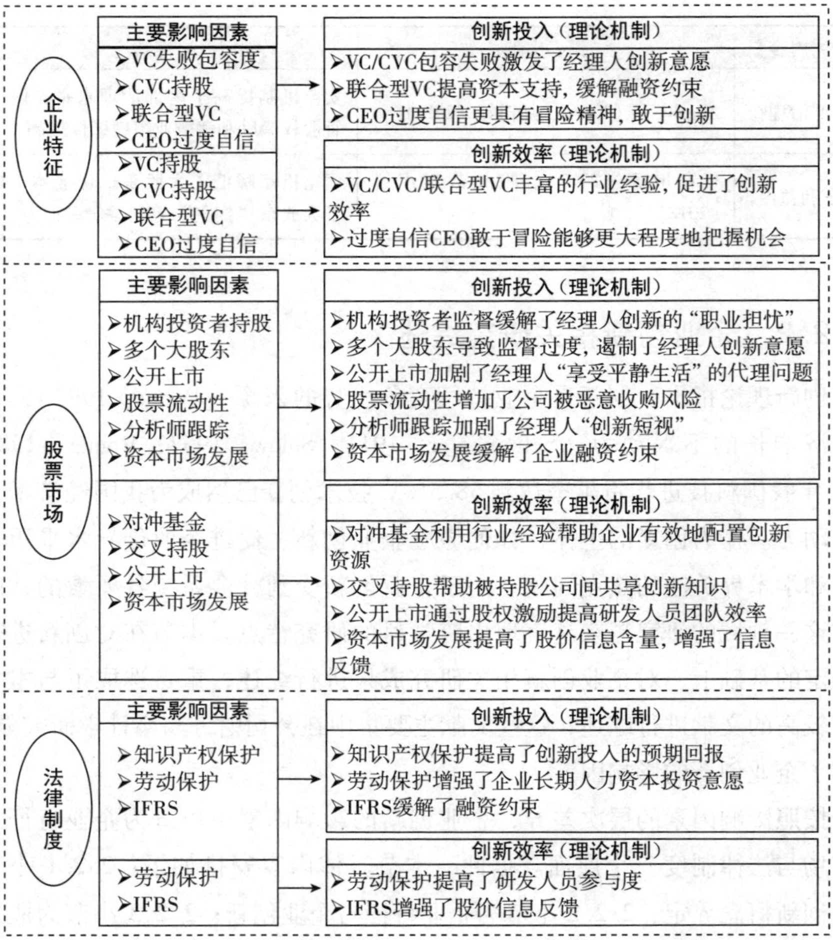

图 2-2　企业创新影响因素主要研究内容与理论概述

义很广，泛指经济生活领域中的新事情和新做法，包括生产新产品、引用新技术和生产方法、开辟新市场、新的原材料供应商、新的企业组织形式等。而在当前经济学研究中，文献重点关注了企业的"产品创新"和"流程创新"（Schmookler，1966）。前者是指"生产新的或改进的产品和服务"，后者是指"对生产产品和服务的方式的改进"（Edquist et al.，2001），这两类创新共同代表了技术创新，也被认为是狭义的创新（柳卸林，1993）。

（2）创新概念的发展——创新与技术创新的概念趋同

进入 20 世纪 60 年代，技术进步在促进经济增长中的作用日益突出，学者们在 Schumpeter 创新理论的基础上，更多地将研究视角聚焦于企业技术创新，技术创新逐渐成为创新的代名词，占据了创新研究的主导地位。

美国国家科学基金会（National Science Foundation，NSF）也在这一时期提倡学者开展对技术创新的研究，作为主要的倡导者，Myers 和 Marquis（1969）在研究报告《成功的工业创新》中将创新定义为“技术变革的集合”，认为创新本质是一项复杂的过程，是从解决各种问题的新想法开始，通过技术研发使这一想法成为具有经济和社会价值的实际应用的过程。

在 20 世纪 70—80 年代，关于创新研究的相关理论进一步深化，逐渐形成了较为系统的理论学说。美国经济学家 Utterback 在 1974 年发表于 *Science* 的论文《产业创新与技术扩散》中，对创新定义如下：“与发明或技术原型存在明显差异，创新就是指技术的实际应用或首次采用。”并且，作者认为创新的过程包含以下三步：① 新想法的产生；② 技术目标的设立与实现；③ 技术的使用与扩散。

英国科学政策研究学会（Science Policy Research Unit，SPRU）研究机构对 Schumpeter 的创新理论进行了传承与发展。代表人物 Freeman 和 Soete 在 1982 年发表的著作《工业创新经济学》中指出，创新本质上是新技术和市场的结合过程，并将创新定义为“包括实验开发以及新产品或新工艺的首次商业性转化的全过程”。

上述创新研究反映出，随着技术进步对经济发展重要性的不断提高，技术创新成为创新的主要内涵。学者们在 Schumpeter 广义创新的概念基础上缩小了创新的内涵边界，缓解了以往创新概念界定过于宽泛的问题，不再对创新和技术创新的概念内涵进行明确区分。

（3）21 世纪创新的概念内涵

21 世纪以来，如何通过创新促进宏观经济的可持续增长，已成为各国经济发展的主要议题。2004 年，美国竞争力委员会（Council on Competitiveness）向美国政府提交的《创新美国》计划中指出：“创新是把洞察和技术转化为能够创造新价值、驱动经济增长和提高生活标准的新产品、新方法和新服务的过程。”此后，2009 年美国政府发布的《美国创新战略》报告，将清洁能源、先进车辆技术、卫生保健技术和利用科技应对 21 世纪“重大挑战”作为主要的创新发展方向，并未提及非技术的创新形式。由此可见，美国政府的官方报告将创新的概念限定为技术相关的创新。

2016 年 9 月，在杭州举办的 G20 峰会通过的《二十国集团创新增长蓝图》指出，“创新是指在技术、产品或流程中体现的新的和能创造价值的理念”。

在当前国际顶级学术期刊发表的相关论文中，绝大部分创新研究文献以专利数量和质量衡量创新水平①，并在标题中使用“Corporate Innovation”、“Firm Innovation”或“Innovation”，而较少使用“Technical Innovation”或“Technological Innovation”。He 和 Tian（2018）对会计与金融学六本顶级期刊 2000—2017 年正式发表的企业技术创新相关论文情况进行了统计②，发现在已正式发表的总共 68 篇学术论文中，尚未有文献在标题中使用“Technical Innovation”或“Technological Innovation”。在国内顶级学术期刊《经济研究》与《管理世界》中，近期发表的绝大部分企业技术创新论文也使用了“企业创新”构建论文标题，鲜有文献在标题中出现“技术创新”③。由此可见，当前学术界已不再对创新和技术创新的概念进行明确划分，更多地使用了狭义的技术创新代表创新，创新即指技术创新。

从创新的概念界定，以及近期学术界惯用做法中，可以发现以下三点特征：① 创新是一个动态的过程，而非以专利等衡量的某种产出成果，专利数量应是对创新水平（也可称创新绩效）的反映；② 创新强调“新”，这种要素的组合必须是第一次出现在整个生产体系；③ 当前国内外创新研究更多使用了狭义的创新概念，即技术创新。基于上述三点原因，本书在 2004 年《创新美国》相关定义的基础上，对创新定义如下：创新就是通过技术研发将对市场需求的有效洞察转化为新产品或新生产流程的整个过程。本书的创新仅指狭义理解上的技术创新。相应地，企业创新就是以企业为主体的创新。本书从狭义角度对企业创新定义如下：企业创新是指企业通过技术研发将对市场需求的有效洞察转化为新产品或新生产流程的整个过程。

---

① 使用专利衡量的创新主要为企业技术创新，文献中以企业当年申请并最终授权的专利数量衡量创新水平。

② 金融学期刊包括 *Journal of Finance*, *Journal of Financial Economics*, *Review of Financial Studies*；会计学期刊包括 *Accounting Review*, *Journal of Accounting and Economics*, *Journal of Accounting Research*。

③ 笔者在中国知网上搜索了 2015—2020 年《经济研究》和《管理世界》发表的企业技术创新相关的论文。《经济研究》在此期间发表论文 15 篇，其中 1 篇标题包含“公司创新”，其余 14 篇均为“企业创新”；《管理世界》在此期间发表论文 26 篇，其中 3 篇标题包含“企业技术创新”、2 篇包含“公司创新”，其余 21 篇均为“企业创新”。

2.2.2 企业特征与企业创新

这一领域的研究从企业内部特征角度，探讨各类特征对创新活动的影响。文献数量较多，本小节重点选取两类研究成果较为丰富的企业特征进行文献综述，目的在于展示和梳理企业创新研究的重要理论。具体而言，第一部分从企业股东特征角度，对风险投资与企业创新的研究文献进行综述；第二部分从经理人特征角度，对相关文献的研究成果进行综述。对这两类文献综述的目的在于厘清企业创新研究的相关理论，为本书后续章节研究的开展奠定理论基础。

(1) 风险投资与企业创新

风险投资主要向初创的非上市企业提供资金和技术支持，并通常在企业上市后以出售股权的形式退出，从而获取高额投资收益，其投资活动通常并不涉及在股票市场进行股权交易。在这一过程中，风险投资凭借其丰富的行业知识和资本支持，对企业创新发挥了重要影响。根据风险投资影响创新水平的路径，风险投资对企业创新投入和创新效率均有影响。

创新投入主要与经理人创新意愿有关，投资者能否包容企业创新失败是影响经理人创新意愿的重要因素（Manso，2011）。Tian 和 Wang（2014）使用风险投资在失败项目上的投资时间衡量失败包容度，发现风险投资的失败包容度与创新产出的数量和质量正相关。实证结果支持了 Manso（2011）提出的风险包容理论，即创新激励的契约设计应能包容短期的创新失败，并在创新成果时予以奖励，这种契约设计有利于提高经理人的创新意愿。

创新效率反映了企业对创新资源的配置能力，风险投资通过自身丰富的行业经验为企业创新资源的有效配置提供了帮助。Kortum 和 Lerner（2000）首次检验了风险投资与企业创新的关系。作者以美国 1965—1992 年 20 个制造业行业的公司为样本，研究发现风险投资促进了企业专利产出数量，并且专利产出的增加并不是由创新投入增长所致，而主要是因为创新效率的提高。

国内研究中，陈思等（2017）证实了风险投资的创新支持作用，研究发现风险投资进入提高了被投资企业的专利申请数量。影响机制有以下两条：风险投资的进入有助于被投企业吸引研发人才；风险投资为被投企业提供了行业经验与资源，提高了企业研发能力。但作者并未进一步检验，风险投资的行业经验与研发人才的增加是否提高了企业创新效率。温军和冯根福（2018）对风险投资与企业创新的关系进行了研究。不同于国外成果的研究视角，作者不仅考虑了风险投资对创新的支持作用，还考虑了风险投资可能通过所有权替代、创新思想出售和创业者股权稀释等手段对企业价值的攫取。以2004—2013年中小板企业为样本，研究发现风险投资整体上降低了中小企业的创新效率和创新成果产出，即风险投资对企业创新的促进作用难以抵消攫取效应的负面影响。

此外，一些研究通过分析风险投资对企业创新投入和效率的影响，进而研究对创新水平的影响。Chemmanur和Fulghieri（2014）研究了风险投资的另一种形式——企业风投部门（CVC）对被投资企业创新的影响，通过对比CVC与IVC（独立风投公司）支持的企业创新表现差异发现，尽管CVC支持的企业更加年轻、冒险，且盈利能力较低，但这类企业的专利产出数量和质量都要高于IVC支持的企业。其背后的机理在于CVC对被投资企业创新研发中的指导更加有效，并且CVC更多考虑的是被投资企业对母公司战略发展的重要价值，对被投资企业短期的创新失败更加包容，从而激发了这类企业投资风险更高、价值更大的创新项目。

国内研究中，陆瑶等（2017）考察了风险投资机构“辛迪加”式的联合投资与单独投资对被投企业创新的影响，发现联合投资比单独投资更能促进被投企业的创新水平，被联合机构投资的企业专利产出数量显著高于被单独机构投资的企业。产生这一结果的原因在于，联合投资机构能够更大程度地缓解被投企业融资约束，并能更高水平地提供创新指导，理论上应会促进企业创新投入与效率。但该论文未对联合投资机构与创新投入和效率的关系进行检验。成立为和邹双（2020）的研究表明，企业上市前一年进入的风险投资对创新水平无明显贡献，而在上市前一年以上进入的风险投资对创新水平有显著促进作用，其中创新水平为企业三类专利申请数量之和，研究结论支持了风险投资的创新支持效应。作者在理论分析中认为风险投资进入时间越早，越能有效地提高经理人创新意愿，帮助企业更加有效地配置创新资源。该论文并未直接检验风险投资与创新投入和效率的关系。

综上，风险投资对创新投入和效率均会产生促进作用，最终显著提高了企业创新水平。大部分研究肯定了风险投资对企业创新的促进作用，但较少有研究对风险投资与创新投入或效率的关系进行实证检验①。

① 上述文献中，仅有Kortum和Lerner（2000）、温军和冯根福（2018）对创新投入和效率进行了实证检验。

（2）CEO个人特征与企业创新

作为企业创新的直接决策者，CEO个人特征如何影响企业创新是创新研究的重要话题。这一领域的研究视角比较新颖，更多地运用了心理学的相关理论。

使用Malmendier和Tate（2005）构建的过度自信指标，Galasso和Simcoe（2011）对CEO过度自信与企业创新的关系进行了研究，发现过度自信的CEO倾向于低估创新失败的概率，并高估创新成功的收益，因而会将创新资源更多地投入风险较高的创新项目。具体而言，CEO过度自信的企业专利产出被引用率更高，反映了创新产出的质量较高，但作者并未探讨过度自信是否会带来资源浪费，也未对过度自信和创新投入的关系进行检验。Hirshleifer等（2012）的研究结论也肯定了过度自信的创新激励作用，作者发现CEO过度自信的企业创新投入强度更高，专利产出数量与质量也较高，并且创新效率也高于CEO非过度自信的企业。但作者同样指出，上述结果只在创新型行业中成立，因为这类行业的创新机会较多，通过增加创新投入能够使企业迅速把握更多的创新机会，从而对创新效率也有显著提升作用。

国内研究中，易靖韬等（2015）研究发现，CEO过度自信不仅提高了企业创新投入和专利产出水平，同时对创新效率发挥了显著的促进作用。

此外，CEO个人技能如何影响企业创新也是近期研究热点。Custódio等（2017）使用CEO职业经历衡量CEO的工作技能，发现全才型CEO能够带领企业获取更多的专利产出，专利产出被引用率也较高。这一现象背后的原因在于全才型CEO的知识结构更加多样，能够更好地在创新过程中提高效率。并且全才型CEO并不担心因为创新失败而被解雇，因为他们的知识技能有助于在经理人市场找到新的工作，因此更愿意增加对企业创新的投入。

基于特殊的研究数据，CEO个人经历与企业创新关系成为国内研究的新热点。何瑛等（2019）研究发现，CEO职业经历越丰富，企业专利产出的数量越多。并且职业经历中跨企业经历对创新产出的贡献最大。这一现象的机理首先是丰富的职业经历有助于CEO构建社会网络，从而帮助企业在创新过程中获取资源；其次，职业经历丰富的CEO风险承担水平较高，具有较高的创新意愿。根据该论文的理论分析，CEO职业经历越丰富，企业获得异质性信息和资金的能力越高，并且经理人创新意愿也较强，应能通过投入和效率的提升促进创新水平。

2.2.3 股票市场与企业创新

作为资本市场的重要组成部分，股票市场对企业创新产生了重要影响，这种影响不只是为创新提供权益资本支持，还包括通过完善公司治理机制，缓解创新中的代理问题等。并且，股票市场不只是资本的聚集地，更汇集了市场上各类投资者的异质性信息，这类信息的反馈也会在创新项目选择和执行过程中发挥积极作用。这一领域的研究文献非常丰富，本小节重点对具有代表意义的以下五类文献进行综述：① 机构投资者与企业创新[①]；② 首次公开上市与企业创新；③ 股票特征与企业创新；④ 分析师与企业创新；⑤ 股票市场发展与企业创新。

（1）机构投资者与企业创新

作为股票市场的参与主体，机构投资者在股票市场发展中扮演了重要角色，是提高股市定价效率、降低股价波动的重要力量。在企业内部，机构投资者发挥了决策监督与建议功能。关于机构投资者如何影响企业创新，学者们进行了深入探讨。

从机构投资者持股数量角度，Aghion 等（2013）研究发现，机构投资者持股比例与创新投入水平正相关，与企业专利产出数量和质量正相关。其影响机制是机构投资者能够更加有效地对经理人创新决策进行监督，从而能够在创新失败时分辨失败的原因，判断到底是经理人能力不足还是随机技术因素导致了失败，降低因技术因素导致失败时经理人被解雇的风险，缓解经理人创新的“职业担忧”（Career Concern）。并且作者认为，相较于治理经理人享受“平静生活”的代理问题，缓解经理人创新的“职业担忧”才是机构投资者促进企业创新的内在机理。在此之后，学者们在这篇文献的基础上，研究了不同类型的机构投资者对企业创新的影响。

国内研究中，付雷鸣等（2012）研究发现，机构投资者持股能够显著地提高企业创新投入水平。

从机构投资者持股特征角度，Chemmanur 等（2023）研究了机构投资者交叉持股对创新的影响，发现被机构投资者交叉持股的上市公司创新水平更

---

① 本书将风险投资归类为企业特征层面影响因素，而将机构投资者归类为股票市场主体，原因在于，风险投资主要在企业未上市阶段参与投资，难以被归类为股票市场的参与主体；而机构投资者主要通过股票市场股权交易成为公司股东，因此将相关研究划分到股票市场与企业创新。

高，原因在于，被同一家投资者持股的公司之间更易形成战略联盟，战略联盟间创新资源的共享与知识溢出促进了企业创新水平的有效提升。

此外，一些研究关注了机构投资者类型对创新的影响。Brav 等（2018）研究了对冲基金对企业创新的影响，发现对冲基金的介入虽然降低了企业研发支出，却增加了企业专利产出的数量和质量，显著提高了企业创新效率。机制检验发现，对冲基金是通过利用自身行业经验积极影响企业创新决策，对企业创新资源进行重新配置，促进了创新效率的显著提高。Luong 等（2017）研究了境外机构投资者持股对企业创新的影响，使用 2000—2010 年 26 个美国以外国家的数据研究发现，境外机构投资者持股比例的增加显著提高了企业专利产出的数量和质量，并且发现境外机构投资者积极的监督、对创新失败更加包容的态度与知识溢出效应是提升企业创新水平的三种机制。但作者并未直接检验境外机构投资者对创新投入和效率的影响。

国内研究中，郑春美和朱丽君（2019）使用我国 A 股数据研究发现，首先，QFII 持股有助于企业提高创新投入强度，其作用机制在于 QFII 主动参与了公司治理，降低了企业创新中的代理成本；其次，QFII 能够为企业提供先进的经验支持，促使企业更加积极地投资创新。虽然作者只对创新投入进行了检验，但按照该文的理论分析，QFII 的知识溢出与先进经验应同样会对创新效率产生促进作用。

综上，在机构投资者与企业创新的研究中，文献主要基于机构投资者的知识溢出和主动监管功能，研究了机构投资者对企业创新投入和创新效率的影响，发现机构投资者对企业创新水平具有促进作用。

（2）首次公开上市与企业创新

伴随企业的成长与发展，通过上市获取更大规模的外源融资成为诸多企业的资本诉求。那么上市前后企业创新会发生怎样的变化？学者们对这一问题进行了深入探讨。

Ferreira 等（2014）构建理论模型研究发现，选择上市更适合进行“开发型”创新的企业，而不公开上市更适合进行“探索型”创新的企业。其背后的原因在于，相较于私有化企业，上市公司的投资者对企业创新失败的包容水平较低，股价对公司负面消息的反映造成经理人利益损失，因此，经理人更倾向于投资风险较低的“开发型”创新。作者主要对创新策略进行了探讨，对创新的投入强度或创新效率未有涉及。Bernstein（2015）用实证研究的方法证明了 Ferreira 等（2014）理论模型推导出的结论。作者使用双重差分模型，通过对比企业在上市前后创新水平的差异，与在纳斯达克市场撤回上市申请的企业在撤回前后创新水平的差异，发现企业上市后专利产出的质量显著下降。作者机制检验发现，这一现象是由上市后企业研发人员离职数量的上升导致的。并且，企业上市后更倾向于采用并购的方式获取被并购方的专利，而不倾向于采用自主研发的创新方式。此外，由于上市公司股权结构更加分散，股东与经理人的委托代理冲突更加严重，经理人为了追求"平静生活"的私有收益而会放弃高风险的创新投资。

在考虑了企业外源融资需求的差异后，Acharya 和 Xu（2017）研究发现，对外源融资的依赖程度是解释上市前后创新水平差异的重要路径。在对外源融资依赖度较高的行业中，上市公司比私有公司的创新投入强度更高，专利产出的数量和质量更高；在对外源融资依赖度较低的行业中，上市公司由于要承受市场短期业绩压力，在创新投入与产出水平上表现不如私有企业。

国内研究中，张劲帆等（2017）对这一问题首次进行了研究，发现上市促进了企业创新水平，并且上市前融资困难的企业在上市后专利产出数量显著增加。该论文机制检验发现，企业在上市后创新的融资约束得到了缓解，并且研发团队的人员规模和人均效率得到了显著提高，最终促进了创新水平的有效提升。李丹蒙等（2019）同样使用双重差分模型，发现上市后企业创新投入水平显著下降，这是由于上市后股市业绩压力影响下企业更加注重短期盈余从而降低了企业创新投入。与上述研究不同，李云鹤等（2018）肯定了上市对企业创新的积极影响，作者运用双重差分模型研究发现，上市显著促进了企业专利产出数量，并认为上市是通过缓解企业创新的融资约束促进了创新水平。但作者并未对上市与创新投入的关系进行检验。

由此可见，关于上市对企业创新的影响，国内外研究均未能形成一致结论，一方面上市能够为企业创新提供权益资本支持，通过股权激励方案实施等途径提高研发团队的创新效率；另一方面，上市后股权机构更加分散，可能引发更为严重的经理人代理问题，导致企业创新投入的下降。

（3）股票特征与企业创新

二级市场的股票特征如何影响企业创新？现有研究从流动性、股价高估和信息含量等角度对这一问题进行了探讨。学者们通过构建各类股票特征与恶意收购风险、经理人收益、融资约束和决策信息反馈的理论关系，研究了这些股票特征对创新的影响。

从股票流动性角度，Fang 等（2014）研究发现，股票流动性的提高抑制了企业创新，降低了专利产出的质量与数量。首先，这是因为股票流动性的提高增加了公司被恶意收购的风险，导致经理人创新意愿不强；其次，流动性的提高会吸引关注短期业绩的机构投资者，这部分投资者的进入会导致企业更加关注短期业绩，而对有利于企业长期价值的创新活动投入不足。总体而言，作者认为流动性会通过降低企业创新投入，影响最终创新水平。

基于我国上市公司的股权特征，冯根福等（2017）探讨了股票流动性与企业创新的关系，发现在我国 A 股市场国有企业占到很大比重的环境下，股票流动性对创新的影响受到企业产权性质的调节：在民营企业中，股票流动性增加了被恶意收购的风险，企业为降低被收购的风险会减少创新投入，因而降低了创新水平；而在国有企业中，股票流动性无法影响公司被并购的风险，但增强了公司股权的多元化，更多的机构投资者的进入有利于提高国有企业的创新意愿，促进了创新投入和产出水平。

从股票价格角度，Dong 等（2019）研究发现，二级市场对公司股价的高估不仅促进了企业创新投入与产出水平，还提升了专利产出的价值。原因在于，股价高估会促使企业为了迎合市场而在创新活动中更加激进，通过选择更具挑战性的创新项目维持市场的高估值。

国内研究中，赵国庆和王光辉（2019）的研究同样发现了股价高估的创新激励效应，并发现除了股价的迎合机制外，股价高估降低了企业融资成本，缓解了创新融资约束，最终提高了企业创新投入和产出水平。然而，股价高估和企业创新的现有文献并未对高估和创新效率的关系进行探讨，这种以维持高估值为目的的创新活动是否会造成效率损失，值得学者们进一步研究。

基于市场反馈理论，李启佳等（2020）对股价信息含量与创新效率的关系进行了研究，发现股价信息含量的提高有利于经理人识别合适的创新项目，提高企业创新资源的配置效率，最终促进了企业的创新效率和产出水平。研究结论证明了，在我国 A 股市场，来自股价的市场信息反馈对企业创新发挥了指导作用。

综上，关于股票特征与企业创新的研究仍处于起步阶段，现有研究更多地关注了股票某类特征对创新投入的影响，对创新效率的探讨仍然较少，研究视角也有待扩展，未来仍有较多的研究机会。

（4）分析师与企业创新

作为股票市场的信息中介，分析师在缓解企业与投资者信息不对称中发挥了重要作用，分析师行为会对企业创新产生怎样的影响？这一领域的现有成果均是从创新投入的角度，探讨分析师行为对创新水平的影响。

He 和 Tian（2013）首次对分析师与企业创新的关系进行了研究。发现分析师并未通过缓解信息不对称降低创新融资约束的渠道促进创新。相反地，分析师跟踪增加了企业的短期业绩压力，经理人为了避免未达到业绩预期导致的股价下跌，会削减创新投入，降低了最终创新成果产出。

国内研究中，陈钦源等（2017）得出了相反的结论，他们发现分析师跟踪能够通过缓解信息不对称与治理代理问题促进企业专利成果产出的数量。余明贵等（2017）同样肯定了分析师跟踪对企业创新的促进作用，并发现融资约束缓解是分析师跟踪提升创新的路径机制，但并未发现分析师对经理人代理问题的治理作用。

此外，从分析师乐观偏差的角度，伊志宏等（2018）发现乐观偏差会对企业创新产生抑制作用。其作用原理在于，乐观偏差程度越高，经理人短期业绩压力越大，为满足业绩压力会缩减当期创新投入，抑制了创新成果产出。

（5）股票市场发展与企业创新

股票市场的发展通过降低融资成本、提高资源配置效率、更高效地评估项目价值、分散创新风险与监督经理人决策等途径，发挥了创新激励效应。虽然股票市场发展与企业创新关系研究的理论文献较为丰富，但这一领域的实证研究仍然较为匮乏。

Hsu 等（2014）运用全球 32 个发达与发展中国家资本市场的数据，分别使用股票市场规模和银行信贷规模衡量两类市场的发展程度，对资本市场发展水平如何影响企业创新进行了深入研究。作者发现，对于高度依赖外源融资的行业，股票市场的发展通过降低企业创新融资约束、增强股价的决策信息反馈等机制，促进了企业创新投入、效率和最终成果产出；然而，由于债务资本与企业创新存在不匹配性，债务资本市场的发展抑制了企业创新。

国内研究中，钟腾和汪昌云（2017）发现股票市场规模的增加促进了企业专利产出数量，而银行业规模的增长对企业专利产出的影响并不显著。机制检验说明，股票市场发展是通过缓解企业创新的融资约束促进企业创新投入，提高了创新产出水平。

2.2.4 法律制度与企业创新

法律制度如何影响企业创新受到了学术界高度关注，本小节按照具体的研究视角，将文献分为以下四类：① 知识产权保护与企业创新；② 劳动保护与企业创新；③ 会计准则与企业创新；④ 税收政策与企业创新。

（1）知识产权保护与企业创新

企业创新的最终成果通常以专利的形式出现，专利属于企业的知识产权。因此，知识产权法律如何影响企业创新是这一领域的重点研究问题。这方面的研究主要是对创新投入和产出的探讨，并未涉及企业创新效率。

Fang 等（2017）以我国各省市知识产权保护的制度异质性为切入点，探讨了各省市知识产权保护的差异对创新的影响，发现知识产权保护通过增强企业创新意愿提高了创新水平，但这种创新激励作用对非国有企业更加显著，对国有企业的影响只在股权分置改革实施以后显著。

国内研究中，吴超鹏和唐菂（2016）探讨了我国各省市知识产权保护力度对企业创新的影响，发现政府加强知识产权保护力度可以促进企业创新投入和专利产出水平。原因在于，首先，知识产权保护力度的提高能够增加企业创新的预期收入，增强企业创新意愿，促进创新投入水平；其次，知识产权保护力度的提高能够降低企业披露创新信息的成本，缓解创新信息不对称导致的融资约束，促进企业增加投入。

（2）劳动保护与企业创新

作为创新决策的执行者，研发人员的创新参与度会直接影响企业创新效率和最终结果。因此，劳动保护如何影响企业创新受到了国内外学者的高度关注，取得了丰富的研究成果。

Acharya 等（2014）探讨了劳动保护相关法律在美国各州的逐步出台如何影响企业创新水平的问题，作者发现对员工保护法律的实施有助于提高研发人员在创新活动中的参与程度，进而促进创新效率与最终产出水平。这一效应的机理在于，对员工的保护降低了员工被解雇的风险，从而有效降低了企业在创新成功后“敲竹杠”的概率，增强了研发人员的事前创新意愿，有效提高了研发人员的创新参与，促进了创新决策的执行效率。

国内研究中，基于《中华人民共和国劳动合同法》的出台，学者们对劳动保护与企业创新的关系进行了深入研究。倪骁然和朱玉杰（2016）研究发现，《中华人民共和国劳动合同法》的出台导致企业不能轻易解雇员工，因此增强了企业为研发人员进行长期人力资源投资的动机，从而促进了企业创新投入的增长，最终也提高了企业创新产出。

与上述文献的结论相反，王珏和祝继高（2018）研究发现，劳动保护增强降低了企业专利产出数量，其原因是劳动保护的提高会增加员工的偷懒动机，并打破以往的公平性感知，导致员工的工作积极性显著下降，削弱了员工的创新意愿，降低了企业创新水平。由此可见，关于劳动保护与企业创新的关系，现有研究尚未得到一致结论，对这一问题的进一步研究需要从员工层面获得可靠的一手数据。

（3）会计准则与企业创新

会计准则如何影响创新活动？这一领域的研究时间较短，但在理论和实践层面具有较强的指导意义。Li 等（2016）研究了国际会计准则（IFRS）对企业创新的影响，使用 2001—2009 年全球 38 个国家的数据研究发现，强制采用 IFRS 国家的企业在准则实施后创新产出水平有显著提高。原因有两点：首先，IFRS 的实施促进了企业会计信息质量的提升，进而缓解了企业创新的融资约束，促进了创新投入的提高；其次，会计信息质量的提高能够增强股价的信息反馈，促进企业创新效率。创新投入和效率的提高促进了最终创新产出水平。

萨班斯法案（Sarbanes - Oxley Act，SOX），也被称为“上市公司会计改革与投资者保护法案”。Gao 和 Zhang（2019）基于美国 SOX 法案的实施背景，探讨了这一法案的实施对企业创新的影响。研究发现，在 SOX 法案规定需要提高内部治理的企业中，专利产出的数量与质量显著下降。原因在于，首先，SOX 法案增加了企业为满足法案要求的财务支出，造成创新资金匮乏；其次，SOX 法案的实施导致经理人被诉讼的风险增加，抑制了经理人投资高风险项目的动机，在这两种作用下，企业创新的投入和产出水平显著降低。

（4）税收政策与企业创新

此外，税收政策如何影响企业创新在创新的前因研究中占有重要地位，这一领域的研究成果有助于政府制定更加合理的创新激励政策，具有较强现实意义。根据创新环节划分，我国目前已实施的税收优惠政策包括：基于研发环节的研发费用加计扣除政策和延长高新技术企业及科技型中小企业亏损结转年限的政策；基于成果转化环节的企业技术转让所得税优惠政策；与研发环节无关的高新技术企业所得税优惠政策（赵书博等，2019）。

从创新投入角度，白旭云等（2019）以企业技术转让所得税减免额衡量税收优惠额度，研究发现税收优惠有利于企业创新水平的提升，表现为企业专利产出数量的显著提高，说明基于研发环节的税收政策发挥了创新激励效应。冯泽等（2019）对研发费用加计扣除政策的实施效果进行了检验，将创新的过程分为投入—产出—收益三个阶段，分别检验了政策实施对不同阶段的影响。研究发现研发费用加计扣除政策促进了投入的规模与强度；提高了产出的规模，但对产出强度没有显著影响；对产出的收益发挥了显著促进作用。总体上肯定了加计扣除政策对创新的引导与激励作用。

从创新效率角度，张俊瑞等（2016）研究了研发费用加计扣除政策与高新技术企业所得税优惠政策对企业创新效率的影响，发现研发费用加计扣除政策提高了高新技术企业的创新效率，而对非高新技术企业创新效率没有影响；与研发环节无关的高新技术企业所得税优惠未能有效提高企业创新效率。表 2－3 对企业创新影响因素文献的理论观点进行了汇总和概述。

表 2－3　企业创新影响因素文献结论概述

研究视角	主要文献	代表性结论
企业特征	Tian 和 Wang（2014）、陈思等（2017）、陆瑶等（2017）	VC、CVC 和联合型 VC 能够包容创新失败，激发经理人创新意愿，促进创新投入和产出
	Hirshleifer 等（2012）、易靖韬等（2015）	过度自信 CEO 更具创新精神，能够提高创新投入、效率和产出
股票市场	Aghion 等（2013）、付雷鸣等（2012）	机构投资者缓解了经理人创新的“职业担忧”，促进了创新投入和产出
	Bernstein（2015）	公开上市造成股权分散，加剧了经理人享受“平静生活”，降低创新投入和产出
	Hsu 等（2014）	股票市场发展缓解了融资约束、增强了股价信息反馈，提高创新投入、效率和产出
	He 和 Tian（2013）、马黎珺和伊志宏（2017）	分析师跟踪加剧了短期业绩压力抑制创新投入和产出，但也可能缓解融资约束、治理经理人代理问题、促进创新投入和产出

续表

研究视角	主要文献	代表性结论
法律制度	Fang 等（2017）	知识产权保护促进了企业创新投入和产出
	王珏和祝继高（2018）、倪骁然和朱玉杰（2016）	劳动保护促进了创新投入和效率，但也可能造成员工偷懒，抑制效率和产出
	Li 等（2016）	IFRS 通过提高信息质量缓解了融资约束提高了创新投入，信息质量的提高促进了股价信息效率，增强了股价信息反馈对创新效率的促进，最终提高了创新水平

2.3 卖空机制与企业创新关系的研究综述

现有文献主要从创新水平的角度，探讨了卖空机制对企业创新的影响，而对创新投入和效率的研究较少，卖空机制如何影响企业创新仍需要更加深入的系统研究。He 和 Tian（2016）以美国 SHO 法案实施为背景，研究发现通过治理经理人享受“平静生活”的机会主义行为，卖空约束缓解促进了以专利申请数量为衡量的企业创新水平。

国内研究中，笔者的前期研究成果较早地对卖空机制与企业创新水平的关系进行了检验①，发现卖空机制通过治理经理人享受“平静生活”的代理问题，促进了以专利申请数量为衡量的企业创新水平（陈怡欣等，2018）。但论文并未实证研究卖空机制对创新投入的影响，也未涉及对创新效率的探讨。此外，权小锋和尹洪英（2017）使用了同花顺数据库2007—2014 年的研发支出数据，共得到2814 个观察值②，研究发现卖空机制未能提高企业创新投入强度但提高了创新水平。综观这一研究话题下的国内外研究文献，虽然文献在实证结果上发现了卖空机制对企业创新水平具有正向影响，但在这一结果的形成机理上仍未形成系统的研究结论。

形成这一问题的原因在于，现有文献较少从理论和实证层面系统研究卖空机制对企业创新的两类核心衡量指标——投入和效率的影响，这种研究的非系统性具体表现在以下两个方面：

---

① 论文在 2016 年 2 月 21 日便已投稿，因此笔者认为对这一问题在国内进行了较早的研究。

② 同期 CSMAR 数据库研发支出数据有 8054 个观察值，且论文对缺失值的处理方法与创新研究惯例并不一致。

第一，虽然一些文献从理论层面探讨了卖空机制可能对创新投入的影响，但仍主要基于对经理人享受“平静生活”的治理理论，理论分析不够全面，且较少在实证层面使用大样本检验卖空机制对企业创新投入的影响，研究结论的普适性较低。卖空机制是否会影响、如何影响企业创新投入仍是需要进一步研究的关键问题。

第二，现有文献鲜有涉及对创新效率的科学研究。创新效率是影响企业价值的关键，关于卖空机制是否影响企业创新效率，在理论认知上仍较为缺乏。由此可见，现有研究虽然证明了卖空机制对企业创新水平具有促进作用，但未能有效揭示这一作用发挥的客观机理。

研究需要在更加深入的理论分析和科学的实证检验基础上，从投入与效率角度，进一步揭示卖空机制对企业创新的影响效果和影响机制。

2.4 企业创新与股价崩盘风险关系的研究综述

企业创新的现有文献更多关注了创新的影响因素，而对创新经济后果的探讨较少，对经济后果的探讨将是企业创新未来研究的重要方向（He and Tian，2018）。作为一种兼具高风险和高不确定性特征的资本投资，创新会对股价崩盘风险产生怎样的影响？现有文献从创新投入的角度，对这一问题进行了分析。本节首先对股价崩盘风险的形成机理进行文献综述，进而对企业创新与股价崩盘风险的文献进行回顾与分析。

（1）股价崩盘风险的形成机理

股价崩盘风险是指股票的特有收益率出现极端负偏分布的可能性（Habib et al.，2018）。现有研究认为，股价崩盘风险的增加与经理人信息披露决策有关。当企业产生负面消息时，经理人考虑到负面消息披露可能造成股价下跌，因而可能隐藏负面消息披露，造成负面消息不断累积。当负面消息的累积超过一定阈值时，负面消息会集中释放，造成股价崩盘（Bleck and Liu，2007；Kim et al.，2011）。根据上述崩盘风险的形成机理，股价崩盘风险的增加依赖于负面消息的产生，以及不对称的信息环境。只有在不对称的信息环境中，负面消息通过不断累积才会造成股价崩盘风险的上升。由此可见，降低股价崩盘风险的根本途径是减少负面事件的产生和降低企业与投资者之间的信息不对称。

现有研究指出，降低企业避税程度（Kim et al.，2011）、提高会计稳健性（Kim and Zhang，2016）、降低盈余管理程度（Francis et al.，2016）、提高信息披露透明度（潘越等，2011）、增强年报可读性（Kim et al.，2019）、提高内部控制信息披露水平（叶康涛等，2015）、提高大股东持股比例（王化成等，2015）和增强媒体监督（罗进辉、杜兴强，2014）等方式，有利于降低负面事件发生或企业与投资者的信息不对称程度，从而缓解股价崩盘风险的上行压力。

（2）企业创新与股价崩盘风险

企业创新具有较高程度的风险和不确定性（Holmstrom，1989）。具体而言，企业创新的不确定性主要是指创新潜在结果的形式和价值是高度未知的，而创新的风险是指研发过程中的技术和执行风险（Kerr and Nanda，2015）。前者可能导致创新产出的价值与预期存在较大偏差，而后者则可导致研发失败。并且，伴随创新投入的不断提高，企业与投资者间信息不对称程度不断加剧，投资者难以提前预判创新的价值和失败风险（Aboody and Lev，2000），导致与创新相关的负面消息不断积累。因此从理论上讲，企业创新活动的开展应会导致股价崩盘风险的升高。

现有文献中，周铭山等（2017）以我国A股市场创业板上市公司为样本，较早地对这一问题进行了研究。然而与上述理论分析的预期相反，作者发现在创业板市场上，上市公司创新投入越多，股价崩盘风险越低。与上述结论相反，林川和杜思俊（2019）同样使用创业板上市公司的数据研究发现，企业创新投入增加了股价崩盘风险，外资股份的进入缓解了创新投入导致的股价崩盘风险。赵文耀等（2019）以A股上市公司为样本发现，企业创新投入会增加股价崩盘风险，而第一大股东持股比例的增加缓解了创新投入造成的股价崩盘风险。

由此可见，这一领域的研究文献数量仍然较少，大多数研究以创业板公司为样本，且并未将创新效率纳入这一问题的研究框架；此外，在探讨如何缓解创新投入带来的股价崩盘风险中，现有文献仅从股权特征角度进行了考察，尚未有文献从股市交易机制角度对这一问题进行研究。

2.5 文献述评与研究启示

2.5.1 文献述评

基于以上文献述评，本章对现有研究存在的不足归纳如下：

第一，关于卖空机制与企业行为的研究视角仍有局限，并且较少探讨卖空机制“信息效应”对企业行为的影响。

第二，在股票市场与企业创新的研究中，现有文献主要探讨了各类市场主体、股票特征、股票市场规模等对创新的影响，较少研究股票市场制度变化对创新的影响。

第三，企业创新的研究框架仍未统一，不少文献以创新水平衡量企业创新，或者采用从影响因素到创新水平的研究思路，忽视了投入、效率和绩效的逻辑关系。

第四，现有文献仍未有效揭示卖空机制影响企业创新水平的路径机理，对于卖空机制如何影响企业创新的两类核心衡量指标——投入和效率，鲜有文献进行系统的理论与实证研究。

第五，在企业创新与股价崩盘风险的研究中，研究结论的普适性较低，并且未将创新效率纳入现有研究框架。在如何缓解企业创新引发的股价崩盘风险研究中，现有文献仅从股权特征角度进行了探讨，研究视角较为单一。

2.5.2 研究启示

当前研究成果为本书研究的开展提供了丰富的研究启示，具体如下：

第一，现有文献归纳并证实了卖空机制的“治理效应”和“信息效应”。在“治理效应”影响下，上市公司大股东“掏空”行为得到有效遏制，经理人机会主义行为的实施成本也显著上升，从而降低了委托代理冲突对企业价值的负面影响。在“信息效应”影响下，卖空机制提高了股价对负面消息的反映程度。根据市场反馈理论（Bond et al.，2012），股价是经理人获取异质性信息的重要途径。信息是决策的基础，信息的充分获取应会提升企业的决策效率。那么，在受到代理问题严重影响且决策高度依赖外部信息的创新活动中，卖空机制的引入是否会影响企业创新的投入和效率？与企业其他类型行为相比，卖空机制对企业创新的作用机理又会存在哪些差异？对这些问题的研究有利于更加深刻地理解卖空机制的两类经济效应。

第二，企业创新影响因素的研究表明，创新投入和创新效率具有截然不同的影响机制。在对现有文献归纳后发现，创新投入主要受到融资约束和经理人创新意愿的影响。并且文献指出，经理人在以下两种情况中创新意愿较低：一是在公司治理水平较低时，经理人为了享受“平静生活”私有收益而怠于创新；二是在大股东监督力度较低时，经理人创新的“职业担忧”加剧，由于忌惮创新失败时对自己的错误惩罚而不愿创新。创新效率的影响因素体现在创新决策制定与执行两个阶段。创新决策制定阶段主要受经理人信息完备性以及代理问题的影响，而执行阶段的影响因素包括研发人员创新参与度和外部知识获取等。结合研究启示的第一点可以发现，卖空机制的“治理效应”和“信息效应”在理论上应会对创新的投入和效率产生积极影响。理论启示进一步印证了卖空机制与企业创新存在较强的理论逻辑关联。

第三，关于企业创新与股价崩盘风险的研究，现有文献将创新投入视为风险和信息不对称的来源，并发现了创新投入对股价崩盘风险的正向影响。那么从效率角度，创新效率的提高是否会通过降低创新投入的风险，缓解股价崩盘风险？此外，卖空机制的引入能否通过影响创新效率和创新信息披露，缓解创新投入带来的股价崩盘风险？对这些问题的深入研究，有利于缓解企业创新投入导致的股市负面效应，从而进一步增强企业的创新意愿。

针对上述理论启示，本书基于我国 A 股市场首次引入卖空机制的制度背景，将卖空机制纳入企业创新的研究框架中，进行理论分析并实证检验卖空机制对企业创新投入和创新效率的影响效果和影响机制。在此基础上，从创新的股票市场效应角度，分析企业创新与股价崩盘风险的关系，并进一步探讨卖空机制对二者关系的影响效果与影响机制。通过上述四部分的研究，形成卖空机制对企业创新投入、效率和经济后果的影响效果与影响机制的系统研究，为提升上市公司创新表现、防范金融风险的制度设计提供理论参考。

2.6 本章小结

首先，本章对卖空机制相关研究文献进行了归纳和梳理，根据理论基础进行了较为详细的比较与总结，获得了重要的研究启示。综述发现，目前卖空机制的研究主要有两个方面的内容：一是检验卖空机制对股票市场质量的影响；二是研究卖空机制对上市公司行为的影响。前一类研究主要基于卖空机制的“信息效应”，后一类研究主要基于卖空机制的“治理效应”，较少涉及对“信息效应”经济后果的探讨。其次，本章对企业创新影响因素的文献进行了较为全面的回顾与分析，从企业特征、股票市场与法律制度层面归纳了当前文献中企业创新的主要影响因素，发现企业创新水平主要与创新投入和创新效率有关，但当前文献较少从股票市场制度层面探讨对创新投入和效率的影响。再次，本章对现有卖空机制与企业创新的主要文献进行了回顾，发现虽然文献肯定了卖空机制对企业创新水平的促进作用，但并未从投入和效率角度系统探讨卖空机制对企业创新的影响效果和影响机制。最后，本章从经济后果角度，综述了企业创新对股价崩盘风险影响的相关文献，并发现这一领域的研究刚刚起步且尚未形成一致的研究结论。相关文献更多地从投入角度进行研究，忽视了效率的重要影响。此外，在对如何缓解投入带来的股价崩盘风险的研究中，研究视角仍局限在股权特征角度，还未扩展至股票市场制度层面。综上，在对文献系统回顾和述评的基础上，本书发现了现有研究的不足并获得了重要研究启示，明确了本书的研究内容及理论与实践价值。

3 制度背景、理论基础与概念模型

本章介绍本书研究的制度背景、理论基础与概念模型。在对制度背景的介绍中，3.1 节介绍了卖空机制的制度背景，具体包括世界主要股票市场卖空机制的运行情况概述、卖空机制在国内外主要股票市场的发展历史、基本模式和运行现状。3.2 节介绍了企业创新的制度背景，具体包括国外主要发达国家和我国改革开放以来企业创新的发展历史与相关制度政策。3.3 节为理论基础，介绍了本书研究过程涉及的主要理论。3.4 节为概念模型，首先对概念模型的要素进行了定义，其次在理论基础上构建了本书的概念模型。

3.1 卖空机制的制度背景

股票卖空最早出现在 17 世纪初的荷兰。1602 年，总部在荷兰阿姆斯特丹的东印度公司首次公开发行股票，成为历史上第一家上市公司。1609 年，荷兰东印度公司董事 Isaac Le Maire 因为遭到了公司和宗教法庭的排挤，愤然辞职，随后便联合其他 8 名荷兰富商成立了一家名为“格鲁特”的贸易公司，意在打压东印度公司股价。他们通过卖空东印度公司的股票，并散播法国也要成立东印度公司的利空谣言，造成公司股价在一年内下跌 12%，Isaac Le Maire 等也通过卖空股票获得了高额的投资收益。这也成为人类历史上第一次卖空交易。此后，荷兰政府在东印度公司的游说下颁布了卖空禁令，该禁令直至 1689 年才被废除。到 18 世纪初，英国、法国等欧洲国家也相继出现了证券卖空交易。

随着全球资本市场的迅速发展，卖空机制已经成为发达股票市场的基础交易制度，一些新兴股票市场也逐步引入了卖空机制。根据 Charoenrook 和 Daouk（2009）的调查结果，截至 2002 年 12 月 31 日，全球 23 个发达股票市场中 22 个引入了卖空机制，占到总数的 95.7%，在 1990 年这一比例仅为 64%；而在 88 个新兴股票市场中，有 25 个股票市场引入了卖空机制，占到总数的28.4%，在1990年这一比例为10%。

虽然一些国家在法律上承认了卖空交易的合法地位，通过引入卖空机制允许投资者进行股票卖空交易，但也设置了一些限制卖空交易的制度约束，比如对融券券源的控制、对卖空交易收取高额费用、限制卖空交易额等。制度的约束导致卖空交易难以实践，例如，芬兰在1998年引入卖空机制，但高昂的税收费用阻碍了卖空交易的发生。根据Charoenrook和Daouk（2009）的统计结果，在全球111个股票市场中，各国（地区）股票市场根据卖空机制引入时间和能否进行卖空实践，可以分为以下四类：第一类市场在1990年前引入卖空机制并且能够实践；第二类市场在1990—2002年引入卖空机制并且能够实践；第三类市场截至2002年年底已引入卖空机制但无法实践；第四类市场截至2002年年底仍未引入卖空机制。表3－1对上述四类股票市场卖空机制的实施情况进行了简要汇总。

表3－1 世界主要股票市场卖空机制实施情况分类

类型	发达股票市场国家（地区）	发展中股票市场国家（地区）
1990年前引入且能够实践	澳大利亚、奥地利、比利时、加拿大、丹麦、法国、德国、爱尔兰、意大利、日本、荷兰、葡萄牙、瑞士、英国、美国	捷克、墨西哥、俄罗斯、南非
1990—2002年引入且能够实践	中国香港、卢森堡、挪威、瑞典	智利、斐济、中国台湾、泰国、土耳其
截至2002年已引入但难以实践	芬兰、新西兰、西班牙	阿根廷、亚美尼亚、巴西、爱沙尼亚、希腊、匈牙利、冰岛、印度、马拉维、纳米比亚、秘鲁、菲律宾、波兰、斯洛文尼亚、韩国、乌兹别克斯坦
2002年末仍未引入	新加坡①	中国、阿尔巴尼亚、阿塞拜疆、巴林、孟加拉国、玻利维亚、博茨瓦纳、保加利亚、哥伦比亚、哥斯达黎加、克罗地亚、塞浦路斯、厄瓜多尔、埃及、加纳、印度尼西亚、斯里兰卡、巴基斯坦等

资料来源：Charoenrook和Daouk（2009）。

① 根据Charoenrook和Daouk（2009）的调查结果，新加坡是唯一在2002年还未引入卖空机制的发达股票市场。

由此可见，是否引入了卖空机制是股票市场成熟度的重要体现，大量发展中股票市场仍未引入卖空机制，即使少数发展中股票市场引入了卖空机制，但是由于各种限制因素的存在导致卖空交易难以实施。因此，在引入卖空机制的过程中，发展中股票市场需要借鉴发达股票市场的成熟经验，并在此基础上制定适合本国市场特征的监管制度。按照卖空交易授信主体的差异，目前卖空机制的基本模式主要有以下三种：以美国、英国为代表的分散授信模式；以日本、韩国和我国 A 股市场为代表的集中授信模式；以中国香港地区、瑞士为代表的中央结算公司模式。下一节将介绍代表性股票市场卖空机制发展历程与基本模式。

3.1.1 代表性股票市场卖空机制的制度背景

为分析具有代表意义的国家（地区）股票市场卖空机制的发展历程与制度特征，本节选取 3 个卖空机制基本模式的代表性市场——美国、日本与中国香港股票市场，对这 3 个国家（地区）卖空机制的发展历史、相关法律制度的特征差异进行详细介绍。在此基础上，对三种卖空机制基本模式的特征进行对比分析。

3.1.1.1 美国、日本与中国香港股票市场卖空机制发展历程

（1）美国股票市场卖空机制的发展历程

1934 年，美国《证券交易法》的颁布标志着卖空机制在美国证券市场正式确立。《证券交易法》赋予了美国证券交易委员会（以下简称 SEC）管制市场参与者交易行为的权力，并规定了授信模式采用分散的市场化模式，即证券公司可以通过市场其他金融机构融资融券。

1937 年美国股市经历了一次较大幅度的下跌，促成了 1938 年将 10a - 1 条款写进《证券交易法》，自此引入了卖空提价规则。卖空提价规则旨在对卖空价格进行限制，10a - 1 条款规定：① 卖空交易的价格必须要高于最新证券成交价格，即所谓提价规则（Plus Tick）；② 若卖空价格与最新成交价格相等，那么最新成交价格应高于前一次的成交价格，即所谓零加价规则（Zero - plus Tick）。这一条款的目的在于阻止股价下行时卖空交易对股价下行趋势的进一步加剧，鼓励在股价上行时的卖空交易行为。提价规则对美国证券市场卖空交易产生了深远影响，并在接下来的 70 年中未曾有过重大改变。

2004 年 7 月，SEC 正式出台《证券卖空规则》（以下简称 SHO 法案），

替代了《证券交易法》的相关条款，并于2005年1月3日起正式实施。

SHO法案构建了美国股市卖空机制新的实施框架，其中201号规定暂时性地取消了《证券交易法》中的卖空提价规则（10a－1条款），暂停所有形式的卖空价格测试，以重新评估这些规则是否发挥了稳定市场的作用。2005年5月2日至2007年7月3日，SEC从Russell 3000指数中选取了1/3股票作为测试标的，测试结果表明10a－1条款并未有效发挥抑制股价下跌幅度和速度的作用，因此SEC在2007年7月3日宣布取消卖空提价规则。

此外，为限制“裸卖空”的滥用，SHO法案出台了第203号规则，制定了卖空交易的“定位”规则。“裸卖空”是指投资者在没有借入证券或没有确定途径获得证券的情形下出售证券的卖空行为。“裸卖空”不受融券信用约束，因此投机者利用这一特点滥用“裸卖空”，巨量卖空造成股价大跌，扰乱了正常的市场秩序。[①] 在第203号规则下，所有交易商必须对可出借的证券进行有效“定位”，即卖空交易者在卖空交易前需要委托交易商确认市场上存在可融证券，以保障在卖出时证券能够顺利交割。具体操作中，交易商需要确认已经融券或做好了融券安排，或交易商有充分理由相信在证券交割日到来之前能够顺利融券。

此后，2008年全球金融危机爆发，SEC为避免卖空交易进一步加剧股价的下跌，先后出台了三项措施：第一，暂时性地禁止“裸卖空”。2008年10月14，SEC出台204T规则，要求所有证券在SHO规则下实行交易后3日内完成交割，禁止“裸卖空”。通过保障证券顺利交割增强投资者信心，缓解股票价格在金融危机期间的下行压力，这一临时性措施有效期至2009年7月31日。第二，禁止部分企业股票的卖空交易。2008年9月，SEC暂时性禁止了800家金融企业股票的卖空交易活动，并且证券交易所获得了扩充名单的授权，最终被禁止卖空交易的股票达到950只，其中就包括著名的房地美、房利美、雷曼兄弟、高盛等公司的股票，2008年10月17日卖空禁令取消。第三，颁布《SH表格指令》，加强卖空交易的信息披露。2008年9月18日

① 需要明确的是，“裸卖空”有两种类型：一种是做市商性的合法做市行为（Bona Fide Market Making），目的在于增强市场流动，但这种合法的“裸卖空”也需要满足SHO法案中“定位”与“清算”的相关要求；另一种是滥用型“裸卖空”（Abusive Naked Short Selling），这种卖空行为违反了SEC“裸卖空”欺诈规则（10b－21）与《证券交易法》中10b－5的条款，是违法行为。无论哪种类型的“裸卖空”，都需要根据SHO规则要求按时进行证券的交割。

SEC颁布《SH表格指令》，要求在2008年10月15日至2009年8月1日，大型投资机构经理必须在完成卖空交易后以SH表格形式向SEC报告交易信息。

在经历了全球金融危机后，2010年2月24日，SEC对SHO法案中201号规则进行了修订，引入了卖空交易价格测试的“断路”法，新方法规定：如果某只股票价格在交易当日下跌幅度超过了10%，卖空价格等于或低于当前市场买方的最高出价时，股票交易中心就应该禁止这项交易。由于在股价下跌时，滥用“裸卖空”的概率极大升高，这一方法有利于降低股价的下行压力。

在当前美国股票市场，卖空机制的制度框架主要包含以下五部分内容：第一，授信模式采用市场化的分散授信模式；第二，《证券交易法》中以10b-5条款为代表的证券反欺诈法规，禁止与卖空交易相关的内幕交易和虚假陈述等欺诈行为，如滥用“裸卖空”等；第三，卖空交易前的价格测试，只有符合SHO法案中第201号的规定，卖空交易才可发生；第四，卖空交易信息披露的规定，大型机构投资者在Dodd-Frank法案下需要公开披露卖空交易信息；第五，卖空交易执行中的监管规则，卖空交易的执行需要符合SHO法案中第203条“定位”规则和第204条“清算”规则，这两条规则主要是用于禁止滥用“裸卖空”。

（2）日本股票市场卖空机制的发展历程

1954年，随着第二次世界大战的结束，为改善战后萎靡不振的市场形势，日本在美国的支持下通过了《证券交易法》，正式引入卖空机制，成为东亚地区第一个引入卖空机制的国家。此后，政府通过向中央银行注入17亿日元，成立了专业化证券金融公司，为融券卖空提供信用支持。券商在券源不足时可以向证金公司申请转融通，但证金公司不得直接向投资者提供融券业务。1955年日本《证券交易法》规定，大藏省负责对证券金融公司进行监管，并明确规定授信方式采用集中授信模式，由3家证券金融公司负责集中授信，这3家公司分别是日本证券金融公司、大阪证券金融公司和中部证券金融公司。

经历了2002年股价暴跌后，日本金融服务局引入了三条加强股票卖空管制的措施，包括对卖空交易动机的严格审查；对卖空交易价格的测试，要求卖空交易价格应高于最新市场成交价格；要求交易所提升卖空交易信息披露水平，交易所需要每日公开披露卖空交易价格。

2008 年 10 月 27 日，在日经指数 5 日内平均下跌超过 18% 之后，日本金融服务局对卖空机制增加了两项限制措施：第一，暂时性地禁止“裸卖空”交易，所有市场参与者在卖空之前必须已进行融券，以保证在结算日的顺利交割（2008 年 10 月 30 日起正式生效）；第二，卖空仓位达到或超过流通股股数 0.25% 的投资者，必须通过证券公司向交易所披露卖空交易信息，交易所负责将信息向市场大众公开披露（2008 年 11 月 7 日起正式生效）。

金融危机以后，日本金融服务局保留了金融危机期间出台的两项管制措施，明令禁止证券“裸卖空”行为。至此，日本证券市场卖空机制的制度框架主要包含：第一，授信模式采用集中授信模式；第二，禁止“裸卖空”交易的相关规定；第三，卖空交易价格测试办法；第四，卖空交易信息按要求进行披露。

（3）中国香港股票市场卖空机制的发展历程

香港股票市场在很长一段时间不允许进行卖空交易。直至 1994 年 1 月 3 日，香港证监会推出“监管卖空实施计划”，首批标的包含 17 只恒生指数中的股票。并且，卖空交易需要在严格的提价规则下进行——卖空交易的价格必须高于最新证券成交价格。此外，授信模式采用中央结算公司授信模式，由中央结算公司构建融资和融券的交易平台，为证券公司提供增信服务。此后，1996 年 3 月，香港证券交易所取消了提价规则，并将卖空标的股票扩大至 113 只。

1997 年金融风暴席卷香港，香港证监会在 1998 年加强了卖空监管，出台了一系列措施，具体包括：限制可卖空证券范围；重启卖空提价规则；保留有担保卖空的审计文件，防止无担保的“裸卖空”；严格执行 T+2 的股票交割期限规则；交易所会员机构必须每日备存卖空交易的分类账，随时供交易所审查。对《证券及期货条例》进行修订，其中第 170（1）条严格禁止“无抵押”或“无担保”的卖空交易，将“裸卖空”定性为刑事犯罪，最高可判 10 万港元罚款和 2 年监禁。

相比美国股票市场，香港股票市场管制较为严格，早在 1998 年的规则修订中就禁止“裸卖空”交易，并将“裸卖空”定性为刑事犯罪。因此，在 2008 年金融危机期间，当美国、英国等股票市场纷纷禁止对金融股的卖空交易时，香港股市并未出台禁止卖空交易的规定，只是将原有的 538 只可卖空标的减少为 364 只。

香港证监会在2012年6月设立淡仓申报制度，要求机构投资者对卖空交易情况向证监会申报并集中披露。按照规定，当空头头寸高于某只股票发行股本的0.02%时，或当卖空头寸市值超过3000万港元时，机构投资者必须对卖空交易情况向证监会披露，由证监会每周集中披露每只股票的淡仓比例。2012年7月，香港证券交易所提高了卖空标的资格，将卖空标的的市值门槛从10亿港元提高至30亿港元，将换手率从40%提高至50%。2016年7月，换手率要求再一次提高至60%。2017年3月，香港证监会进一步扩大了淡仓申报的范围，将需要申报的原有137只可卖空标的扩大至921只股票，进一步强化了卖空交易的信息披露。

至此，我国香港股票市场卖空机制的制度框架主要包括以下六个方面的内容：第一，以中央结算公司模式为证券公司授信；第二，以《证券及期货条例》为代表的禁止“裸卖空”的法律条文，将“裸卖空”定性为刑事犯罪；第三，卖空提价规则；第四，证监会颁布的一系列限制“裸卖空”的交易规则；第五，强化卖空交易信息披露的相关措施；第六，对卖空交易标的的限制。

（4）代表性股票市场卖空机制的制度特征分析

卖空机制在美国、日本和中国香港股票市场的发展历程说明，发达的资本市场也需要有效的市场监管。美国SEC对卖空机制的监管策略呈现出“严格—放松—严格”的特点，而日本与中国香港在经历了区域性金融危机后，也加强了对卖空机制的管制措施。分析当前卖空机制制度框架的特点，我们可以得到以下启示：第一，卖空机制是伴随金融环境变化而不断发展的，是发达股票市场普遍设立的重要交易机制；第二，卖空提价规则是监管机构管制卖空机制的主要手段，在各国（地区）市场上普遍施行；第三，打击投机者滥用“裸卖空”是金融实践不断发展的共识，也是监管机构与投资者之间的长期博弈；第四，强化卖空交易的信息披露是制度发展的基本要求。

国际证券委员会（International Organization of Securities Commissions, IOSCO）在2009年6月发布的咨询报告《IOSCO关于卖空机制管制办法的意见》中，提出构建卖空机制实施框架的四点基本原则：第一，卖空应当受到适当的控制，以减少或最小化影响证券市场有序、高效和稳定运行的潜在风险；第二，应建立卖空投资者向市场或市场主管部门提供及时信息的报告制度；第三，应建立有效的合规性监察与执行系统，确保规章制度的有效落实；

第四，卖空监管应允许对某些类型的交易设定适当的约束免除措施，以实现有效的市场运作和发展。

3.1.1.2 美国、日本与中国香港股票市场卖空机制的基本模式

卖空机制的基本模式也称卖空交易的授信模式，是指投资者在卖空交易中融券的途径和方法。在已引入卖空机制的国家中，卖空机制的基本模式主要有以下三种：分散授信模式（也称市场化授信模式）；集中授信模式（也称证券金融公司授信模式），这种模式也被我国 A 股市场采用；中央结算公司模式①（陈汉文等，2018；卢太平、宋根苗，2009）。

（1）分散授信模式

在分散授信模式下，投资者向大量分散的普通证券公司申请融券，这些分散的证券公司便是市场的授信主体。证券公司授信的券源来自自有证券、保证金账户中的融资担保证券，或向其他金融机构借入的证券。这种授信模式依赖于各市场主体间极高的信用水平，市场化程度与运行效率较高。但由于缺少统一的授信主体，监管机构集中调控的效力较低，只需要负责制定统一的交易规则并监督规则的执行。这种授信模式更加适合市场发展水平较高、相关制度建设较为完善的发达股票市场，而不适合需要集中监管的发展中股票市场。图 3－1 展示了分散授信模式下卖空机制的运行方式。

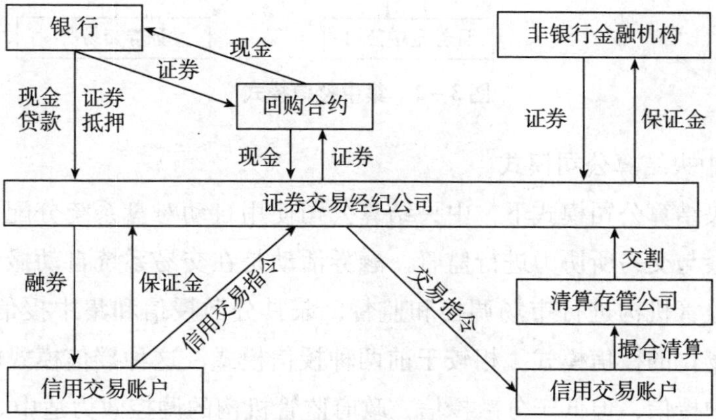

图 3－1 分散授信模式

① 除上述三种授信模式外，也有学者将中国台湾采用的双轨制作为一种授信方式，这种方式是在日本集中授信基础上，允许投资者绕开证券公司向证金公司申请融券。笔者认为由于这种方式与集中授信方式的授信主体均为证金公司，并且全球范围内目前只被中国台湾采用，更适宜作为集中授信模式下的一种特殊形式，而不应单独作为一种新的授信模式，故未将此种模式作为卖空机制的基本模式。

（2）集中授信模式

在集中授信模式下，市场成立少数证券金融公司，专门负责在券商券源不足时进行授信活动，在整个信用交易体系中发挥了证券中转枢纽的功能。我国A股市场在2013年开通了转融券业务，标志着集中授信模式的采用，中国证券金融股份有限公司负责对各证券公司集中授信。相比分散授信模式，集中授信模式下证券金融公司具有授信的垄断权利，证券金融公司能够控制流入市场的证券数量，从而对卖空的市场规模进行调控。这种模式虽然能够增强监管机构对卖空的控制力度，但损害了市场效率，增加了卖空成本。但对于发展中股票市场，这类卖空机制的授信模式能够强化监管机构的监管力度。图3－2展示了集中授信模型的运行过程。

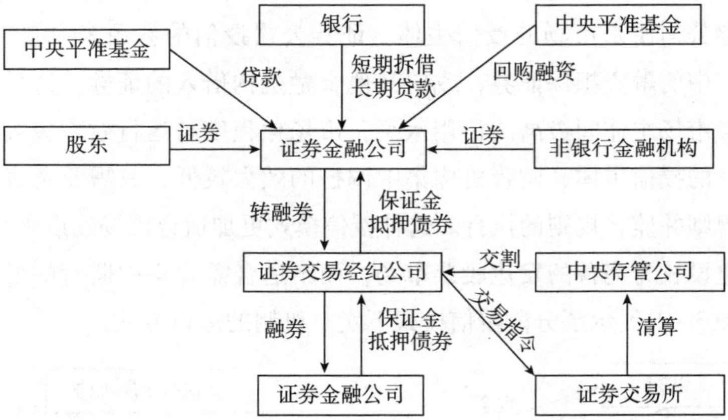

图3－2　集中授信模式

（3）中央结算公司模式

在中央结算公司模式下，中央结算公司使用自动对盘系统分配可借贷证券，证监会与交易所协力进行监管。融券活动是在交易系统自动撮合下发生的，辅以监管机构进行市场调控和监督，兼具分散授信和集中授信的特点，属于半市场化的授信模式。相较于前两种授信模式，这种授信模式的运行效率高于集中授信，但低于分散授信，政府监管机构的调控效力适中。图3－3展示了中央结算公司模式的运行过程。

表3－2从三种模式采用的主要国家、授信主体、融券渠道、运行流程、监管调控力度以及运行效率等方面，对三种基本模式的特点进行了总结和对比。值得一提的是，我国A股市场在2010年卖空机制引入初期并未明确规定卖空机

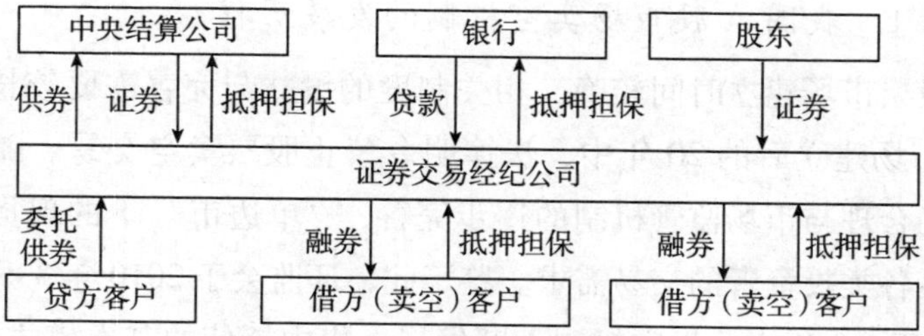

图 3-3 中央结算公司模式

制的运行模式，直至2013年2月转融券制度的推出，我国A股市场才确定了以中国证券金融公司为授信主体的集中授信模式。

表 3-2 卖空机制基本模式对比

项目	分散授信模式	集中授信模式	中央结算公司模式
主要国家	美国、英国	日本、韩国、中国内地	中国香港、瑞士
授信主体	分散的证券公司	垄断的证券金融公司	中央结算公司
融券渠道	证券公司自有证券、融资担保证券、其他金融机构借入的证券	证券公司自有证券、融资担保证券、证券金融公司借入证券	证券公司自有证券、融资担保证券、融券交易平台上的借入证券
运行流程	投资者向证券公司申请融券； 证券公司向投资者提供信用； 当证券公司券源不足时，通过证券借贷市场获得股票	投资者向证券公司申请融券； 证券公司向投资者提供信用； 当证券公司券源不足时，通过证券金融公司获得股票	投资者向证券公司申请融券； 证券公司向投资者提供信用； 当券源不足时，证券公司向中央结算公司建立的股票借贷平台申请融券
监管调控力度	弱	强	中
运行效率	高	低	中
运行成本	低	高	中
市场化程度	高	低	中

3.1.2 我国A股市场卖空机制的制度背景

本小节首先介绍我国A股市场卖空机制的发展历程，对比A股市场与美国、日本和中国香港股票市场卖空机制的制度差异，分析当前A股市场卖空制度的主要问题；随后，运用描述性统计方法，对当前A股市场卖空机制的运行状况进行分析，揭示卖空现状背后的制度因素。

3.1.2.1 我国A股市场卖空机制的发展历程

我国股票市场建立时间较晚，相关制度的设立与完善需要较长时间，因此在A股市场建立后的20年中，法律明令禁止股票卖空交易。随着投资者构成的日趋合理与市场监管机制的逐步完善，“单边市”下的现货交易模式也无法满足各类投资者的交易需求。鉴于此，证监会于2010年3月引入了卖空机制。此后10年中，卖空机制不断发展，集中授信的基本模式初步确立，市场交易规模显著增长。A股市场卖空机制的发展历程可以分为以下四个阶段：

（1）明令禁止阶段（1990年12月1日—2005年12月31日）

1990年12月股市创立之初，证监会禁止证券公司开展信用交易，卖空禁令更是在1999年被写入法律。1999年7月1日，《中华人民共和国证券法》（以下简称《证券法》）正式颁布，《证券法》颁布的法律初衷在于防范金融风险，因此明令禁止证券公司开展融资融券业务。在这一阶段，市场监管机制还不够健全，投资者构成也以散户为主，因此禁止卖空交易能够起到稳定市场的重要作用。

（2）制度准备阶段（2006年1月1日—2010年3月30日）

2006年1月1日，经过第一次修订的《证券法》正式实施，修订后的《证券法》取消了对卖空的限制，要求证券公司所开展的融资融券业务应符合国务院相关规定，并经证监会批准。

此后，一系列构建卖空机制的法律法规逐步出台，2006年6—8月，中国证监会先后出台了《证券公司融资融券试点管理办法》和《融资融券交易试点实施细则》，奠定了我国融资融券业务的制度基石；2008年4月23日，国务院正式颁布《证券公司监督管理条例》，对证券公司融资融券业务的开展进行了具体规定；2008年10月5日，中国证监会宣布启动融资融券业务试点；同年12月1日，《证券公司业务范围审批暂行规定》正式实施，允许证券公司申请融资融券业务资格；2010年1月22日，中国证监会发布《关于开展证券公司融资融券业务试点工作的指导意见》，规定了证券公司申请融资融券业务的基本要求。

（3）试点运行阶段（2010年3月31日—2011年10月27日）

2010年3月31日，深圳证券交易所与上海证券交易所正式向6家试点券商发出通知，开始接受券商融资融券交易申报，并公布了首批90只股票作为融资融券业务标的。自此，经过4年精心准备，我国证券市场正式引入了卖空机制，结束了以往不允许卖空的“单边市”时代。虽然卖空机制正式引入，但由于试点管制措施的存在，各家券商的开户数量、融券发生额和余额的增长较为缓慢。

（4）试点转常规阶段（2011年10月28日至今）

为缓解证券公司券源不足的问题，进一步扩大卖空交易市场规模。中国证监会在2011年10月28日正式发布《转融通业务监督管理试行办法》，明确了中国证券金融股份有限公司在对证券公司授信中的垄断地位，标志着我国卖空机制集中授信模式的确立。2013年2月28日，首批90只转融券标的公布，标志着卖空机制正式迈入常规运行阶段。同年11月，沪、深证券交易所分别发布《融资融券交易实施细则》，规范了融资融券业务流程。2015年6月3日，《证券公司融资融券业务管理办法》正式实施，该办法禁止证券公司接受投资者“裸卖空”指令。2019年8月9日，在证监会指导下，证券交易所修订了《融资融券交易实施细则》，主要内容包括：① 取消了最低维持担保比例的统一限制；② 扩展了担保物品范围；③ 进一步扩大融券标的范围。

综上，《融资融券交易实施细则》《证券公司融资融券业务管理办法》《转融通业务监督管理试行办法》《中华人民共和国证券法》共同构成了我国卖空机制的制度框架，这一框架主要包括以下六方面内容：第一，A股市场卖空机制采用集中授信模式；第二，实施卖空交易提价规则；第三，禁止“裸卖空”，证券交易所会对证券公司融券专户的证券数量进行前端检查，在制度和技术层面杜绝“裸卖空”；第四，限制卖空交易标的范围；第五，卖空交易信息需要按日进行公开披露；第六，对卖空交易规模进行控制，单一客户融券规模不得超过公司净资本的5%，单一标的融券余量不得超过可流通市值的25%。由此可见，我国证监会对卖空机制的运行监管更加严格。结合3.1.1节内容，表3-3列示了美国、日本、中国香港和我国A股市场卖空机制相关规则的制度差异。

表3-3 美国、日本、中国香港和我国A股市场卖空机制特征对比

项目	美国市场	日本市场	中国香港市场	我国A股市场
引入时间	1934年	1954年	1994年1月	2010年3月
授信模式	分散授信	集中授信	中央结算公司	集中授信

续表

项目	美国市场	日本市场	中国香港市场	我国A股市场
提价规则	有	有	有	有
标的限制	无	有	有	有
披露个股卖空频率	每月	每天	每天	每天
是否允许“裸卖空”	允许做市商“裸卖空”，不允许滥用“裸卖空”	不允许	不允许	不允许
卖空仓位限制	无	无	无	有，单一客户融券规模不得超过净资本的5%，单一标的融券余量不得超过可流通市值的25%
投资者融券费率	证券公司根据市场需求决定，平均年费率约为1%	证金公司根据市场需求定价，平均年费率为1%~2%	证券公司根据市场需求决定，平均在2%左右	6个月贷款基准利率上浮3%，平均水平为8%~9%

资料来源：中金公司研究部．做空VS反做空：信息披露维度的观察［M］．北京：北京大学出版社，2018：6.

通过对比可以发现，相较于发达股票市场卖空机制的制度规定，我国A股市场卖空机制的运行在制度层面受到了较多约束，主要体现在以下几个方面：

第一，融券费率过高。当前我国A股市场的融券费率平均为8%~9%，并且费率的制定未参考券源的市场供求情况，仍以行政规定为主要手段。而美国、日本和中国香港等发达股票市场的融券费率根据市场供求关系制定，总体费率为1%~2%。由此可见，A股市场的融券费率明显偏高，较高的交易成本阻碍了卖空交易的发生。

第二，融券券源受限。我国A股市场采用集中授信的基本模式。在这一模式下，部分融券标的已成为转融券标的，缓解了证券公司券源不足问题，有利于卖空交易的顺利实现。但截至2019年年末，转融券标的历经三次扩容，在总共1767只融券标的中，共有893只融券标的成为转融券标的，仍然有874只融券标的还未成为转融券标的。融券券源受限制约了卖空机制应有功能的发挥，市场亟待转融券业务的深入开展，以缓解可融证券不足的难题。

第三，严格的卖空仓位管制。对比各市场的制度差异可以发现，发达股票市场中普遍未设置卖空仓位限制，只有我国A股市场对卖空交易的规模进行了严格管制，不利于卖空机制的功能发挥。

综上，未来政策修订可以考虑进一步降低融券费率，依靠证券借贷市场需求实行灵活的定价模式；扩大转融券标的范围，缓解卖空券源不足问题；逐步降低卖空仓位限制，进一步促进卖空机制对股票市场质量的积极影响。

3.1.2.2 我国A股市场卖空机制的运行现状

自2010年3月至今，卖空机制已在我国证券市场运行了10余年，回溯10余年的发展，卖空机制在标的数量和交易规模上不断增长，制度建设也取得了较大进步。总体而言，卖空机制发展至今，在市场运行中表现出以下两个特点。

第一，融券标的数量增长迅速，但尚未达到A股数量的一半。根据统计结果①，截至2010年年末，在卖空机制运行的第一年，融券标的数量为90只，占当年A股总数的4%；2011年，融券标的数量增长189只，累计279只，占当年A股总数的11.9%；2012年，融券标的数量首次出现“零增长”。

2013年，融券标的数量有明显增加，新增融券标的459只，累计738只，占当年A股总数的29.3%；2014年，新增融券标的200只，累计938只，占当年A股总数的35.6%。

从2015年开始，融券标的新增数量放缓，标的数量在2015年年末有增加；2016年，新增融券标的75只，累计1013只，占当年A股总数的32.4%；2017年，新增融券标的35只，累计1048只，占当年A股总数的29.9%；2018年，新增融券标的24只，累计1072只，占当年A股总数的27.8%。

2019年，融券标的数量迅速增长，新增融券标的695只，累计1767只，占当年A股总数的47.8%。

总体而言，融券标的数量呈持续增长趋势。在卖空机制运行的10余年里，融券标的数量从最初90只股票增长到1767只，占A股总数的比重也从最初的4%增长到47.8%，新增标的数量在2019年达到了最大值。数据说

① 资料来源：国泰安(CSMAR)数据库“融资融券”子数据库。

明，从标的数量的层面，卖空机制在运行的10余年里取得了较大发展，投资者可融券卖空的股票选择得到极大丰富，监管机构对卖空机制的重视程度不断上升。

图3－4对这一趋势进行了反映，可以发现，除2012年和2015年外，融券标的数量均呈递增趋势。对比融券标的数量和当年A股股票数量的变化趋势线可以发现，融券标的数量的增长速度总体上大于A股股票的增长速度，说明卖空机制对股票市场的积极影响逐渐被市场和监管机构认可。但需要承认的是，即使卖空标的数量增长迅速，但仍未达到股票数量的一半，标的数量仍存在较大的扩展空间。

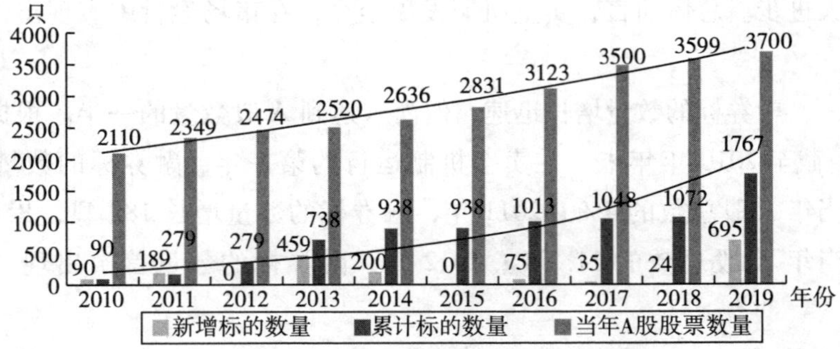

图3－4　融券标的数量变化的历史沿革

资料来源：国泰安（CSMAR）"融资融券"数据库。

第二，卖空交易的市场规模发展迅速，但存在较大波动性。2010年，在卖空交易试点启动的第一年里，A股市场融券卖出量为7301万股，当年A股市场全年成交量为417260638万股，卖空交易仅占总交易数量的0.002%①。2011年，卖空交易占总交易数量的比值有所提高，达到0.068%。2012年，卖空交易占总交易数量的比值达1.102%。

此后，随着转融券业务的开展，转融券标的数量不断增加，券商可供融出的证券数量大幅上涨，卖空交易规模显著提高。2013年、2014年和2015年，卖空交易规模分别达到市场交易总量的2.324%、2.783%和1.501%。

2016—2019年，卖空交易规模较2012—2015年有明显下降，分别为0.134%、0.277%、0.317%和0.290%。由此可见，卖空交易规模与2010年

① 数据来自国泰安(CSMAR)数据库，市场年内卖空交易量根据A股市场个股的年内卖空交易量之和求得。

相比增长迅速，其中 2014 年卖空交易的累计规模达到历史最高值，约为 2010 年的 1392 倍。但此后卖空交易规模发生较大幅度下降，交易规模的波动性较大。

结合我国 A 股市场的现实情况，2016—2019 年卖空交易规模的迅速下降与当年股市行情有关。2014 年 6 月—2015 年 6 月，我国 A 股市场迎来了持续一年的“牛市”，这一阶段卖空交易的市场规模也达到了历史最高水平，这也符合卖空交易的基本逻辑，即识别股价被高估的股票；而在 2015 年下半年“牛市”结束，上证指数在短短 3 个月跌幅达 49%，股市进入“熊市”。

在“熊市”阶段，卖空交易受到卖空价格测试等政策法规的影响，监管部门也会对违反规定的交易进行密切监察，导致交易规模迅速下降。由此可见，我国 A 股市场现行交易政策有效遏制了加速股价下跌的“砸盘”型卖空交易，使卖空机制总体起到了促进市场效率的作用，反映出监管部门在规范卖空机制运行的政策制定与执行上是基本有效的。图 3 - 5 展示了我国 A 股市场卖空交易规模的历史变化。

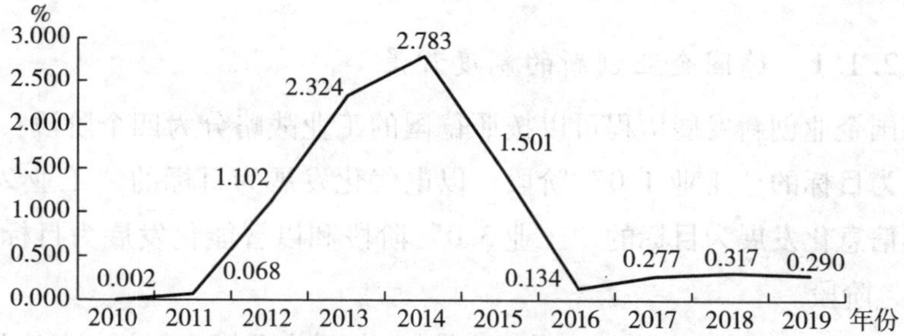

图 3 - 5　A 股市场卖空交易量与股票成交量之比

资料来源：国泰安（CSMAR）“融资融券”数据库。

此外，与发达资本市场相比，我国 A 股市场虽然卖空机制发展历史较短，但在交易规模上与发达市场的差距并不是很大。例如，在卖空交易活跃的香港股市，2015 年年初至 2017 年 5 月，市场融券交易量平均约占交易总量的 5.6%。这说明虽然我国 A 股市场卖空机制的运行时间较短，卖空交易规模与发达的股票市场存在差距，但从 A 股市场卖空交易的历史数据来看，2014 年 A 股市场卖空交易发生额占比达到 2.783%，这种交易规模上的差距并不是难以弥补的，监管机构应该在制度设计层面进一步减少限制卖空机制正常运行的不合理约束，如融券费率过高、转融券标的过少、卖空仓位的限制等。在有效防范金融风险的市场规则下，进一步促进卖空机制对市场效率的积极影响。

3.2 企业创新的制度背景

自 Schumpeter（1911）提出创新理论后，技术创新被认为是推动经济增长最重要的因素。基于对创新意义的认同，经济学家们纷纷提议各国政府应构建国家创新体系，实施创新驱动的经济发展战略。在此背景下，本节主要对国外发达国家和我国企业创新的发展历史与制度背景进行介绍和分析，以对比企业创新的制度异同。

3.2.1 主要发达国家企业创新的制度背景

本小节选取在企业创新方面具有代表意义的德国和美国进行介绍，这两个国家在企业创新方面取得了较大的成就，美国被认为处于国际创新强国的第一梯队，德国紧随其后，两国在创新制度设计方面的先进经验值得分析和借鉴。

3.2.1.1 德国企业创新的制度背景

德国企业创新发展历程可以按照德国的工业战略分为四个阶段：以机械化发展为目标的“工业 1.0”阶段、以电气化发展为目标的“工业 2.0”阶段、以信息化发展为目标的“工业 3.0”阶段和以智能化发展为目标的“工业 4.0”阶段。

（1）“工业 1.0”（18—19 世纪中期）：鼓励企业模仿创新的制度设计

18 世纪，德国政府为追赶在第一次工业革命中处于领先地位的英国，制订了旨在实现制造业机械化的“工业 1.0”计划。

这一阶段的德国通过高价进口英国机械设备和生产技术，采取了模仿创新的策略，催生了一系列大型工业企业，其中包括 1847 年成立的西门子公司。这些企业主要由科学家们建立，通过与研究机构建立联盟关系，克服技术难关，实现企业创新。

企业创新的进步也促使了 1877 年德国《专利法》的颁布，德国在这一阶段也顺利实现了工业化发展目标，跻身全球先进工业化国家行列。

（2）“工业 2.0”（1880—1970 年）：助力企业自主创新的制度设计

随着第一次世界大战的爆发，德国政府在此阶段更加注重国防和空间技术研发，开展了以实现电气自动化为目标的“工业 2.0”计划。

德国化工企业发现，构建规律系统的创新研发体系能为企业带来水平更高且更加持续的经营利润。因此，企业纷纷建立内部研发部门。随后钢铁、电气等重工业行业的企业也开始成立研发部门，专职于自主创新研发。

1949 年德国出台《基本法》，法律规定“科学、研究均属自由”，政府不可干预只能引导。这一阶段企业实现了自主创新，公共的研究机构在政府领导下实行集中研发，但由于与市场距离较远，研究机构未能有效与企业联合实现成果转化。

（3）“工业 3.0”（1970—2005 年）：激励企业创新的制度设计

从 1970 年开始，德国政府开始注重企业创新，将重点从以往军事科技研发转为民用科技研发，并制订了以实现电子信息自动化为目标的“工业 3.0”计划。这一阶段德国政府创新体系中将企业创新放到了核心位置，出台了一系列激励企业创新、帮助企业创新成果转化的法律制度。例如，政府向创新企业提供贷款和税收优惠、建立并资助技术中介实现成果有效转化、举办会展实现企业技术与市场的交流对接、成立中小企业发展基金、帮助中小企业实现产学研结合等。

此外，德国修订了《移民法》，以降低紧缺人才的移民门槛。在一系列相关制度的保障下，德国企业的创新水平迅速提高，实现了“工业 3.0”计划下工业电子信息自动化的发展目标。

（4）“工业 4.0”（2006 年至今）：激励企业突破性创新的制度设计

进入 21 世纪，德国工业中基础与应用型创新成果占比较高，渐进性创新已实现世界领先，但突破性创新成果仍较为薄弱，与美国、日本的差距逐渐扩大。在此背景下，德国政府制订了旨在利用信息化技术实现产业变革的“工业 4.0”计划，期待能够实现智能工业的革命性技术创新。

从 2005 年开始，德国政府提高了研发投入比重，向企业实行研发项目外包。2008 年，德国政府启动了“中小企业核心技术计划”，旨在支持中小企业创新项目申请。

2010 年，德国政府通过《2020 高科技战略》，引导企业在这一阶段将创新研发聚焦于气候与能源、健康和通信等领域，意图在关键领域实现突破性创新。2012 年，约有 42.9% 的创新型中小企业实现了与高校的科研合作。

3.2.1.2 美国企业创新的发展历史与制度背景

美国不仅是世界第一大经济体，也是世界创新强国。《福布斯》杂志2018年调查显示：在全球前十大市值的科技型企业中，美国共有7家公司上榜，其中美国苹果公司更是位列这一榜单第一名。美国如何实现创新驱动？美国的创新经验是否值得我国学习借鉴？本小节将介绍分析美国企业创新的发展历史和相关制度。

（1）第一阶段（19世纪中期—1945年）：政府鼓励下的企业模仿创新

19世纪中期，美国在结束“南北战争”实现统一后，开始在经济上实施追赶英、德的计划，通过从英国引进技术实现本土的制造业发展。

随着工业的迅速发展，这一时期产生了一系列大型企业，这些企业通过学习国家实验室的研发形式，在企业内部成立了专门的研发部门。1890年，《谢尔曼法》正式出台，旨在打击行业垄断行为，激发中小企业创新意愿。

这一阶段的美国企业创新活动主要依靠技术引进，并在此基础上进行改良应用，本土企业的自主创新仍然较少。

（2）第二阶段（1945—1991年）：国家战备下校企合作的兴起

随着第二次世界大战的爆发以及与苏联冷战局势的开始，美国在国防技术创新方面投入巨大。研究领域主要聚焦于航空、电子通信和计算机领域。

这一阶段的相关政策主要是针对研究机构的创新活动，针对企业创新出台的法案政策较少。1958年颁布的《国防教育法》，促使政府向研究型机构投入大量研发资金。

1980年《拜杜法案》（*Bayh - Dole Act*）获得通过，赋予了大学和非营利机构对政府资助创新项目的专利申请权，极大地调动了以大学为主体的创新热情。《拜杜法案》的通过也创造了美国校企合作的模式，以高校为中心的“科技园区”逐渐成立，其中包括围绕麻省理工学院的“波士顿128号公路高技术园区”、斯坦福大学附近的“硅谷”、北卡罗来纳大学和杜克大学共建的“三角研究园”等。

此外，1982年《小企业创新开发法》出台，要求联邦政府预留出资助小企业创新的资金准备，为小企业创新提供了资金支持。

（3）第三阶段（1991—2008年）：冷战结束后政府扶持下的企业创新

1991年苏联解体，持续44年之久的“美苏冷战”终以美国的胜利宣告结束。这一阶段的技术创新转向以企业为主体的民用技术创新，科技政策以新能源、生物和网络技术为核心。

政府在这一阶段先后出台了一系列激励企业创新的优惠政策，其中包括研发税收优惠政策、放松高新技术出口管制、加强知识产权保护、消除技术转让障碍等。

（4）第四阶段（2008 年至今）："金融风暴"后的企业创新激励政策

2008 年美国金融危机的爆发导致实体企业财务风险显著上升，不少实体企业在"金融风暴"影响下破产倒闭，企业创新亟待重振。

为恢复实体经济创新投资，2011 年美国出台《美国发明法案》，该法案的实施提高了企业专利申请效率。此后，2013 年美国众议院通过了《创新法案》，旨在遏制日益蔓延的"专利蟑螂"（Patent Troll）现象，降低企业创新中可能遇到的诉讼风险。此外，美国政府于 2009 年、2011 年和 2015 年分别发布《美国创新战略》，强调了对先进制造业的重视。

3.2.2 我国企业创新的制度背景

我国企业创新的发展历程无法脱离改革开放不断深入、全球化趋势不断增强的时代背景。1978 年 12 月，党的十一届三中全会的召开确立了我国改革开放的基本国策。自此，中国社会开始拨乱反正，高度重视科学技术在经济发展中的重要地位。随着市场经济的不断发展，企业在创新体系中逐渐占据主导地位，提高企业创新水平成为实现国家创新发展战略的关键所在。

我国社会目前仍处于计划经济向市场经济转型的末期，企业创新的制度环境受到国家宏观政策的深刻影响。改革开放以来，我国企业创新的 40 年历史，可以按照国家创新政策和企业在创新体系中的地位划分为以下四个阶段：

（1）第一阶段（1978—1991 年）：企业创新法律制度的初步建立

1978 年 3 月，全国科学大会在北京召开，邓小平同志提出了"科学技术是生产力"的著名论断，强调了科学技术在经济发展中的重要地位，大会通过了《1978—1985 年全国科学技术发展规划纲要》。1978 年 12 月，党的第十一届三中全会在北京召开，全会的中心议题是对社会现代化建设方法的制度探讨，最终制定了影响中国经济社会发展走向的"改革开放"战略，开启了我国技术创新的历史进程。

1984 年 3 月《中华人民共和国专利法》正式颁布，赋予专利权人专利独占权，成为激发企业创新、保护创新合法权益的基本法律。

1985 年 3 月《中共中央关于科技体制改革的决定》正式发布，提出“经济建设必须依靠科学技术、科学技术工作必须面向经济建设的战略方针”，并且强调要改变研究机构与企业相分离的现实状况，不断增强企业技术吸收与开发能力，提高企业将技术成果转化为生产能力的效率，激发企业的创新意愿，增强企业购买创新成果的实力。该决定内容多处涉及企业创新的激励措施。

这一时期的经济制度被称为“有计划的商品经济”，技术的引进、消化吸收和扩散主要依靠行政指令完成。相较于改革开放以前，企业的自主权利有所扩大，企业创新的重要意义得到肯定，创新实践活动逐步开展。这一阶段出台的相关政策为企业创新的起步和发展奠定了重要的制度基础。

（2）第二阶段（1992—2005 年）：企业成为国家创新体系的主体

1992 年 10 月，党的十四大报告正式提出了建立社会主义市场经济体制的发展目标。自此，企业在社会经济发展和国家创新体系中的地位得到了进一步增强，进入了我国企业创新的第二个历史阶段。

此后，一系列法律制度的出台进一步确立了企业在经济发展中的重要位置。1993 年 11 月，党的十四届三中全会讨论通过《关于建设社会主义市场经济体制若干问题的决定》，该决定制定了社会主义市场经济体制的基本框架，强调了国有企业需要建立科学的现代企业制度。

1993 年 12 月，《中华人民共和国公司法》正式通过，确立了现代企业制度的正式引入，为企业在经济社会中的地位提升和自主创新提供了法律保障。

此后，1996 年 5 月颁布的《中华人民共和国促进科技成果转化法》，以及 1999 年 8 月国务院颁布的《中共中央、国务院关于加强技术创新，发展高科技，实现产业化的决定》，强调了企业在以市场为导向的技术创新中的重要地位。需要说明的是，这一阶段的技术创新仍以技术引进为主，创新逐渐从以政府为主导转变为以企业为主导，企业成为技术引进中的主要力量。

（3）第三阶段（2006—2011 年）：企业创新主体地位进一步增强

我国企业的早期创新活动主要以“引进、消化和吸收”的模式为主，然而这种模式已经难以适应经济发展的需要，关键领域缺乏自主核心技术已经成为制约我国企业发展的重要障碍，造成企业自主创新能力较差、参与国际竞争的实力较弱。企业创新模式向“自主创新”转变已成为经济社会发展的必然。

2006 年 1 月，国务院颁布《国家中长期科学和技术发展规划纲要（2006—2020 年）》，提出要“鼓励企业成为技术创新的主体”“实施激励企业技术创新的财税政策”“支持企业培育和吸引科技人才”等，确立了企业在研究开发和投入中的主体地位，企业创新的主体地位得到了制度上的肯定。

此外，这一时期修订完善了《中华人民共和国促进科技成果转化法》《中华人民共和国专利法》等一系列法律，搭建了国家创新体系的制度基础，为企业自主创新提供了制度支持。

（4）第四阶段（2012 年至今）：企业成为国家创新体系的核心力量

2012 年 11 月，党的十八大报告中提出要实施创新驱动的发展战略，实现经济增长方式的根本性转变，着力构建以企业为核心的技术创新体系。

同年 9 月，中共中央、国务院印发《关于深化科技体制改革加快国家创新体系建设的意见》，明确提出要“建立企业主导产业技术研发创新的体制机制”，“充分发挥企业在技术创新决策、研发投入、科研组织和成果转化中的主体作用”，“产业目标明确的国家重大科技项目由有条件的企业牵头组织实施”。该意见进一步提升了企业在创新体系中的地位。

此后，2015 年 3 月中国政府网发布的《中共中央 国务院关于深化体制机制改革加快实施创新驱动发展战略的若干意见》、同年 5 月国务院发布的《中国制造 2025》均强调了企业在产业创新中的核心地位。

表 3 - 4 对我国企业创新四个阶段的主要政策和制度特征进行了总结。

表 3 - 4　我国企业创新制度发展的基本历程

创新阶段	日期	创新的政策与法律制度
第一阶段（1978—1991 年）企业创新法律制度的初步建立	1978 年 3 月	《1978—1985 年全国科学技术发展规划纲要》
	1978 年 12 月	《中国共产党第十一届中央委员会第三次全体会议公报》
	1984 年 3 月	《中华人民共和国专利法》
	1985 年 3 月	《中共中央关于科技体制改革的决定》
第二阶段（1992—2005 年）企业成为国家创新体系的主体	1993 年 11 月	《关于建设社会主义市场经济体制若干问题的决定》
	1993 年 12 月	《中华人民共和国公司法》
	1996 年 5 月	《中华人民共和国促进科技成果转化法》
	1999 年 8 月	《中共中央 国务院关于加强技术创新，发展高科技，实现产业化的决定》

续表

创新阶段	日期	创新的政策与法律制度
第三阶段（2006—2011 年）企业创新主体地位进一步增强	2006 年 1 月	《国家中长期科学和技术发展规划纲要（2006—2020 年）》
第四阶段（2012 年至今）企业成为国家创新体系的核心力量	2012 年 9 月	《关于深化科技体制改革加快国家创新体系建设的意见》
	2012 年 11 月	《坚定不移沿着中国特色社会主义道路前进　为全面建成小康社会而奋斗》
	2015 年 3 月	《中共中央 国务院关于深化体制机制改革加快实施创新驱动发展战略的若干意见》
	2015 年 5 月	《中国制造 2025》

通过对比德国、美国和我国企业创新的发展历程与制度特征发现，各国虽然在政治制度、经济水平和发展阶段上存在较大差异，但在企业创新的政策制定中存在不少共同点，主要表现在以下三个方面：第一，企业创新均经过了“技术引进—模仿创新—自主创新”的发展过程；第二，企业是沟通技术和市场的主体，在国家创新体系中的地位不断提高；第三，无论是资本主义国家还是社会主义国家，政府均会在税收优惠、产学研合作、政府补贴等方面出台鼓励和扶持企业创新的制度政策。

此外，德国和美国在促进企业创新的制度设计上，具有值得我国学习和借鉴的先进经验，主要体现在：① 高校与企业创新合作关系的构建。企业创新的本质是知识创造和实现的过程，高校作为先进知识的提供者，应在企业创新过程中发挥更大作用。可以参考美国校企合作的示范性科技园区建设，加强我国高校和企业之间的创新合作。② 我国企业目前的创新特征与德国企业较为类似，两国企业在现阶段均以开发型创新为主，亟须在探索型创新上取得更大成绩。两国政府需要强化企业创新的经验交流，促进企业在探索型创新上取得进展。我国在下一步的创新支持政策制定上也可以学习德国，完善创新支持政策的框架构建。

总体而言，随着市场经济不断发展，全球化竞争日益激烈，企业在国家创新体系中的地位不断提高，企业的创新实力将成为国家创新能力的集中体现。我国企业创新在改革开放后取得了较大成绩，但在发动机制造、医药研发、芯片制造、农业技术等关键技术领域仍然受制于人，模仿式创新已无法成为经济发展的增长动力。如何从制度设计层面提高企业自主创新能力，是我国经济发展亟须解决的关键问题，值得理论界深入研究。

3.3 理论基础

3.3.1 委托代理理论

（1）理论概述

委托代理理论是现代企业理论的核心内容，也是企业创新激励研究的主导性理论。委托代理理论是对契约理论的具体应用，Smith（1776）在其著作《国富论》中首次提到了委托代理问题，指出“股份公司中的经理人使用别人而不是自己的钱财，不可能期望他们会有像私人公司合伙人那样的觉悟性去管理企业”。

此后，Berle 和 Means（1932）在《现代公司和私有产权》一书中指出了企业所有权和经营权分离的必要性，并且认为现代大型企业的管理权将不可避免地从企业所有者转到具有管理技术的经理人手中。这本著作的问世被认为是现代委托代理理论的起源。

直至 1976 年，Jensen 和 Meckling（1976）正式提出了代理成本的概念，指出代理成本由委托人监督成本、代理人的保证性支出和剩余损失构成。在此基础上，作者深入分析了代理成本产生的原因、表现以及缓解方式等。这篇论文的发表被认为是委托代理理论正式确立的标志。

委托代理理论指出，现代企业的委托代理问题主要有以下两类：

第一类代理问题存在于股东和经理人之间，由于股东与经理人存在不完全一致的目标函数，并且经理人对企业经营情况具有更大的信息优势，股东无法对经理人所有决策进行有效监督。此时经理人可能为了满足私有收益而制定损害股东利益的决策，产生“道德风险”问题（Jensen and Meckling, 1976）。

第二类代理问题发生在中小股东与大股东之间，这类代理问题在股权集中的新兴资本市场中更为普遍。Shleifer 和 Vishney（1997）指出，当中小股东无法有效监督大股东决策且大股东控制权和现金流权出现严重偏离时，大股东可能为了私有收益侵占中小股东利益。两类代理问题的出现，损害了企业的长期价值，制约了企业持续发展能力。

(2) 企业创新中的委托代理问题

相较于一般性资本投资，企业创新活动周期长、风险高，需要持续投入大量资金，因此更易受到委托代理问题的影响（Holmstrom，1989）。关于两类代理问题如何影响企业创新，现有文献进行了较为充分的探讨。第一类代理问题在企业创新中主要有以下两类表现（Aghion et al.，2013）：

第一类是经理人在享受“平静生活”动机影响下创新意愿较低（Hart，1983；Bertrand and Mullainathan，2003），具体是指当公司治理机制未能有效制约经理人机会主义行为时，经理人具有通过减少创新投入降低工作难度、享受“平静生活”的私有动机。因此，在企业公司治理水平较低时，经理人会在这一动机下降低创新投入水平。

第二类是经理人在创新“职业担忧”的影响下创新意愿较弱，具体是指当股东与经理人之间信息不对称水平较高时，股东很有可能误将由于随机技术因素导致的创新失败归咎于经理人能力不足，从而施加解雇和降薪等对经理人的惩罚措施，增加了经理人创新的“职业担忧”。经理人在这种“职业担忧”的影响下，创新意愿较弱，导致创新投入水平较低（Holmstrom，1982）。

近期国内学术研究开始关注第二类代理问题对企业创新的影响（李姝等，2018；闫珍丽等，2019）。大股东与中小股东的委托代理问题主要体现为大股东对上市公司的“掏空”行为，这类代理问题在公司治理水平较低、法制环境还不够健全的新兴资本市场更为突出。在大股东“掏空”的影响下，企业难以为创新活动提供充足、持续的资源投入。对企业重要资产的转移也损害了企业持续经营能力，降低了内源融资水平。因此，第二类代理问题主要通过削弱企业创新的融资能力降低了创新投入。委托代理理论在一定程度上揭示了影响我国企业创新投入的内在机理。

3.3.2 信息不对称理论

(1) 理论概述

信息不对称理论是经济学和管理学研究中的基础性理论，包括前文所述的委托代理理论，其本质是信息不对称理论在委托代理关系中的应用与延伸。信息不对称理论是在20世纪70年代由数位杰出的经济学家提出并发展的。

1961年，经济学家Stigler发表论文《信息经济学》，首次提出了“信息不完备性”的概念，打破了以往统治着经济学理论研究的完全信息假设。虽然 Stigler 开创性地发现了信息的不完备性，但其并未对信息不对称问题进行系统性研究。

1970 年，Akerlof 发表了对经济学发展具有重要影响的论文《“柠檬”市场：质量不确定性和市场机制》，其在该文中首次提出了“信息不对称”的理论概念，并从二手车市场入手，系统研究了信息不对称导致的“逆向选择”问题。自此，信息不对称理论被正式引入经济学研究。

信息不对称理论认为，信息是决策制定的基础，然而市场中各类参与主体在对信息掌握的完备性上存在明显差异。既有信息完备性较高的优势方，也有信息掌握较差的劣势方，信息不对称在现实生活中普遍存在。在产品市场上，信息不对称会引发“逆向选择”和“道德风险”问题。

“逆向选择”发生在交易之前，是指信息劣势方无法获知商品的质量优劣，因此只愿意根据市场中商品的平均质量支付购买，最终造成优质商品因为价格被低估被迫退出市场的现象。

“道德风险”发生在交易之后，是指信息优势方会利用自身信息优势在最大化自身效用的同时，做出不利于信息劣势方的行为。与产品市场相近，资本市场中的各类主体也存在严重的信息不对称问题，主要有两种表现形式：一种是企业外部人与企业内部人之间的信息不对称；另一种是企业股东与经理人之间的信息不对称。

（2）信息不对称下企业创新与股价崩盘风险

信息不对称理论贯穿全文研究始终。在企业创新与股价崩盘风险关系的研究中，信息不对称理论是揭示这一问题的基础理论。

相较于企业内外部其他主体，经理人作为创新决策的制定者和决策执行的掌控者，对创新信息拥有绝对的信息优势。当信息劣势方是企业外部中小投资者时，创新中的信息不对称可能会增加企业的股价崩盘风险。根据 Aboody 和 Lev（2000）的研究，企业创新是经理人和外部投资者信息不对称的主要来源。外部投资者在缺乏可靠的创新信息披露下，难以及时了解创新的负面信息。一些负面消息可能被隐藏而未能有效被股价反映出来。信息不对称下负面消息的累积是股价崩盘风险的主要诱因（Jin and Myers，2006），随着企业创新投入的增加，股价崩盘风险可能会进一步上升。此外，信息不对称理论也是研究卖空机制对企业创新投入、创新效率影响的基础性理论。

3.3.3 市场微观结构理论

（1）理论概述

市场微观结构理论产生于20世纪70年代，与有效市场理论不同，市场微观结构理论考虑了金融市场中各类摩擦和信息不对称对资产价格形成过程的影响，在公司财务研究中得到了广泛应用。

Demsetz于1968年发表的名为《交易成本》的论文标志着这一重要理论的问世。论文第一次将交易机制引入证券交易价格的形成过程，突破了瓦尔拉斯均衡的理论框架，认为市场的交易机制会对证券价格的形成产生重要影响。

此后，Garman（1976）在一篇做市和存货成本的论文中第一次提出了“市场微观结构”的概念。1997年，美国经济学家O'Hara在其著作《市场微观结构理论》中将市场微观结构定义为“在既定的交易规则下资产交易的过程和结果”，并对市场微观结构研究的主要内容进行了总结，具体包含以下四个方面：第一，金融资产价格的决定理论，主要研究交易机制对价格形成的影响；第二，交易策略研究，根据信息优势对交易者类型进行划分，研究不同类型交易者在效用最大化下的交易策略选择；第三，价格序列的信息含量分析，主要分析信息对证券价格形成的影响；第四，交易机制的选择与设计研究，主要研究如何有效地设计证券市场交易机制，进而提高市场价格发现功能和流动性水平，最终促进实体经济发展。

在市场微观结构理论研究中的第四个方面——交易机制的选择与设计研究中，O'Hara（1997）指出交易机制的设计目标是提高证券市场的运行质量，而市场质量主要体现在市场有效性、流动性和波动性三个方面。

（2）市场微观结构理论下卖空机制对股票市场质量的影响

卖空机制作为股票市场交易机制的重要部分，是市场微观结构的重要组成，对证券价格与市场质量产生了实质性影响。在具体理论应用中，Miller（1977）提出了著名的“股价高估假说”，认为在限制卖空交易的市场中，由于悲观投资者缺乏有效的交易途径表达对公司价值的看法，会被迫离场。此时市场中的证券价格只能反映出乐观投资者的价值判断，造成股价高估。

这就是市场交易机制影响证券价格形成的典型反映，后续研究从理论与实证的角度支持了Miller的“股价高估假说”，一些研究发现卖空限制降低了定价效率，另一些研究从反面发现，卖空机制的引入提高了市场定价效率。在此基础上，研究更进一步探讨了卖空机制对市场流动性和稳定性的影响，普遍支持了卖空机制对流动性的促进作用，但关于卖空机制对稳定性的影响还未形成一致的研究结论。

3.3.4 信号传递理论

（1）理论概述

信号传递理论，本质上是探讨缓解两方信息不对称程度的有效机制的理论（Spence，2002）。这一理论的确立以Spence在1973年发表的论文《劳动力市场的信号机制》为标志。Spence（1973）利用美国就业市场构建理论模型，发现了教育水平在缓解信息不对称中的信号功能。在这一理论模型中，潜在的雇主对应聘人员的能力缺少判定信息。应聘人员此时会通过提供自己的受教育水平向雇主传递其质量信息，从而降低两者之间的信息不对称程度。此时，教育水平发挥了信号传递的功能。

财务经济学家将信号传递理论应用于经济学研究中，并使用这一理论解释了部分企业行为。文献将企业债务融资（Ross，1973）和股利支付（Bhattacharya，1979）作为信号传递的机制，认为只有高质量企业才有能力支付利息和现金股利，这样的信号传递有利于提高外部投资者对企业质量的判断力。

根据信号传递理论，信号传递的过程包括以下四个要素：① 信号发出者，即掌握企业内部信息的人；② 信号，即关于企业的正面或负面信息；③信号接收者，即不具备信息优势且需要企业信息的外部投资者；④ 反馈，即信号接收者在接收到信息后的反馈。按照上述四个要素，信号传递的基本过程包括信号传递者发出信号、信号接收者获取信号并依据信号进行反馈。

（2）卖空交易的信号传递过程

作为股票市场一类极具信息优势的投资者，卖空投资者能够通过专业的信息搜集与分析能力掌握一般投资者难以获得的企业信息，或者其本身就是内幕消息的掌握者（Desai et al.，2006）。卖空交易反映了这类投资者对企业价值的负面看法，传递出了负面价值信号。根据信号传递理论，信息劣势方会根据优势方的信号传递修正对企业价值的看法。此时负面信号的获取易带动这类投资者“用脚投票”，造成股价下跌。在上述过程中，卖空投资者是信号发出者，卖空交易是信号，中小投资者是信号接收者，“用脚投票”是信号接收者的反馈。卖空交易的过程，也是具有信息优势的投资者不断释放价值信号，信息劣势投资者不断获取信号并指引自身投资行为的过程。

3.3.5 市场反馈理论

（1）理论概述

市场反馈理论是近期金融经济学理论发展的重要代表，这一理论起源于理论与实务界对股票二级市场和实体经济关系的探讨。股票二级市场是投资者间的证券交易市场，除了在上市公司增发股票再融资时，股票二级市场的交易通常并不会影响上市公司的现金流。那么，股票二级市场是否对上市公司的行为决策没有任何影响呢？

早期观点认为，股票二级市场的投资者通过交易形成股票价格，股价只是对企业未来现金流的反映，不会影响企业的现金流水平（Grossman et al.，1980；Hellwig，1980；Admati，1985）。

近期研究打破了股票二级市场和企业行为决策相分离的理论观点（Boot and Thakor，1997；Subrahmanyam and Titman，1999；Foucault and Gehrig，2008），George Soros 在 1994 年国会证词中提出："在一些情况下，金融市场能够影响其所要反映的所谓的基本面。" Bond 等（2012）从股票二级市场价格的角度，深入剖析了股票二级市场通过股票价格影响企业决策的作用机理，总结并归纳了对当前金融经济学研究具有重要影响的市场反馈理论。

市场反馈理论认为，股票二级市场会通过股票价格影响企业决策，具体影响途径有以下两种。

第一，企业决策制定者通过观察股价的变动获取决策相关信息，进而引导其决策制定。这一理论思想来源于 Hayek（1945）认为价格是信息的有效来源的经济学观点。股票二级市场汇聚了持有各类信息的投资者，投资者通过交易形成的股票价格，是对企业价值判断相关的各类信息的汇总体现，决策者通过观察股票价格及时获取来自市场的信息反馈，进而引导企业制定合理的决策。最终，股票二级市场通过股价的信息传递与引导功能影响了实体企业的决策过程。现有文献指出，市场信息反馈在企业投资决策的制定中发挥了更大的影响，这种信息不仅来自市场对企业自身决策的信息反馈，有时也来自经理人对市场中同群企业的股价观察（Chen et al.，2007；Foucault and Fresard，2014）。

第二，股价通过影响企业决策制定者的私有收益，进而影响企业行为决策。在委托代理关系中，委托人为降低代理成本，通常会制定股权激励方案，以缓解与代理人之间的代理冲突。股权激励价值与公司股价高度相关，当股价能够较大程度地反映企业价值时，经理人在契约激励下会减少自身机会主义行为，制定有利于企业价值增长的相关决策；而当股价信息含量降低，股权激励有效性较差时，经理人有可能为了短期股价的提升而制定有损企业长期价值的决策。因此，股价能够通过影响经理人个人收益进而影响企业决策制定。综上，市场反馈理论整合了两类股票市场通过股票价格影响企业决策的具体路径，第一条路径是市场信息通过股价的有效反馈，能够提升经理人信息获取的完备性，进而促进企业决策水平；第二条路径是在实施了经理人股权激励的企业中，市场中的股票价格能够通过影响经理人个人收益进而影响企业决策。

（2）卖空机制对市场反馈效应的影响

市场反馈效应的发挥依赖于较高的股价信息含量，卖空机制的引入有利于通过提高股价信息含量，增大市场反馈效应对企业决策的影响。

具体而言，在反馈效应的第一条影响路径下，经理人通过股价反馈的信息制定企业决策，倘若市场定价效率较低，股价中信息含量较少，那么经理人很难从股价中获得有效的决策信息，此时市场反馈效应难以发挥决策引导功能。卖空机制的引入能够增强股价对企业负面信息的反映程度，进而增强来自市场的负面信息反馈，负面信息的有效反馈能够提升经理人信息获取的完备性，促进经理人的决策效率。

在市场反馈效应的第二条影响路径下，卖空机制的引入，通过增强股价对负面消息的反映程度，能够促使股价更加及时地反映有损企业价值的代理主体机会主义行为。通过信号传递加大对此类行为的惩罚力度，增加了股价下行压力。大股东和经理人等代理主体在考虑到股价对自身收益的重要影响，会主动减少损害企业价值的决策制定。综上，卖空机制的引入通过提高市场股价信息含量，进一步增强了市场反馈效应对经理人决策的影响，发挥了治理代理人机会主义行为的重要作用。

3.4 概念模型

本节旨在构建卖空机制、企业创新与股价崩盘风险的概念模型，运用相关经典理论为研究内容的开展奠定理论基础。具体章节内容中，3.4.1 小节对概念模型中的要素进行概念界定；3.4.2 小节在3.3 节和3.4.1 小节研究的基础上，运用经典理论，梳理模型要素的逻辑关系，构建本书的概念模型。

3.4.1 模型要素

3.4.1.1 卖空机制

卖空机制是股票市场的一种基本交易机制。根据我国《证券公司监督管理条例》(2014 年修订版) 和美国《1934 年证券交易法》，卖空机制是指投资者从证券公司借入股票并卖出的股票交易过程和方式。当投资者预期股票价格下跌时，可以通过从证券公司融券并卖空，并在未来股价下跌后从市场购买相同数量的股票偿还给证券公司，从而赚取股票价差，实现投资收益。

2010 年 3 月，我国 A 股市场正式引入卖空机制，结束了 20 年来单边交易的市场格局。这一准外生的政策冲击为学者们研究卖空机制经济后果提供了宝贵的研究机遇。通过对比融券标的公司和非融券标的公司在卖空机制引入前后的差异，进而推论卖空机制实施的经济后果，更好地排除了反向因果的内生性问题。

早期研究更多地关注了卖空机制对股票市场定价效率、流动性和稳定性的影响，近期研究更多地关注了卖空机制对企业行为的影响，包括信息披露决策、融资决策、投资决策、内部治理和大股东利益侵占行为等。

上述研究对卖空机制这一研究要素均采取了一致的衡量方法，即基于我国融券标的不断扩容的制度背景，采用双重差分模型，检验当年公司股票是否为融券标的对企业行为的影响，进而推断卖空机制的实施效果。与现有研究相一致，本书也采取同样的方法研究卖空机制对企业创新的影响。

3.4.1.2 企业创新

参考 2004 年美国竞争力委员会向美国政府提交的《创新美国》报告中的相关定义，企业创新是指企业通过技术研发将对市场需求的有效洞察转化为新产品或新的生产流程的整个过程。据此，企业创新的本质是一个过程，对企业创新的衡量，应根据创新过程设置特征衡量指标，反映企业创新的特征差异。

本书参考孟庆斌等 (2019) 对企业创新过程的环节划分，绘制了简化的企业创新过程 (见图 3-6)，主要环节包括：第一，根据企业面临的市场需求，形成创新思想；第二，制定创新决策，包括创新项目选择、实施步骤设计和创新资源投入等；第三，执行创新决策，并根据执行情况进行信息反馈，以便及时对决策进行调整；第四，实现创新产出。

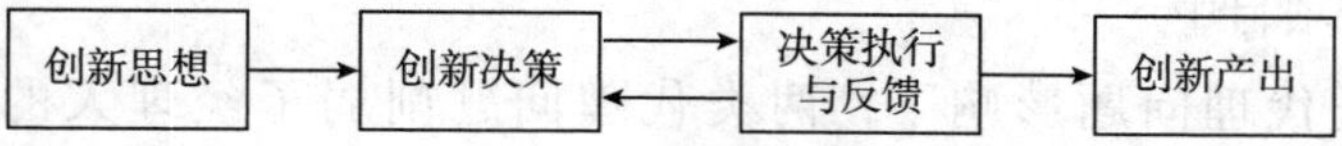

图3-6 企业创新过程

资料来源：参考孟庆斌等（2019）。

根据上述过程并结合当前创新研究文献的关注重点，可以设定以下变量反映企业创新的过程特征：① 创新投入，用以反映企业创新决策环节创新的资源投入水平，是企业创新强度的核心衡量指标；② 创新效率，是指企业在一定水平创新投入下实现产出最大化的能力，主要与企业创新决策制定和执行水平有关，是企业创新特征的核心衡量指标；③ 创新产出，反映企业的创新水平，主要以专利数量进行衡量。鉴于创新产出取决于企业创新投入和创新效率水平，本书选取企业创新投入和企业创新效率作为主要研究对象，用以反映企业创新的过程特征。企业创新投入和企业创新效率概念的界定与具体衡量方法如下。

（1）企业创新投入

企业创新投入是指企业在创新过程中的资源投入水平，现有文献使用会计科目中“研发支出”构建企业创新投入水平的衡量变量。根据2007年1月1日起正式实施的《企业会计准则第6号——无形资产》，“研发支出”科目记录了企业内部研究开发项目的相关支出，并且规定应当区别对待研究和开发阶段的相关支出，将研究阶段的支出作费用化处理，计入当期损益；而将满足无形资产确认条件的开发阶段支出作资本化处理，计入无形资产。研究阶段和开发阶段的支出总额反映了企业在创新过程中的资源投入水平。

现有文献主要基于企业研发支出构建了两种投入强度的衡量指标：一种为研发支出与企业总资产的比值，另一种为研发支出与企业营业收入的比值。在此基础上，文献研究了企业内外部因素对创新投入强度的影响（Hirshleifer et al.，2012；Zhong，2018）。与现有研究相一致，本书分别采用研发支出与总资产、研发支出与营业收入的比值，衡量企业创新投入强度。

根据当前研究成果，创新投入主要受企业融资能力和经理人创新意愿的影响。从融资能力角度，企业创新需要大量的资金投入，当企业内源融资能力不足，且外源融资受到严重约束时，企业会因资金匮乏而降低创新投入；从创新意愿角度，作为创新决策的制定者，经理人的创新意愿直接影响了企业的创新决策，只有当经理人具备较高水平的创新意愿时，企业资源才会被分配到创新项目中。

在委托代理问题影响下，两类代理问题削弱了经理人的创新意愿（Aghion et al.，2013）：

第一类被称为经理人享受“平静生活”的私有收益，具体是指由于企业创新具有周期长、风险高的特征，经理人为了降低工作难度，享受“平静生活”带来的私有收益，会降低在创新活动中的资源投入水平（Bertrand and Mullainathan，2003）。

第二类被称为经理人创新的“职业担忧”问题，具体是指在股东未能有效监督经理人创新决策时，可能会将随机技术因素导致的创新失败错误归咎于经理人能力不足，进而对经理人进行惩罚。这种源自对创新失败的顾虑会弱化经理人事前的创新意愿，降低企业创新投入强度（Holmstrom，1982）。在这一理论基础上，Manso（2011）发现对经理人创新失败的包容能够缓解创新“职业担忧”，进而增强经理人创新意愿。

上述理论共同构成了企业创新投入影响因素研究的主要理论基础，相关影响要素覆盖了企业内部特征、资本市场要素和宏观法律制度三个层面，产出了一系列丰富的理论研究成果。

（2）企业创新效率

企业创新效率是指企业在一定水平的创新投入下，实际创新产出与理论上最大产出的比值（肖文、林高榜，2014），反映了企业实现创新产出最大化的能力。相较于创新投入或产出指标，创新效率才是影响企业价值的关键（Hirshleifer et al.，2013）。现有文献主要采取以下方法衡量企业的创新效率：① 算术比例法，以创新产出和投入的比值衡量企业创新效率；② 数据包络分析法（Data Envelopment Analysis，DEA），也称非参数法；③ 随机前沿分析法（Stochastic Frontier Analysis，SFA），也称参数法。在上述三种方法中，第一种方法操作简单，只需要计算企业专利产出数量和研发投入的比值即可，但这种方法忽略了企业创新过程中随机误差项对效率的影响，并不能如实反映企业的真实创新效率。

在使用 DEA 和 SFA 测算企业创新效率的方法中，文献更加倾向于使用

SFA（肖文、林高榜，2014）。这是因为同算术比例法一样，DEA 只包含技术无效误差项，不能反映随机误差项对效率的影响。企业创新具有高风险特征，创新失败在很多情况下并不是人为因素造成的，随机的技术性因素同样是造成创新失败的重要原因，这也是造成经理人创新“职业担忧”的根源所在。因此，本书认为以 SFA 为代表的参数法更符合企业创新的特征和内在规律，因此采用 SFA 测算企业创新效率。

关于企业创新效率的影响因素，现有文献还未形成系统的理论框架。本书依据创新过程的理论简图，将当前文献中的主要影响因素归纳为两类：一类是在创新决策阶段的效率影响因素，包括经理人创新项目的识别能力与创新投入的持续性水平；另一类是在创新决策执行阶段，企业对创新决策的执行水平。

第一类影响因素中，首先，创新效率在很大程度上取决于创新项目的选择。只有选择了技术可行性较高且具有较大市场潜力的创新项目，创新活动最终才可能取得预期成果。其次，企业创新具有跨期性特点，需要持续地进行资金投入，若经理人因为短期业绩压力而意外性地削减当期创新投入、降低投入持续性，会对创新效率产生不利影响。

第二类影响因素中，文献指出作为创新决策的“执行人”，员工的创新参与度是影响效率的关键；此外，外部知识的有效获取，通过提高研发人员的工作效率也能起到促进创新效率的作用。

现有文献基于上述效率影响因素，从各个角度进行了探讨。例如，在创新决策阶段，Zhong（2018）认为股价是经理人信息获取的重要渠道，充分的信息获取是影响项目评估效率的重要因素，研究发现企业透明度的提高能够通过增强股价信息含量，提升经理人创新项目识别能力，进而提高企业创新效率。Bereskin 等（2018）发现，由于短期业绩压力而通过削减研发支出的真实盈余管理活动，通过降低创新投入的持续性削弱了企业创新效率。在决策执行阶段，文献从研发人员角度，探讨了激励研发人员创新参与的影响因素，发现提高股权激励（孟庆斌等，2019）、增强员工待遇（Chen et al.，2016）有利于激发员工创新参与，促进企业创新效率。

上述理论构成了企业创新效率研究的主要基础理论。本书基于这一理论框架，从项目选择和执行角度，探讨卖空机制对企业创新效率的影响。

3.4.1.3 股价崩盘风险

股价崩盘风险是指个股价格的负偏程度，是反映非系统性风险的关键指标（Habib et al.，2018）。个股价格负偏程度越高，股价发生崩盘的可能性就越大。股价崩盘风险根源于企业层面的负面消息隐藏，随着负面消息的不断累积，企业股票的市场价格与内在价值偏离程度不断升高，最终负面消息的集中释放会引发个股价格崩盘（Bleck and Liu，2007；Kim et al.，2011）。现有文献主要采用个股的负收益偏态系数和收益上下波动比率两种指标衡量企业股价崩盘风险，本书同样采用这两种衡量指标，具体计算方法在第6章中详细介绍。

现有研究主要集中于股价崩盘风险的影响因素，而较少涉及对其经济后果的探讨。鉴于股价崩盘风险来源于企业负面消息的隐藏，文献在理论分析中主要结合负面消息产生和负面消息隐藏的相关理论，探讨了股价崩盘风险的影响因素。例如，江轩宇和许年性（2015）发现经理人会在私有收益动机影响下过度投资（负面消息产生），并且由于经理人存在故意隐瞒项目不利信息的动机（信息不对称产生），过度投资会增加企业的股价崩盘风险。本书同样从这两个角度，研究企业创新对股价崩盘风险的影响，以及卖空机制如何影响企业创新与股价崩盘风险的关系。

3.4.2 模型构建

根据信号传递理论、市场反馈理论和委托代理理论，卖空机制虽然本质上是股票市场的一种交易机制，但能够通过加强股价对企业负面消息的反映程度，影响企业内部各级代理人的私有收益，发挥公司治理功能。并且能够通过提高市场定价效率，提高市场的信息反馈水平，促进经理人决策效率的有效提升。

基于卖空机制影响企业决策的上述理论，本小节在3.4.1小节概念要素和3.3节理论基础上，构建卖空机制、企业创新和股价崩盘风险的概念模型。图3-7为本书概念模型，反映了卖空机制对企业创新及企业创新股票市场经济后果（股价崩盘风险）的影响。

概念模型中第一部分探讨卖空机制对企业创新的影响，并将企业创新分为创新投入和创新效率，分别论述卖空机制对二者产生影响的理论基础。从创新投入角度，根据委托代理理论，经理人和股东在企业创新中存在利益冲

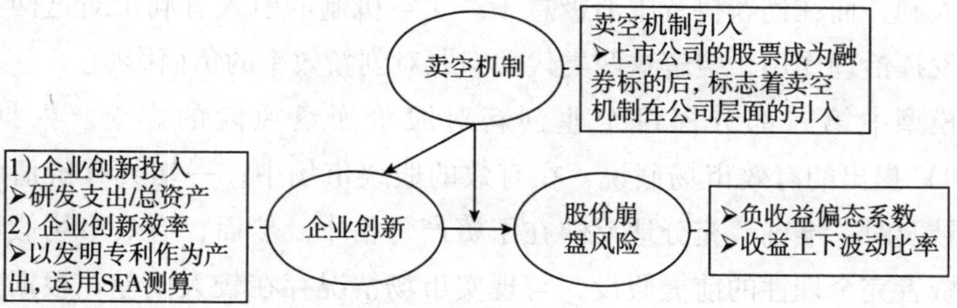

图3-7　概念模型

注：图中圆圈内为概念要素，方框内为测量指标。

突。经理人在享受“平静生活”私有收益和创新“职业担忧”影响下，会减少创新投入规模（Aghion et al.，2013）。此外，大股东和中小股东也存在委托代理问题，大股东可能会通过利益侵占行为“掏空”上市公司资产，削弱企业在创新活动中的内源融资能力，加剧创新融资约束。

根据市场结构理论和信号传递理论，卖空机制能够增强股价对企业负面消息的反映程度，并且卖空交易是一种“知情交易”，处于信息劣势的中小投资者容易在卖空信号传递影响下“用脚投票”，造成股价大幅下跌。市场反馈理论指出，股价下跌会通过影响代理人收益进而影响企业决策制定。据此推论，当具有信息优势的投资者发现企业由于代理问题而影响创新投入不足时，便有动机卖空这类公司的股票获取超额收益。经理人和大股东在卖空导致的股票价格外部压力下，出于利益最大化考虑会减少自身的机会主义行为，营造有利于激发经理人创新意愿和创新融资能力的内部环境，促进企业创新投入水平的有效提高。

从创新效率角度来看，决策理论指出（Simon，1960），科学的决策过程包含以下四个步骤：① 在大量信息获取的基础上识别问题与机会；② 拟出备选方案；③ 在对方案的收益和风险科学评价基础上选择执行方案；④ 贯彻实施并不断反馈调整。与上述步骤相近，企业创新的机会识别和项目可行性的科学评估，同样依赖于大量的信息获取。市场反馈理论指出，股票市场是经理人获取信息的重要途径，经理人可以根据信息含量较高的股价制定企业创新决策。卖空机制的引入，有利于通过提高股价信息含量增强经理人创新机会的识别能力，促进创新效率。此外，创新效率仍然受到委托代理问题的影响。在决策制定中，经理人在短期业绩压力影响下可能会意外性地削减当期创新投入，降低了投入的持续性，损害了创新效率；研发人员也可能出于个人利益而在创新执行中消极怠工。卖空机制的引入有利于对这两类代理问题发挥治理作用，缓解这两类代理问题对创新效率的负面影响。

模型中第二部分探讨企业创新对股价崩盘风险的影响。根据 Fama (1970) 提出的有效市场假说，在有效的股票市场中，一切具有价值的信息已经被及时、准确、充分地反映在了资产价格中。然而，有效市场假说依赖于投资者完全理性的前提假设，与现实市场情况存在较大偏差。根据信息不对称理论，企业创新的复杂性、不可比性，以及缺乏有效交易市场等特征，导致普通投资者缺乏对企业创新信息的解读能力，加剧了经理人和外部投资者的信息不对称，也为经理人隐藏创新负面消息提供了客观条件（Aboody and Lev，2003）。负面消息的累积是股价崩盘风险加剧的根本原因，因此企业创新投入可能会增加股价的崩盘风险。创新效率的提高能够减少创新负面事件的发生概率，从而缓解创新投入导致的崩盘风险。

模型中第三部分探讨卖空机制对企业创新和股价崩盘风险关系的影响。卖空机制可能从两条路径降低创新投入对股价崩盘风险的正向影响。第一条路径是通过提高创新效率，减少负面事件的发生概率；第二条路径是增加经理人创新信息的披露意愿，缓解外部投资者和企业创新信息的不对称。第一条路径在第一部分已经论述，第二条路径主要基于信号传递理论和市场反馈理论：创新负面消息的及时披露能够缓解股价被高估的程度，从而缩减卖空交易的套利空间，缓解卖空交易信号传递导致的股价下跌风险和对经理人个人收益的损害。

本书第 4 章至第 7 章的研究内容，将在图 3 -7 的基础上展开：第 4 章运用市场结构理论、信号传递理论、委托代理理论和市场反馈理论，研究卖空机制的“治理效应”对企业创新投入的影响；第 5 章基于上述相关理论，研究卖空机制的“信息效应”和“治理效应”对创新效率的影响；第 6 章基于信息不对称理论，研究企业创新对股价崩盘风险的影响；第 7 章基于信号传递理论和市场反馈理论，研究卖空机制对企业创新和股价崩盘风险关系的影响。通过上述章节的研究，归纳卖空机制对企业创新投入、效率与经济后果的影响效果与影响机制。

3.5 本章小结

3.1 节介绍了卖空机制相关制度背景，首先介绍了世界主要股票市场卖空机制的运行情况；其次选取美国、日本和中国香港股市作为代表性市场，对这些市场卖空机制的发展历程与基本模式进行了介绍与分析；最后介绍了我国A股市场卖空机制的发展历程与运行现状，对比分析了A股市场卖空机制运行中的主要制度问题。3.2节介绍了企业创新的制度背景，首先介绍了德国、美国在企业创新方面的相关政策，并重点对我国改革开放40年来，不同阶段的企业创新特征和相关制度进行了回顾与分析。3.3节介绍了本书涉及的主要理论。3.4节在相关理论基础上，构建了概念要素的逻辑关系，建立了本书的概念模型。余下章节将在概念模型基础上，分别探讨卖空机制对企业创新及其经济后果的影响效果和影响机制。

4 卖空机制对企业创新投入的影响

创新投入是创新强度的反映，是企业开展创新的重要标志。系统研究卖空机制对企业创新的影响，首先需要厘清卖空机制对企业创新投入的影响。本章在相关理论基础上，结合A股市场特征与相关现实案例，提出卖空机制影响企业创新投入的研究假设，并使用上市公司样本对假设进行实证检验，提供卖空机制对企业创新投入影响的经验证据。

4.1 理论分析与假设提出

在国际化竞争日趋激烈的市场环境下，创新是企业培育和发展持续竞争优势的源泉（Porter，1992）。然而，信息不对称和委托代理冲突严重削弱了企业的创新意愿与融资能力，造成企业创新投入不足，制约了企业的发展能力（Zhong，2018）。现有研究表明，通过缓解创新融资约束、降低委托代理成本，资本市场的发展有效促进了企业创新（Hsu et al.，2014）。作为我国股票市场交易机制的重要改革，卖空机制的引入是否会促进企业创新？如果是，又是通过何种机制发挥影响？以下将分别从融资能力与创新意愿角度，探讨卖空机制对企业创新投入的潜在影响。

创新投资周期长、风险高，需要企业具备较强的资源配置能力，持续稳定地投入大量研发资金（Kerr and Nanda，2015）。融资优序理论指出，企业在考虑了融资费用与交易成本后，会优先使用内源融资，即生产经营活动的现金流入；其次是债务融资，包括发行债券或银行借款；最后才会选择融资成本最高的股权融资（Myers and Majluf，1984）。然而，创新投资加剧了企业与债权人的信息不对称，增加了债务融资成本。并且，债权人在无法获得创新的上行收益，却要承担创新下行风险的情况下，对企业的信贷意愿较低，企业难以使用债务融资作为创新的融资来源（徐飞，2019）。上述问题导致创新投资高度依赖企业内源融资，其次是外源融资中的权益资本（Kerr and

Nanda，2015）。因此，企业的内源融资能力对创新投入水平具有极为重要的影响（Brown et al.，2009）。

在新兴资本市场中，上市公司股权高度集中，中小股东难以有效监督控股股东权力的滥用。通过占款、利益输送等行为，控股股东运用控制权“掏空”上市公司重要经营资产的事件时有发生。资产的流失严重损害了企业生产经营能力，导致企业在创新投资时内源融资不足（Qian et al.，2017）。甚至在一些家族企业中，控股股东还会通过克扣研发费用的方法大幅提高自身薪酬水平，侵吞企业的创新资源。例如，2011 年，龙生股份（002625，SZ）当期的研发费用同比下降了10.1%，但以董事长（同时是控股股东）为代表的董事会成员薪酬却同比增长了66%。

根据卖空机制的“治理效应”，卖空机制的引入有利于治理控股股东利益侵占行为，保障创新资本投入。卖空投资者具备较强的信息优势，拥有极强的信息搜集和处理能力（Drake et al.，2011；Desai et al.，2006），或者其本身就是内幕消息拥有者（Chakrabarty and Shkilko，2013），具备发现大股东“掏空”行为并卖空公司股票的能力与动机。

根据信号传递理论（Spence，1973），具有信息优势的投资者交易会向信息劣势投资者传递价值信号。卖空交易能够带动中小投资者“用脚投票”，造成股价大跌，极大地影响了大股东的财富。大股东在卖空机制的外部威慑下，会主动减少“掏空”等利益侵占行为。侯青川等（2017）研究发现，在卖空机制的外部威慑下，控股股东会在事前主动减少利益侵占行为，以降低股票被投资者卖空的外部风险。陈胜蓝和卢锐（2018）研究发现，公司在成为融券标的公司后，控股股东利益侵占行为平均减少了27%。据此推论：公司在股票成为融券标的后，控股股东利益侵占行为的减少保留了重要经营资源，有利于提高企业创新的内源融资能力，缓解创新的融资约束。

然而，融资约束的缓解并不一定意味着创新投入的提高。作为企业创新的决策者与控制者，经理人的创新意愿是影响创新投入的决定因素。只有在融资约束得到缓解，并且经理人具备较高的创新意愿时，企业创新投入才会显著提高（Zhong，2018）。然而，在股东与经理人委托代理冲突的影响下，创新短视普遍存在，经理人为了最大化私有收益会牺牲有利于企业长期价值的创新投资（Holmstrom，1989）。根据道德风险模型，当经理人决策行为不能得到有效监督时，为了享受“平静生活”带来的私有收益，经理人会将自身主要精力与企业资源投入日常经营活动，降低风险较高、投入较大的创新投资（Bertrand and Mullainathan，2003）。

卖空机制的引入有利于治理这类代理问题，增强经理人的创新意愿。资源基础理论认为，创新是企业获得异质性资源的重要途径（Barney，1991；Teece et al.，1997）。尤其在市场竞争日益激烈的环境下，创新是企业谋求生存的必由之路，对未来业绩与市场价值发挥了决定性影响，创新水平日益成为投资者关注的焦点（Crook et al.，2008；Eberhart et al.，2004；徐欣、唐清泉，2010；Zhang et al.，2018）。卖空投资者依靠搜集企业未来价值的负面消息选择卖空目标，由代理问题引发的经理人"创新短视"降低了企业的创新水平，弱化了企业市场竞争能力，增加了破产风险，是企业价值的重要负面信号（Eisdorfer and Hsu，2011）。投资者通过卖空"创新短视"的公司股票可以获得超额投资收益，卖空交易本身传递的价值信号也会带动中小投资者"用脚投票"，产生的"滚雪球"效应加剧了股价的下行压力。

现实案例中，2019 年 11 月 21 日，飞鹤乳业（06186，HK）被卖空机构 GMT Research 出具卖空报告造成股价大跌。该机构认为，相比同行业竞争对手，飞鹤乳业的研发投入强度过低，而营销费用却增长极快，不以产品提升为核心战略的盈利模式难以维持，因此不看好公司的未来盈利能力而卖空公司股票。根据市场反馈理论，股价大幅下跌会损减经理人权益薪酬价值，随着企业负面消息的不断释放，经理人被解雇的风险也会显著上升①（Bond et al.，2012）。经理人为了避免卖空交易对个人利益的损害，会主动迎合投资者的价值判断标准。通过提高企业创新投入，促进企业创新水平，向市场传递积极的价值信号，避免成为卖空投资者的"狙击"目标。

"职业担忧"理论指出，随机的技术因素与经理人能力不足都可能造成创新失败。股东在未能有效监督经理人决策时，可能将随机技术因素导致的创新失败归咎于经理人能力不足，增加了经理人在创新失败时被处罚甚至被解雇的风险，这种职业担忧会在事前弱化经理人的创新意愿（Holmstrom，1982）。如何化解经理人创新的职业担忧成为创新激励研究的重要问题。现有研究认为，契约设计难以有效解决这一难题，因为契约具有非完整性特征，

① 例如，2020 年 1 月 31 日，浑水公司卖空瑞幸咖啡造成其股价大跌，5 月 12 日瑞幸咖啡 CEO 被董事会解聘。

难以反映经理人决策的边际效果，股东便难以根据边际效果判定决策的合理性（Bushman and Smith，2003）。此外，基于公司经营业绩的激励契约甚至会加剧经理人短视行为，进一步抑制企业创新（Manso，2011）。

因此，解决这一难题的根本途径还是提高股东对经理人决策的监督水平，以便区分导致创新失败的随机因素和人为因素，减少对经理人的错误惩罚（Holmstrom，1989）。实证研究同样支持了这一观点，Aghion 等（2013）对机构投资者的研究发现，机构投资者对经理人行为的监督动机随着持股比重的增加而增强。监督力度的提高能够使机构投资者更加清楚地了解经理人的工作能力，有助于客观分析创新失败的真正原因，减少由于不可控因素导致创新失败时对经理人的错误惩罚，缓解了经理人的创新担忧，激发了经理人创新意愿。Zhong（2018）研究发现，会计信息透明度的提高能够增强股东对经理人决策的监督能力，客观分析创新失败的原因，缓解了经理人创新的“职业担忧”，提高了企业创新投入强度。

根据卖空机制的“治理效应”，卖空机制的引入能够强化大股东对经理人决策的监督动机，有利于缓解经理人创新的“职业担忧”。靳庆鲁等（2015）研究认为，在卖空机制引入后，大股东出于对公司股价及个人财富的考虑，会加强对经理人决策的监督力度，避免经理人行为失当造成股票被投资者卖空。Massa 等（2013）同样发现卖空机制的引入增强了股东对经理人行为的监督意愿。

据此推论：卖空机制引入后，大股东监督意愿的增强降低了与经理人的信息不对称水平。此时，大股东能够更加充分及时地掌握经理人决策信息，从而更加合理地评判经理人创新决策的科学性，通过正确分析创新失败的客观原因，避免错误地将不可控因素导致的创新失败归咎于经理人决策失误。监督的强化有利于缓解经理人创新的“职业担忧”，增强经理人的创新意愿。

综上，卖空机制一方面通过治理大股东利益侵占，为企业创新提供了内源融资支持；另一方面，通过发挥外部治理作用和提高企业内部治理水平，卖空机制有利于增强经理人的创新意愿。在企业创新资金得到保障、经理人创新意愿显著增强的情况下，卖空机制的引入应有助于提高企业创新投入强度。据此得出以下研究假设：

H1：卖空机制的引入显著提高了企业创新投入强度。

4.2 研究设计

4.2.1 数据来源与样本选取

本章采用双重差分（Difference - in - Differences，DID）模型研究卖空机制对企业创新投入的影响，以沪深两市 A 股上市公司为样本，并将融券标的公司作为实验组样本，将非融券标的公司作为控制组样本。考虑到 2006 年新版《企业会计准则》的颁布对相关研究变量会计处理方法的影响，以 2007 年作为样本时间起点，将 2007—2018 年作为样本期间，并进行了以下处理：① 剔除样本中金融类企业；② 剔除变量缺失样本；③ 剔除 ST、PT 企业。本书融券标的数据、企业研发支出和相关财务数据均来自国泰安（CSMAR）数据库。

4.2.2 变量定义

（1）被解释变量

被解释变量为企业创新投入强度。绝大多数研究均使用了研发支出作为创新投入的衡量变量（Hirshleifer et al.，2012；Zhong，2018）。与现有研究相一致，本书使用企业研发支出与总资产的比值（*RDA*），以及研发支出与主营业务收入的比值（*RDS*）衡量创新投入强度，研发支出数据缺失时以 0 替代。此外，在稳健性检验部分，本书使用了研发人员数量作为创新投入的衡量变量。

为了反映创新投入强度的年度变化趋势，以 *RDA* 为例，表 4 - 1 统计了样本公司在研究期间创新投入强度（*RDA*）的年度分布状况。

表 4 - 1 企业创新投入强度（*RDA*）年度变化趋势

年份	样本量	均值	标准差	最小值	中位数	最大值
2007	1397	0.001	0.007	0	0.000	0.078
2008	1522	0.003	0.011	0	0.000	0.078
2009	1566	0.004	0.011	0	0.000	0.078
2010	1718	0.005	0.012	0	0.000	0.078
2011	2068	0.007	0.014	0	0.000	0.078
2012	2305	0.014	0.017	0	0.010	0.078

续表

年份	样本量	均值	标准差	最小值	中位数	最大值
2013	2431	0.015	0.017	0	0.012	0.078
2014	2479	0.016	0.017	0	0.011	0.078
2015	2590	0.016	0.017	0	0.012	0.078
2016	2781	0.016	0.016	0	0.013	0.078
2017	3060	0.017	0.017	0	0.014	0.078
2018	3423	0.020	0.019	0	0.017	0.078

注：*RDA* 变量在1%的水平上进行了双边缩尾处理，因此 *RDA* 各年最大值相同。

表4-1说明，企业创新投入强度在不同年份间存在较大差异。首先，创新投入强度的均值呈逐年递增的趋势，样本在期末（2018年）的创新投入强度均值约是期初（2007年）的20倍（0.020/0.001），说明随着市场经济的不断发展，创新已成为企业价值提升的核心动力，我国上市公司对创新的重视力度不断提高。虽然样本企业在2014—2016年创新投入强度增长放缓，但在后续两年又有明显提高。其次，2007—2011年创新投入强度的中位数均为0，说明样本中一半的企业在创新活动中没有任何投入。然而从2012年开始中位数大于0，并且除在2014年有小幅回落外，其余年份均呈现出递增的状态，说明超过一半的企业在创新活动中有所投入，重视创新的企业数量在不断增加。

（2）解释变量

解释变量为卖空机制的识别变量。借鉴现有研究的一致做法，本书基于我国A股市场分批次扩大融券标的这一准外生事件，以公司股票成为融券标的这一事件作为卖空机制实施的识别变量，这种模型设定方法更能反映卖空机制的事前效应，也更加符合卖空机制实施效果的相关理论。

具体而言，2010年3月31日，我国股票市场第一次引入了卖空交易机制。在此之后，融券标的分批次不断扩容，为模型的构建提供了实验组划分依据和多个事件日，适用多期双重差分模型。相较于以往单一时点的双重差分模型，多期模型能够更加彻底地排除事件日相同的其他事件对回归结果的干扰，有利于更加可靠地厘清卖空机制的政策实施效果（Bertrand and Mullainathan，2003）。

与现有文献相一致（陈胜蓝、马慧，2017；靳庆鲁等，2015），本书定

义 *Treat* 为卖空机制识别变量，当公司股票在当年是融券标的时，取值为 1，否则为 0。[①] *Treat* 变量的回归系数表示，与非融券标的公司（样本期间内，股票一直未被纳入融券标的的公司）相比，融券标的公司（样本期间内，股票被纳入融券标的的公司）在股票成为融券标的前后创新投入强度的变化，反映了卖空机制的引入对企业创新投入的影响。

（3）控制变量

参考现有研究（Hirshleifer et al.，2012），模型从企业和行业特征层面，控制了创新投入强度的影响因素。

企业特征层面，模型控制了企业规模（*Size*），使用企业总资产的自然对数衡量；资产负债率（*Lev*），以企业总负债与总资产的比值衡量；企业年龄（*Age*），以当年年份与企业 IPO 年份的差值表示；盈利能力（*ROA*），以企业总资产报酬率衡量；资本性支出强度（*Capex*），以资本性支出总额与总资产比值衡量；资产有形性（*Tangibility*），以当年固定资产净值与总资产的比值衡量；分析师跟踪（*Analyst*），以当年跟踪企业的分析师团队数量衡量。行业特征层面，模型控制了企业所在行业的产品市场竞争度（*HHI*），以行业内上市公司主营业务收入的赫芬达尔指数衡量，该指数越大，说明行业内相近销售规模的公司数量越少，行业产品市场竞争度越低。并且，考虑这一变量与企业创新投入存在倒“U”形的非线性关系（Aghion et al.，2005），同时控制了该变量的平方项（*HHI2*）。变量具体定义见表 4－2。

表 4－2　变量定义表

变量类型	变量符号	变量定义
被解释变量	*RDA*	创新投入强度，企业当年研发支出除以总资产
	RDS	创新投入强度，企业当年研发支出除以主营业务收入
解释变量	*Treat*	卖空机制识别变量，当公司股票在当年是融券标的时，该变量为 1，否则为 0

① 关于多期双重差分模型的设定方法，也有一些研究使用组间类别变量（如 *List*，当公司股票在样本期内被纳入融券标的时，该变量为 1，否则为 0）与时间类别变量（如 *Post*，当年份为该公司股票成为融券标的及以后的年份时，该变量为 1，否则为 0）的交乘项（$List \times Post$）作为卖空机制的识别变量，这两种方法本质上是一样的，即 $Treat = List \times Post$。

续表

变量类型	变量符号	变量定义
控制变量	*Size*	企业规模，以总资产的自然对数衡量
	Lev	资产负债率，企业总负债与总资产的比值
	Age	企业年龄，以当年年份与企业 IPO 年份的差值表示
	ROA	盈利能力，以总资产报酬率衡量
	Capex	资本性支出强度，以资本性支出总额与总资产比值衡量
	Tangibility	资产有形性，固定资产净值与总资产的比值
	Analyst	分析师跟踪，跟踪企业的分析师团队数量
	HHI	产品市场竞争度，以行业内上市公司主营业务收入的赫芬达尔指数衡量。该指数越大，说明行业内相近销售规模的公司数量越少，行业产品市场竞争度越低
	HHI2	产品市场竞争度的平方项

4.2.3 模型设定

本书采用政策制度实施效果评价中常用的双重差分模型，通过对比卖空机制引入前后控制组公司与实验组公司创新投入强度变化的差异是否显著，反映卖空机制对企业创新投入的影响，有利于克服反向因果的内生性问题。并且，我国融券试点是分批次启动的，公司股票成为融券标的这一事件具有多个时点，适合多期双重差分模型（Bertrand and Mullainathan，2003）。在当前卖空机制经济后果的研究中，这一模型被广泛使用。模型具体设定如下：

$$RDA_{i,t+1}/RDS_{i,t+1} = \beta_0 + \beta_1 Treat_{i,t} + \beta_2 Size_{i,t} + \beta_3 Lev_{i,t} + \beta_4 Age_{i,t} + \beta_5 ROA_{i,t} + \beta_6 Capex_{i,t} + \beta_7 Tangibility_{i,t} + \beta_8 Analyst_{i,t} + \beta_9 HHI_{i,t} + \beta_{10} HHI2_{i,t} + \beta_{11} Firm_i + \beta_{12} Year_t + \varepsilon_{i,t} \quad (4-1)$$

与现有研究相一致（Chang et al.，2019），模型（4-1）采用普通最小二乘回归方法，并加入了公司固定效应（*Firm*），用以控制不随时间变化且难以被观测的企业特征对创新投入强度的影响。模型同样加入了年份固定效应（*Year*），用以控制时间变化对企业创新投入强度的影响。此外，由于企业创新投入强度可能出现序列自相关特征，模型对标准误进行了企业层面的聚类处理（Peterson，2009）。为了消除异常值对估计结果的影响，模型中所有连续变量在上下1%的水平进行了双边缩尾处理。解释变量与控制变量均滞后一期。

模型（4－1）中，*RDA* 和 *RDS* 为企业创新投入强度；*Treat* 是卖空机制识别变量，若公司股票在当年是融券标的，取值为 1，否则为 0。系数 β_1 反映了卖空机制引入对企业创新投入强度的影响。若系数 β_1 的符号显著为正，说明卖空机制的引入提高了企业创新投入强度，则假设 H1 得到支持。

4.3 实证结果分析

4.3.1 描述性统计

表 4－3 汇报了样本企业相关变量的描述性统计结果。创新投入强度（*RDA*、*RDS*）的均值分别为 0.013 和 0.026，说明样本企业在样本期内研发支出总额平均占总资产的 1.3%、占主营业务收入的 2.6%。相较于美国同期上市公司，研发支出平均占总资产的 5%①，我国上市公司创新投入强度仍然较弱，更凸显出本研究的重要现实意义。

此外，*RDA* 的中位数（0.006）小于均值（0.013），而标准差（0.017）却大于均值（0.013），说明上市公司创新投入强度的差异较大；与 *RDA* 相同，*RDS* 同样存在中位数（0.010）小于均值（0.026）而标准差（0.037）大于均值（0.026）的问题。这也为研究企业创新投入差异的影响因素提供了契机，凸显了本研究的重要意义。解释变量 *Treat* 的样本均值为 0.165，说明在 27312 个样本中，约 4506（27312×0.165）个样本的股票处于可被卖空的交易状态。控制变量的描述性统计结果与现有研究基本一致。

表 4－3 变量描述性统计

变量	样本量	均值	标准差	最小值	中位数	最大值
RDA	27312	0.013	0.017	0	0.006	0.078
RDS	27312	0.026	0.037	0	0.010	0.195
Treat	27312	0.165	0.371	0	0	1
Size	27312	21.855	1.330	19.006	21.699	26.610
Lev	27312	0.453	0.232	0.052	0.444	1.303
Age	27312	9.023	6.564	0	8	24
ROA	27312	0.038	0.065	−0.354	0.037	0.202

① 笔者通过 Compustat 数据库获取了美国上市公司 2007—2018 年研发支出与总资产数据计算而得。

续表

变量	样本量	均值	标准差	最小值	中位数	最大值
Capex	27312	0.053	0.052	0	0.037	0.260
Tangibility	27312	0.233	0.175	0.002	0.197	0.746
Analyst	27312	6.857	8.559	0	3	39
HHI	27312	0.050	0.021	0.025	0.053	0.142
HHI2	27312	0.003	0.003	0.001	0.003	0.020

4.3.2 变量相关性分析

表4-4报告了变量间 Pearson 相关系数结果。结果显示，被解释变量（*RDA*、*RDS*）与解释变量（*Treat*）和控制变量均在1%的水平上显著相关，模型变量选取较为合适。卖空机制标识变量（*Treat*）与创新投入强度（*RDA*、*RDS*）的相关系数分别为0.054和0.051，且均在1%的水平上显著，初步证明卖空机制的引入与企业创新投入强度正相关。企业规模（*Size*）、资产负债率（*Lev*）、公司年龄（*Age*）与创新投入强度（*RDA*、*RDS*）负相关，说明规模越大、负债比重越高、成立时间越久的公司在创新研发中投入越少，而盈利能力（*ROA*）越强、分析师跟踪（*Analyst*）越多的公司在创新投入中越积极。模型中除两类被解释变量产品市场竞争度（*HHI*）与其平方项（*HHI2*）相关系数较大外，其余解释变量间相关系数均小于0.5，说明不存在严重的多重共线性问题。相关性分析提供了变量间关系的初步判断，但仍需要使用多元回归方法进行因果关系研究。

表4-4 变量间 Pearson 相关系数

	RDA	*RDS*	*Treat*	*Size*	*Lev*	*Age*	*ROA*	*Capex*	*Tangibility*	*Analyst*	*HHI*	*HHI2*
RDA	1											
RDS	0.827***	1										
Treat	0.054***	0.051***	1									
Size	-0.125***	-0.146***	0.467***	1								
Lev	-0.312***	-0.366***	0.070***	0.321***	1							
Age	-0.292***	-0.304***	0.281***	0.299***	0.361***	1						
ROA	0.183***	0.130***	0.025***	0.023***	-0.406***	-0.215***	1					
Capex	0.049***	0.039***	-0.063***	0.002	-0.102***	-0.248***	0.141***	1				
Tangibility	-0.183***	-0.223***	-0.046***	0.073***	0.129***	0.052***	-0.144***	0.285***	1			
Analyst	0.143***	0.105***	0.236***	0.385***	-0.099***	-0.120***	0.321***	0.183***	-0.052***	1		

续表

	RDA	*RDS*	*Treat*	*Size*	*Lev*	*Age*	*ROA*	*Capex*	*Tangibility*	*Analyst*	*HHI*	*HHI2*
HHI	-0.226***	-0.225***	-0.151***	-0.021***	0.180***	-0.057***	-0.035***	0.052***	0.011*	-0.004	1	
HHI2	-0.205***	-0.200***	-0.111***	0.031***	0.190***	-0.022***	-0.037***	-0.003	-0.047***	-0.011*	0.951***	1

注：*、**、***分别表示双尾检验在10%、5%、1%的水平上显著。

4.3.3 多元回归分析

表4-5报告了假设H1的多元回归分析结果。列（1）、列（2）为以*RDA*为被解释变量的回归结果，列（3）、列（4）为以*RDS*为被解释变量的回归结果。

列（1）、列（3）结果显示，在控制了公司和年份固定效应后，卖空机制（*Treat*）的回归系数在1%的水平上显著为正［列（1）中，系数=0.001，$t=2.70$；列（3）中，系数=0.003，$t=3.35$］，说明相比非融券标的公司，标的公司在股票成为融券标的后，创新投入强度有了显著提高。

列（2）、列（4）结果显示，在控制了公司和年份固定效应，以及公司规模、债务水平、企业年龄等控制变量后，卖空机制（*Treat*）的回归系数依然在1%的水平上显著为正［列（2）中，系数=0.001，$t=3.12$；列（4）中，系数=0.003，$t=3.38$］。基于多期双重差分模型的检验结果表明，卖空机制的引入显著提高了企业创新投入强度。

表4-5 卖空机制与企业创新投入

变量	(1)	(2)	(3)	(4)
	RDA	*RDA*	*RDS*	*RDS*
Treat	0.001***	0.001***	0.003***	0.003***
	(2.70)	(3.12)	(3.35)	(3.38)
Size		-0.001***		0.000
		(-2.87)		(0.15)
Lev		-0.002**		-0.010***
		(-2.02)		(-5.02)
Age		-0.001		-0.009*
		(-0.94)		(-1.70)
ROA		0.004***		-0.011***
		(2.60)		(-3.29)

续表

变量	(1)	(2)	(3)	(4)
	RDA	RDA	RDS	RDS
Capex		0.004 ** (1.98)		0.020 *** (3.68)
Tangibility		0.002 ** (2.24)		-0.001 (-0.52)
Analyst		0.000 *** (4.90)		0.000 ** (2.53)
HHI		-0.144 *** (-6.36)		-0.203 *** (-3.28)
HHI2		0.894 *** (6.97)		1.158 *** (3.08)
常数项	0.006 *** (20.20)	0.028 *** (4.50)	0.014 *** (25.06)	0.048 *** (2.70)
公司	控制	控制	控制	控制
年份	控制	控制	控制	控制
样本量	27312	27312	27312	27312
调整后的 R^2	0.761	0.763	0.793	0.795

注：括号内是 t 值；*、**、***分别表示双尾检验在10%、5%、1%的水平上显著。

卖空机制（*Treat*）回归系数的经济含义说明：当被解释变量为 *RDA* 时，标的公司在股票成为融券标的前后，创新投入强度的变化值与非融券标的公司创新投入强度变化值之差为0.001，说明卖空机制对企业创新投入强度的提高占该变量均值的7.7%（0.001/0.013）；同理，当被解释变量为 *RDS* 时，卖空机制对企业创新投入强度的提高幅度占变量均值的11.5%（0.003/0.026）。由此可见，卖空机制对企业创新投入的影响不仅在统计意义上是显著的，在经济意义上同样产生了显著影响，实证结果支持了假设H1。

4.4 稳健性检验

为增强研究结论的稳健性，缓解潜在的内生性问题对回归结果的干扰，本节采用倾向得分匹配法、系统广义矩估计检验缓解潜在的遗漏变量问题，并通过控制融资交易的潜在影响、变换创新投入强度的衡量方法，增强实证结论的稳健性。

4.4.1 倾向得分匹配法

在企业特征层面，一些未被模型控制的特征变量可能导致某些公司的股票更易被纳入融券标的，同时这些特征差异也可能造成企业创新投入强度的变化，即存在“遗漏变量”问题。为控制遗漏变量的潜在影响，本小节采用倾向得分匹配（Propensity Score Matching，PSM）方法为实验组匹配控制组公司，使用匹配后的样本进行稳健性检验。

具体检验步骤有以下三步：

第一步，以2007—2018年所有非金融行业、非ST的公司为样本，使用Logit回归通过模型（4-2）估算公司股票成为融券标的的倾向得分。参考侯青川等（2017）的研究，被解释变量为公司在样本期间内是否为融券标的的公司（*List*），当公司股票在样本期内被纳入融券标的时，该变量为1，否则为0，并选取公司流通股市值（*LnMV*，公司市值的自然对数）、换手率（*STO*，股票本年度的月均换手率）、股价波动率（*Volatility*，以年度股票周特有收益率的标准差衡量），以及主板（*Main*，虚拟变量，公司股票在主板发行时为1，否则为0）、中小板（*MS*，虚拟变量，公司股票在中小板发行时为1，否则为0）、创业板（*GE*，虚拟变量，公司股票在创业板发行时为1，否则为0）作为回归模型的解释变量，同时控制了行业（*Industry*）和年份（*Year*）固定效应对被解释变量的影响。在此基础上，使用Logit回归方法估计公司股票成为融券标的的倾向得分，模型设定如下：

$$\Pr(List=1)_{i,t}=\beta_0+\beta_1 LnMV_{i,t}+\beta_2 STO_{i,t}+\beta_3 Volatility_{i,t}+\beta_4 Main_{i,t}+\beta_5 MS_{i,t}+\beta_6 GE_{i,t}+\beta_7 Industry_i+\beta_8 Year_t+\varepsilon_{i,t} \quad (4-2)$$

第二步，根据倾向值得分，以公司股票成为融券标的前一年为基准时点，为每家融券标的公司匹配与之倾向得分最接近的非融券标的公司，随后为成功配对的公司合并各年度的观测样本。使用倾向得分最接近的1∶1配对方法，得到13330个混合横截面样本。

第三步，使用经过PSM配对后的样本对假设H1重新进行检验。

表4-6汇报了检验结果。表中卖空机制（*Treat*）的回归系数依然在1%的水平上显著为正［列（1）中，系数=0.001，*t*=2.72；列（2）中，系

数 =0.001，t =2.63；列（3）中，系数 =0.003，t =3.40；列（4）中，系数 =0.003，t =3.10]，说明卖空机制的引入显著提高了企业创新投入强度。PSM 检验结果说明，假设 H1 成立与否并不受模型遗漏变量的影响。

表 4 - 6　倾向得分匹配检验

变量	(1)	(2)	(3)	(4)
	RDA	*RDA*	*RDS*	*RDS*
Treat	0.001***	0.001***	0.003***	0.003***
	(2.72)	(2.63)	(3.40)	(3.10)
Size		-0.001***		-0.000
		(-4.42)		(-0.05)
Lev		-0.000		-0.007**
		(-0.17)		(-2.25)
Age		0.000		-0.009
		(0.18)		(-1.07)
ROA		0.007***		-0.012*
		(3.55)		(-1.85)
Capex		0.006***		0.022***
		(2.78)		(3.49)
Tangibility		0.002**		-0.000
		(2.08)		(-0.02)
Analyst		0.000***		0.000*
		(5.54)		(1.66)
HHI		-0.192***		-0.266***
		(-8.14)		(-3.09)
HHI2		1.215***		1.589***
		(8.37)		(3.17)
常数项	0.004***	0.028***	0.009***	0.062
	(13.04)	(4.36)	(11.85)	(1.46)
公司	控制	控制	控制	控制
年份	控制	控制	控制	控制
样本量	13330	13330	13330	13330
调整后的 R^2	0.751	0.755	0.791	0.793

注：括号内是 t 值；*、**、***分别表示双尾检验在 10%、5%、1% 的水平上显著。

4.4.2 系统广义矩估计检验

沪深两市交易所在选取融券标的时可能会参考企业层面的一些特征，这些特征可能是回归模型中未被控制的遗漏变量，虽然倾向得分匹配方法能够控制一部分可被观测的企业特征，但仍可能存在一部分未被控制且难以被观测的遗漏变量。这些变量同时影响了公司股票成为融券标的的概率与企业创新投入强度，造成遗漏变量的内生性问题。

Wintoki 等（2012）指出，相较于最小二乘法（OLS），系统广义矩估计（System - GMM Estimation）通过加入被解释变量的滞后项作为解释变量，能够反映企业特征变量间的动态关系，降低反向因果的内生性问题，并且通过一阶差分消除了公司层面不可观测的遗漏变量对估计结果的影响，有效降低了遗漏变量的影响。这一方法在近期研究中得到广泛采用（Wintoki et al.，2012；Qian et al.，2017；方芳、蔡卫星，2016）。

为进一步降低潜在内生性问题对估计结果的干扰，本小节采用系统广义矩估计方法（Blundell and Bond，1998）对研究假设 H1 重新进行检验。模型设定上，在模型（4 - 1）的基础上加入了被解释变量（*RDA*、*RDS*）的滞后一期项作为控制变量，使用 Stata 软件中 xtabond2 命令进行回归分析，回归结果见表 4 - 7。

表 4 - 7 系统广义矩估计

变量	(1)	(2)
	RDA	*RDS*
*RDA*①	0.041*** (2.66)	
RDS		0.043*** (2.67)
Treat	0.002*** (3.29)	0.005*** (3.83)
Size	-0.002*** (-7.48)	-0.001** (-2.00)
Lev	-0.001 (-0.81)	-0.006*** (-2.84)

① 此处 *RDA* 和 *RDS* 为被解释变量的滞后一期项。

续表

变量	(1)	(2)
	RDA	*RDS*
Age	−0.001***	−0.002***
	(−22.61)	(−24.72)
ROA	0.003***	−0.008***
	(2.79)	(−3.04)
Capex	−0.001	0.008**
	(−0.37)	(2.17)
Tangibility	0.003**	0.007***
	(2.21)	(2.66)
Analyst	0.000***	0.000*
	(6.73)	(1.87)
HHI	−0.091***	−0.200***
	(−4.43)	(−3.86)
HHI2	0.220*	0.424
	(1.71)	(1.31)
常数项	0.057***	0.058***
	(9.55)	(4.34)
公司	控制	控制
年份	控制	控制
AR (2) (*p* 值)	0.204	0.174
Hansen J (*p* 值)	0.332	0.287
样本量	27289	27289

注：括号内是 *z* 值；*、**、***分别表示双尾检验在10%、5%、1%的水平上显著。

结果显示，Hansen 检验的 *p* 值不显著，说明模型工具变量的选取有效性较高。AR (2) 检验同样接受了原假设，说明不存在二阶序列相关，模型设定可取。在控制了一系列创新投入影响变量后，卖空机制（*Treat*）的回归系数在1%的水平上显著为正［列 (1) 中，系数 = 0.002，$z = 3.29$；列 (2) 中，系数 = 0.005，$z = 3.83$］，说明卖空机制的引入提高了企业创新投入强度，再一次支持了研究假设 H1，回归结果受反向因果和遗漏变量干扰的可能性较低。

4.4.3 控制融资交易的潜在影响

我国融资融券制度实施是同步进行的，公司股票在成为融券标的同时也会成为融资标的，这样可能会导致估计结果中包含了部分融资制度的实施效果。

但从理论上讲，融资制度实施以前，证券投资者也可以从银行等非券商金融机构借入资金购买股票，这也是当前市场环境下投资者融资的主要渠道。融资制度的实施虽然拓宽了投资者融资渠道，但这种影响并不是“从无到有”的质变，因此融资融券制度的政策效果应主要体现为卖空机制的实施效果。

并且，本书在模型设定上以公司股票成为标的证券作为卖空机制的衡量变量，而融资制度的实施效果主要体现在融资交易的经济后果，融资制度的实施并不存在事前效应。因此以制度实施而非交易金额作解释变量，也主要体现了卖空机制引入的经济效果。但为了消除卖空机制的估计结果可能受到融资交易干扰的担忧，参考张璇等（2016），本小节检验在模型（4－1）的基础上，进一步控制了融资交易对企业创新投入强度的影响，将可能的融资制度实施效果从卖空机制衡量变量中抽离。

具体变量设定上，在模型（4－1）中加入融资交易额（*Margin*），以当年个股的融资买入额与个股交易总金额之比衡量。表4－8汇报了回归结果，融资交易变量（*Margin*）的回归系数在列（2）、列（3）、列（4）中显著为正，说明投资者融资交易与企业创新投入正相关，可能的原因是创新投入强度高的公司更容易吸引投资者关注，促使投资者融资买入。

在加入了融资交易变量（*Margin*）后，卖空机制（*Treat*）对企业创新投入强度的影响依然正向显著［列（1）中，系数=0.001，$t=2.71$；列（2）中，系数=0.001，$t=2.24$；列（3）中，系数=0.002，$t=2.87$；列（4）中，系数=0.001，$t=2.34$］，说明模型（4－1）中卖空机制衡量变量的设计准确可靠，估计结果不受衡量偏误的内生问题影响。

表4－8 控制融资交易的潜在影响

变量	(1)	(2)	(3)	(4)
	RDA	*RDA*	*RDS*	*RDS*
Treat	0.001***	0.001**	0.002***	0.001**
	(2.71)	(2.24)	(2.87)	(2.34)

续表

变量	(1)	(2)	(3)	(4)
	RDA	*RDA*	*RDS*	*RDS*
Margin	0.002 (0.97)	0.004 ** (2.13)	0.013 *** (4.13)	0.014 *** (4.38)
Size		-0.001 ** (-2.39)		0.000 (1.01)
Lev		-0.002 ** (-2.26)		-0.011 *** (-10.98)
Age		-0.001 (-0.93)		-0.009 *** (-5.53)
ROA		0.004 ** (2.50)		-0.011 *** (-4.61)
Capex		0.004 ** (2.10)		0.019 *** (6.54)
Tangibility		0.002 * (1.77)		-0.002 (-1.56)
Analyst		0.000 *** (4.63)		0.000 *** (4.01)
HHI		-0.146 *** (-6.39)		-0.207 *** (-6.11)
HHI2		0.907 *** (6.93)		1.180 *** (5.43)
常数项	0.006 *** (20.29)	0.027 *** (4.14)	0.014 *** (27.54)	0.046 *** (6.42)
公司	控制	控制	控制	控制
年份	控制	控制	控制	控制
样本量	26733	26733	26733	26733
调整后的 R^2	0.763	0.766	0.796	0.799

注：括号内是 t 值；*、**、***分别表示双尾检验在10%、5%、1%的水平上显著。

4.4.4 使用研发人员数量衡量创新投入

尽管企业研发支出会计科目能够反映创新中的资金和人力投入，较为全面地衡量了企业创新投入的整体水平，但为了增强实证结果的稳健性，本小节使用了研发人员数量衡量创新投入水平。

由于国泰安数据库提供的研发人员数量缺失值较多，本书在国泰安研发人员数据基础上，通过手工搜集上市公司年报的方式，较为完整地获得了研发人员数量的缺失值，共在2006—2016年得到19061个披露了研发人员数量的样本。在此基础上，采用公司当年研发人员数量与总员工数量的比值衡量研发人员投入强度（*RDP*）。在模型（4-1）的基础上，使用研发人员投入强度作为回归模型被解释变量，对假设H1重新进行检验。

表4-9汇报了以研发人员投入强度作为被解释变量的回归结果。结果显示，在控制了公司和年份固定效应后，卖空机制（*Treat*）系数在5%的水平上正显著（系数=0.001，t=2.32）。在加入了一系列控制变量后，卖空机制（*Treat*）的回归系数在1%的水平上显著为正（系数=0.001，t=2.67），说明公司在股票成为融券标的后，显著提高了研发人员在总员工中的比重，实证结果支持了假设H1。

表4-9　更换创新投入强度衡量方法

变量	(1)	(2)
	RDP	*RDP*
Treat	0.001** (2.32)	0.001*** (2.67)
Size		0.002 (0.72)
Lev		-0.017* (-1.84)
Age		-0.035* (-1.66)
ROA		0.014 (0.80)
Capex		-0.005 (-0.28)
Tangibility		-0.058*** (-4.09)

续表

变量	(1)	(2)
	RDP	RDP
Analyst		-0.000 (-0.30)
HHI		-0.814* (-1.75)
HHI2		5.841* (1.91)
常数项	0.005*** (16.66)	0.041** (2.21)
公司	控制	控制
年份	控制	控制
样本量	19061	19061
调整后的 R^2	0.745	0.747

注：括号内是 t 值；*、**、***分别表示双尾检验在 10%、5%、1% 的水平上显著。

4.5 影响机制检验

回归结果表明，卖空机制显著提高了企业创新投入强度，但其中的影响机制仍需进一步揭示。根据理论分析，卖空机制可能通过以下三条路径促进企业创新投入强度：第一，创新的内源融资机制。卖空机制减少了大股东机会主义行为，提高了企业创新内源融资能力。第二，享受“平静生活”的治理机制。卖空机制治理了经理人代理问题，增强了经理人创新意愿。第三，经理人“职业担忧”的缓解机制。卖空机制增强了大股东监督，缓解了经理人创新的“职业担忧”。本节将对上述三条影响机制分别进行检验。此外，本节还将对经理人股权激励的替代性假说进行检验，排除其他潜在的卖空机制促进企业创新投入的影响机制。

4.5.1 创新的内源融资机制

在“治理效应”的影响下，卖空机制通过治理控股股东“掏空”行为，为企业创新留存了更多资源，保障了创新活动的资金供给，有利于企业提高创新投入水平。本小节使用中介效应模型检验上述影响机制是否客观存在，这一方法也是当前影响机制检验的主要方法（袁齐、洪正，2018；闫珍丽等，2019；何瑛等，2019）。参考温忠麟等（2004）提出的中介效应检验模型，本小节通过以下三步进行检验：

第一步：检验卖空机制的引入是否显著提高了企业创新投入强度（已验证）。

第二步：检验卖空机制能否减少大股东“掏空”行为。

第三步：在一个模型中，同时检验卖空机制与大股东“掏空”行为对企业创新投入强度的影响。

由于第一步已验证，只需检验第二、三步中的变量系数便可判断中介效应是否存在。其中，第二步检验的模型设定如下：

$$RPT\_adj_{i,t+1} = \beta_0 + \beta_1 Treat_{i,t} + \beta_2 Size_{i,t} + \beta_3 Lev_{i,t} + \beta_4 Age_{i,t} + \beta_5 ROA_{i,t} + \beta_6 Capex_{i,t} + \beta_7 Tangibility_{i,t} + \beta_8 Analyst_{i,t} + \beta_9 HHI_{i,t} + \beta_{10} HHI2_{i,t} + \beta_{11} Firm_i + \beta_{12} Year_t + \varepsilon_{i,t} \quad (4-3)$$

模型（4－3）中，*RPT_ adj* 为中介变量——大股东“掏空”，与现有研究一致（侯青川等，2017），使用经过当年行业中位数调整的企业关联交易总额与总资产的比值衡量（*RPT_ adj*）；解释变量为卖空机制（*Treat*），控制变量与模型（4－1）相一致。如果卖空机制（*Treat*）的回归系数显著为负，说明卖空机制降低了公司大股东“掏空”行为。此时需构建模型（4－4）进行第三步分析，模型设定如下：

$$RDA_{i,t+1}/RDS_{i,t+1} = \beta_0 + \beta_1 Treat_{i,t} + \beta_2 RPT\_adj_{i,t} + \beta_3 Size_{i,t} + \beta_4 Lev_{i,t} + \beta_5 Age_{i,t} + \beta_6 ROA_{i,t} + \beta_7 Capex_{i,t} + \beta_8 Tangibility_{i,t} + \beta_9 Analyst_{i,t} + \beta_{10} HHI_{i,t} + \beta_{11} HHI2_{i,t} + \beta_{12} Firm_i + \beta_{13} Year_t + \varepsilon_{i,t} \quad (4-4)$$

模型（4－4）中，被解释变量为企业创新投入强度（*RDA*、*RDS*）。此时，如果卖空机制（*Treat*）的系数显著为正，且大股东“掏空”变量（*RPT_ adj*）的系数显著为负，说明大股东“掏空”部分中介了卖空机制对企业创新投入的影响。但如果第三步中卖空机制（*Treat*）的系数不显著，且大股东“掏空”变量（*RPT_ adj*）的系数显著为负，说明大股东“掏空”完全中介了卖空机制对企业创新投入的影响。模型（4－4）中控制变量的选取与模型（4－1）相一致。

表4-10汇报了中介效应检验的回归结果。列（1）中，卖空机制（*Treat*）系数在1%的水平上显著为负（系数=-0.065，$t=-5.24$），说明卖空机制的引入显著减少了大股东“掏空”行为。列（2）和列（3）中，卖空机制（*Treat*）的回归系数在1%的水平上显著为正［列（2）中，系数=0.001，$t=2.87$；列（3）中，系数=0.003，$t=3.09$］，且大股东“掏空”（*RPT_ adj*）的回归系数在5%的水平上显著为负［列（2）中，系数=-0.001，$t=-2.41$；列（3）中，系数=-0.001，$t=-2.34$］，说明大股东“掏空”降低了企业创新投入强度，并且部分中介了卖空机制对企业创新投入强度的影响。

回归结果表明，大股东“掏空”行为在卖空机制对企业创新投入强度的影响中起到了部分中介作用，说明卖空机制的引入有效遏制了大股东“掏空”行为，减少了企业重要经营资源的流失。资源流失的减少提高了企业创新的内源融资能力，保障了企业创新的资金供给，促进了创新投入强度的提高。因此，内源融资机制是卖空机制促进企业创新投入强度的路径之一。

表4-10 大股东“掏空”治理机制检验

变量	(1)	(2)	(3)
	RPT_ adj	*RDA*	*RDS*
Treat	-0.065***	0.001***	0.003***
	(-5.24)	(2.87)	(3.09)
RPT_ adj		-0.001**	-0.001**
		(-2.41)	(-2.34)
Size	0.144***	-0.001**	0.000
	(13.48)	(-2.35)	(0.71)
Lev	0.205***	-0.002*	-0.010***
	(5.60)	(-1.80)	(-4.90)
Age	0.011	-0.001	-0.009*
	(0.39)	(-0.92)	(-1.68)
ROA	0.069	0.004**	-0.011***
	(0.83)	(2.57)	(-3.00)
Capex	0.024	0.005**	0.022***
	(0.37)	(2.32)	(4.10)

续表

变量	(1)	(2)	(3)
	RPT_ adj	RDA	RDS
Tangibility	0. 104 ** (2. 35)	0. 003 ** (2. 46)	-0. 000 (-0. 17)
Analyst	-0. 001 *** (-3. 77)	0. 000 *** (4. 94)	0. 000 *** (2. 86)
HHI	-4. 963 *** (-5. 25)	-0. 151 *** (-6. 63)	-0. 213 *** (-3. 42)
HHI2	19. 887 *** (3. 69)	0. 946 *** (7. 29)	1. 225 *** (3. 22)
常数项	-2. 961 *** (-12. 64)	0. 026 *** (4. 04)	0. 042 ** (2. 35)
公司	控制	控制	控制
年份	控制	控制	控制
样本量	26241	26241	26241
调整后的 R^2	0. 656	0. 765	0. 798

注：括号内是 t 值；*、**、***分别表示双尾检验在10%、5%、1%的水平上显著。

4. 5. 2 享受“平静生活”的治理机制

根据理论分析，经理人存在享受“平静生活”的代理动机，卖空机制通过发挥外部治理作用，能够减少经理人的代理行为，增强经理人创新意愿。如果这条影响机制切实存在，那么卖空机制的引入应能显著降低经理人代理成本，并且代理成本的降低能够促进企业创新投入水平。为了对上述影响机制进行检验，本小节采用温忠麟等（2004）提出的中介效应检验模型，具体步骤如下：

第一步：检验卖空机制对企业创新投入强度的影响（已验证）。

第二步：检验卖空机制对经理人代理成本的影响。

第三步：模型中同时加入卖空机制与经理人代理成本，检验二者对创新投入强度的影响。

第二步检验的模型设定如下：

$$AC_{i,t+1} = \beta_0 + \beta_1 Treat_{i,t} + \beta_2 Size_{i,t} + \beta_3 Lev_{i,t} + \beta_4 Age_{i,t} + \beta_5 ROA_{i,t} +$$

$$\beta_6 Capex_{i,t} + \beta_7 Tangibility_{i,t} + \beta_8 Analyst_{i,t} + \beta_9 HHI_{i,t} + \beta_{10} HHI2_{i,t} + \beta_{11} Firm_i + \beta_{12} Year_t + \varepsilon_{i,t} \quad (4-5)$$

模型（4－5）中，AC 为经理人代理成本，与现有研究相一致，采用在职消费金额的自然对数衡量，在职消费使用管理费用明细中办公费、差旅费、业务招待费、通信费、出国培训费、董事会费、小车费和会议费的合计值衡量。在职消费水平反映了企业经理人代理成本的高低。解释变量为卖空机制（*Treat*），控制变量与模型（4－1）相一致。如果 *Treat* 变量系数显著为负数，说明卖空机制能够发挥治理作用，显著降低了经理人代理成本。此时需要构建模型(4－6)进行第三步检验：

$$RDA_{i,t+1}/RDS_{i,t+1} = \beta_0 + \beta_1 Treat_{i,t} + \beta_2 AC_{i,t} + \beta_3 Size_{i,t} + \beta_4 Lev_{i,t} + \beta_5 Age_{i,t} + \beta_6 ROA_{i,t} + \beta_7 Capex_{i,t} + \beta_8 Tangibility_{i,t} + \beta_9 Analyst_{i,t} + \beta_{10} HHI_{i,t} + \beta_{11} HHI2_{i,t} + \beta_{12} Firm_i + \beta_{13} Year_t + \varepsilon_{i,t} \quad (4-6)$$

模型（4－6）中，被解释变量为企业创新投入强度（*RDA*、*RDS*），此时，如果卖空机制（*Treat*）系数显著为正，且经理人代理成本（*AC*）系数负向显著，说明经理人代理成本部分中介了卖空机制对企业创新投入的影响；如果卖空机制（*Treat*）系数不显著，且经理人代理成本（*AC*）负向显著，说明经理人代理成本的降低完全中介了卖空机制对创新投入的影响。

表4－11 汇报了回归结果。列（1）中，卖空机制（*Treat*）能够显著降低企业经理人的代理成本（系数 = －0.108，t = －4.22），说明卖空机制的“治理效应”降低了经理人的代理成本，经理人享受“平静生活”的代理行为得到有效遏制。列（2）和列（3）中，卖空机制（*Treat*）的回归系数在1%的水平上显著为正［列（2）中，系数＝0.001，t＝2.58；列（3）中，系数＝0.003，t＝2.87］，说明卖空机制引入促进了企业创新投入；代理成本(*AC*）的回归系数在5%的水平上显著为负［列（2）中，系数＝－0.001，t＝－2.42；列（3）中，系数＝－0.001，t＝－2.37］，说明经理人代理成本的下降促进了企业创新投入。

综合第二步和第三步检验的回归结果，经理人代理问题部分中介了卖空机制对企业创新投入强度的正向影响。说明通过发挥外部治理功能，卖空机制对经理人代理问题的治理是提高企业创新投入强度的机制之一，影响机制检验的结果支持了享受“平静生活”的治理机制。

表 4-11 享受“平静生活”治理机制检验

变量	(1)	(2)	(3)
	AC	RDA	RDS
Treat	-0.108***	0.001***	0.003***
	(-4.22)	(2.58)	(2.87)
AC		-0.001**	-0.001**
		(-2.42)	(-2.37)
Size	0.361***	-0.001**	-0.000
	(14.19)	(-1.98)	(-0.07)
Lev	0.140*	-0.002**	-0.013***
	(1.94)	(-2.09)	(-5.00)
Age	-0.607***	-0.001	-0.015
	(-3.08)	(-0.16)	(-1.45)
ROA	0.654***	0.004**	-0.007
	(4.77)	(2.12)	(-1.60)
Capex	0.188	0.002	0.014**
	(1.19)	(0.95)	(2.30)
Tangibility	0.337***	0.002	-0.002
	(3.07)	(1.44)	(-0.68)
Analyst	0.004***	0.000**	0.000
	(3.39)	(2.07)	(0.72)
HHI	-7.505***	-0.056**	-0.136**
	(-2.82)	(-2.10)	(-2.12)
HHI2	44.660***	0.801***	1.364***
	(2.66)	(4.90)	(3.56)
常数项	8.499***	0.017	0.069**
	(9.72)	(1.29)	(1.99)
公司	控制	控制	控制
年份	控制	控制	控制
样本量	16959	16959	16959
调整后的 R^2	0.793	0.800	0.832

注：括号内是 t 值；*、**、***分别表示双尾检验在 10%、5%、1% 的水平上显著。

4.5.3 “职业担忧”的缓解机制

根据前文分析，卖空机制通过增强大股东监管意愿，缓解经理人创新的“职业担忧”，促使经理人提高创新投入强度。参考 Zhong（2018），如果“职业担忧”的缓解是卖空机制提高创新投入强度的原因，那么卖空机制的引入，应会显著降低经理人变更与较高创新失败率之间的正向敏感性。

具体而言，在大股东监督较弱时，大股东错误地将技术因素导致的创新失败归咎于经理人能力不足的概率较高，此时过高的失败率会极大地增加经理人被解雇的风险；卖空机制引入后，大股东对经理人决策的监督力度得到加大，有助于更加清楚地分辨创新失败原因，减少因技术因素导致创新失败时对经理人的处罚，此时较高的失败率和经理人变更的正向敏感性水平会显著降低。因此，卖空机制的引入，应能有效削弱高失败率和经理人更替的正向敏感性水平。

参考 Defond 和 Hung（2004）中经理人更替的估计模型设定，本小节构建 Logit 模型（4－7）进行检验：

$$\Pr(Turnover=1)_{i,t+1}=\beta_0+\beta_1 High\_Fail_{i,t}\times Treat_{i,t}+\beta_2 Treat_{i,t}+\beta_3 High\_Fail_{i,t}+\beta_4 Size_{i,t}+\beta_5 Lev_{i,t}+\beta_6 Age_{i,t}+\beta_7 ROA_{i,t}+\beta_8 SOE_{i,t}+\beta_9 Dual_{i,t}+\beta_{10} Sh1_{i,t}+\beta_{11} Indp_{i,t}+\beta_{12} Firm_i+\beta_{13} Year_t+\varepsilon_{i,t} \quad (4-7)$$

模型（4－7）中，被解释变量为经理人更替（*Turnover*），与梁上坤和陈冬华（2015）的研究相一致，定义公司当年发生总经理变更时，变量取值为1，否则为0。*High_ Fail* 表示高创新失败率，当样本当年专利申请数量与创新投入的比值低于当年总样本这一比值的中位数时，该变量取1，否则为0。参考 Hirshleifer 等（2013）的研究，专利申请数量与创新投入比值（*OI*）使用发明专利申请并最终授权数量与5年累计研发资本存量的比值衡量，研发资本折旧率为每年20%，具体计算方法见模型（4－8）。其中，*INV* 为发明专利申请并最终授权数量，*R&D* 为企业研发支出。模型（4－7）中交乘项 *High_ Fail × Treat* 的系数表示卖空机制实施以后，企业高创新失败率与经理人变更的关系，如果职业担忧缓解是卖空机制提高创新投入强度的影响机制，那么β_1应显著为负且β_3此时显著为正，表明卖空机制的引入降低了高失败率和经理人变更的敏感性。

$$OI_{i,t} = \frac{INV_{i,t}}{R\&D_{i,t} + 0.8 \times R\&D_{i,t-1} + 0.6 \times R\&D_{i,t-2} + 0.4 \times R\&D_{i,t-3} + 0.2 \times R\&D_{i,t-4}} \quad (4-8)$$

参考梁上坤和陈冬华（2015）的研究，模型（4－7）中控制变量包括企业规模（*Size*）、资产负债率（*Lev*）、企业年龄（*Age*）、盈利能力（*ROA*）。并加入了产权性质（*SOE*，虚拟变量，当企业实际控制人性质为国有属性时，该变量为1，否则为0）、是否两职合一（*Dual*，虚拟变量，当董事长和总经理为同一人时，该变量为1，否则为0）、第一大股东持股比例（*Sh*1）、独立董事比例（*Indp*，独立董事占董事会总人数的比例）。模型控制了公司（*Firm*）和年份（*Year*）固定效应的影响，所有连续变量在1%的水平进行了双边缩尾处理。使用固定效应 Logit 模型的回归结果见表4－12。

列（1）中，在加入了公司与年份固定效应后，交乘项 *High_ Fail* × *Treat* 系数在10%的水平上显著为负（系数＝－0.220，*t*＝－1.66），说明卖空机制的引入显著降低了高失败率与经理人变更的正向关系，经理人因创新失败而被解雇的风险显著下降。此外，*Treat* 的回归系数在1%的水平上正向显著（系数＝0.346，*t*＝2.93），说明卖空机制的引入增加了经理人变更概率；*High_ Fail* 的系数显著为正（系数＝0.175，*t*＝2.66），说明较高的创新失败率显著增加了经理人变更风险。

列（2）中，在加入了一系列控制变量后，*High_ Fail* × *Treat* 的系数在5%的水平上显著为负（系数＝－0.248，*t*＝－1.97），*High_ Fail* 的回归系数依然在1%的水平上显著为正（系数＝0.223，*t*＝3.14）。

回归结果说明，卖空机制的引入显著降低了经理人因创新失败被解雇的概率，反映出通过增强大股东监督，卖空机制能够提高大股东对创新失败原因的判别能力，降低由于不可控因素导致失败时解雇经理人的概率。有利于缓解经理人创新的职业担忧，增强经理人创新意愿。实证结果支持了经理人创新“职业担忧”的缓解机制。

表4－12 “职业担忧”缓解机制检验

变量	(1)	(2)
	Turnover	*Turnover*
High_ Fail × *Treat*	－0.220*	－0.248**
	(－1.66)	(－1.97)

续表

变量	(1)	(2)
	Turnover	*Turnover*
Treat	0.346*** (2.93)	0.403*** (3.30)
High_ Fail	0.175*** (2.66)	0.223*** (3.14)
Size		−0.070 (−1.09)
Lev		0.310 (1.25)
Age		−0.099 (−0.53)
ROA		−0.259 (−0.47)
SOE		−0.024 (−0.09)
Dual		−0.565*** (−7.40)
*Sh*1		−1.140** (−2.48)
Indp		2.375*** (3.58)
公司	控制	控制
年份	控制	控制
样本量	7084	7084
LR Chi^2	42.76	124.17

注：括号内是 *t* 值；*、**、***分别表示双尾检验在 10%、5%、1% 的水平上显著。

4.5.4 替代性机制排除检验

卖空机制的引入，有利于提高股权激励的有效性，可能对经理人薪酬结构产生重要影响。首先，卖空机制的引入能够增强股价对企业负面信息的反映，客观上有利于提升股权激励方案实施的有效性，促使大股东增加经理人薪酬中的股权激励比重。其次，在卖空“外部威慑”下，大股东具有较强的动机，加强对经理人机会主义行为的监督与治理，提高经理人股权激励比重是其重要的内部治理手段（Angelis et al.，2017）。股权激励比重的提高能够使经理人在创新成功时通过行权获得收益，促使经理人更加关注企业长期价值，减少投资决策中的“短视行为”，激励经理人增加有利于企业长期价值提升的创新项目投资，提高企业创新投入强度。

根据上述分析，卖空机制通过提高经理人股权激励水平，促进其增加有利于企业长期价值增长的创新项目投资，股权激励在卖空机制促进创新投入的作用中发挥了中介效果。为了检验这一机制是否存在，参考温忠麟等（2004）的研究，本小节机制检验采用中介效应模型检验，具体分为三步：

第一步：检验卖空机制是否提高了企业创新投入（已验证）。

第二步：检验卖空机制是否提高了经理人股权激励比重。

第三步：同时检验卖空机制与股权激励对企业创新投入的影响。

如果股权激励发挥了中介效应，那么第一步和第二步解释变量系数应显著为正。第三步中，当卖空机制与股权激励的回归系数均显著为正时，经理人股权激励发挥了部分中介效应；若股权激励系数显著为正，并且卖空机制系数不显著时，经理人股权激励发挥了完全中介效应。具体变量设定如下：

与现有研究（Bergstresser and Philippon，2006；胡国强、盖地，2014）相一致，经理人股权激励使用模型（4-9）进行计算，以股权激励的市值与经理人总薪酬比重衡量：

$$Incentive_{i,t} = \frac{Price_{i,t} \times (Option_{i,t} + RStock_{i,t} + Stock_{i,t})}{Price_{i,t} \times (Option_{i,t} + RStock_{i,t} + Stock_{i,t}) + Cashpay_{i,t}} \tag{4-9}$$

模型（4-9）中，*Option*、*RStock* 和 *Stock* 分别为总经理持有的股票期权、限制性股票与持有的股票数量，*Price* 为股票的年末收盘价，*Cashpay* 为总经理现金薪酬总额。*Incentive* 值越高，说明企业对经理人的股权激励强度越高。并且，由于当前我国上市公司股权激励数据具有明显的截断特征，借鉴李春涛和宋敏（2010）的研究，对 *Incentive* 做加 1 再取自然对数的处理。回归模型中卖空机制变量和其他控制变量与模型(4-1)相一致。

表 4-13 汇报了回归检验结果。列（1）中，*Treat* 变量系数虽然为正数但并不显著（系数 =0.005，t =0.39），说明卖空机制并未有效提高公司经理

人股权激励水平。列（2）和列（3）中，*Treat* 和 *Incentive* 变量系数均显著大于0，说明卖空机制和经理人股权激励均有助于提高企业创新投入强度。回归结果表明，虽然股权激励能够提高企业创新投入强度，但卖空机制未能提高经理人股权激励水平，说明股权激励并非卖空机制促进企业创新投入强度的中介变量。回归结果排除了经理人股权激励的替代性假说。

表4-13 替代性假说检验

变量	(1)	(2)	(3)
	Incentive	*RDA*	*RDS*
Treat	0.005 (0.39)	0.002*** (3.43)	0.003*** (3.36)
Incentive		0.002*** (4.33)	0.003*** (3.25)
Size	0.032*** (4.62)	-0.001** (-2.54)	0.000 (0.11)
Lev	-0.054** (-2.19)	-0.002** (-2.28)	-0.012*** (-5.38)
Age	0.032 (0.86)	-0.003 (-1.44)	-0.012* (-1.89)
ROA	0.162*** (3.57)	0.004** (2.56)	-0.008** (-2.19)
Capex	0.169*** (2.77)	0.004* (1.95)	0.016*** (3.34)
Tangibility	0.016 (0.50)	0.002* (1.76)	-0.001 (-0.36)
Analyst	0.002*** (3.20)	0.000*** (2.60)	0.000 (0.83)
HHI	0.087 (0.09)	-0.142*** (-5.47)	-0.242*** (-3.78)
HHI2	0.264 (0.04)	0.907*** (6.32)	1.400*** (3.80)
常数项	-0.412** (-2.20)	0.035*** (3.76)	0.063*** (2.73)
公司	控制	控制	控制

续表

变量	(1)	(2)	(3)
	Incentive	*RDA*	*RDS*
年份	控制	控制	控制
样本量	23175	22631	22623
调整后的 R^2	0.752	0.756	0.803

注：括号内是 t 值；*、**、***分别表示双尾检验在 10%、5%、1% 的水平上显著。

4.6 进一步分析

本节进一步探讨影响卖空机制对企业创新投入正向影响的内外部因素。4.6.1 小节研究卖空机制对企业创新投入的促进作用，是否受到卖空约束的影响；4.6.2 小节从企业内部治理水平差异角度，探讨机构投资者持股与卖空机制在对创新投入的影响中是否存在替代关系；4.6.3 小节将企业创新策略分为探索型创新和开发型创新，进一步探讨卖空机制对两类创新投入的异质性影响。

4.6.1 卖空约束缓解的调节效应

自 2010 年 3 月引入卖空机制以来，市场上一直存在融券券源不足的问题，可融出的证券供给难以满足市场投资者的融券需求，限制了卖空机制的实施效果。为缓解证券公司券源不足的供给面约束，2013 年 2 月 28 日，中国证券金融股份有限公司正式推出了转融券制度，首批转融券标的为 90 只融券标的股。截至 2019 年 12 月 31 日，转融券标的在 2013 年、2014 年和 2015 年历经三次扩容，共有 893 只融券标的成为转融券标的，但仍然有 874 只融券标的未成为转融券标的。

在转融券制度下，中国证金公司向上市公司股东借入流通股，然后向证券公司融出，证券公司再将证券融出给有卖空交易需求的投资者。作为融券业务的配套机制，转融券的推出解决了证券公司自有券源不足的问题，缓解了卖空交易的制度约束。交易约束的缓解，理论上能够强化卖空交易的信号传递功能，更大程度地带动中小投资者“用脚投票”，进一步增强卖空机制的事前“威慑作用”（苏冬蔚、倪博，2018），提升卖空机制实施的经济效果。据此推测：转融券制度的推出，能够增强卖空机制“治理效应”的发挥，促进企业创新投入强度的进一步提高。综上，本书提出以下研究假设：

H2：卖空约束缓解进一步增强了卖空机制对企业创新投入强度的正向影响。

（1）模型设定与变量定义

为了验证上述研究假设，参考苏冬蔚和倪博（2018）、刘亭立和姜莹（2019）的研究，本书基于转融券制度分批次实施的制度特点，在模型（4-1）的基础上构建模型（4-10）对假设H2进行检验，具体设定如下：

$$RDA_{i,t+1}/RDS_{i,t+1} = \beta_0 + \beta_1 Treat_{i,t} \times After_{i,t} + \beta_2 Treat_{i,t} + \beta_3 Size_{i,t} + \beta_4 Lev_{i,t} + \beta_5 Age_{i,t} + \beta_6 ROA_{i,t} + \beta_7 Capex_{i,t} + \beta_8 Tangibility_{i,t} + \beta_9 Analyst_{i,t} + \beta_{10} HHI_{i,t} + \beta_{11} HHI2_{i,t} + \beta_{12} Firm_i + \beta_{13} Year_t + \varepsilon_{i,t} \quad (4-10)$$

模型（4-10）中，被解释变量（*RDA*、*RDS*）和控制变量与模型（4-1）相同。解释变量的设定上，*After* 代表卖空约束缓解，为时间类别变量，当年份为融券标的成为转融券标的及之后的年份时为1，其余情况为0[①]。交乘项 *Treat*×*After* 是模型的解释变量，其值为1时，代表融券标的在当年同为转融券标的[②]，回归系数反映了卖空约束缓解对卖空机制与企业创新投入强度关系的影响。模型（4-10）中，交乘项变量均进行了均值中心化处理以克服多重共线性的影响（Aiken and West，1991）。模型对标准误进行了企业层面的聚类处理（Peterson，2009）。为了消除异常值对估计结果的影响，模型中所有连续变量在上下1%的水平进行了双边缩尾处理。

（2）回归结果分析

表4-14汇报了卖空约束缓解调节效应检验的回归结果。列（1）和列（3）中，在控制了公司、年份固定效应，以及卖空机制对企业创新投入的直接影响后，解释变量（*Treat*×*After*）的回归系数在1%的水平上显著为正［列（1）中，系数=0.001，*t*=2.95；列（3）中，系数=0.003，*t*=3.87］。列（2）和列（4）中，在加入一系列影响创新投入的控制变量后，解释变量（*Treat*×*After*）的回归系数仍在1%的水平上显著为正［列（2）中，系数=0.001，*t*=3.80；列（4）中，系数=0.003，*t*=4.08］。回归结果说明，卖空约

---

① 由于模型（4-10）控制了年份固定效应（*Year*），此时无须单独控制时间类别变量（*After*）。

② 例如，平安银行（股票代码：000001）在2010年3月成为融券标的（*Treat*=1），在2013年2月成为转融券标的时，*Treat*×*After*=1。转融券标的数据从中国证券金融股份有限公司网站获取。

束的缓解客观上增强了卖空机制的实施效果，进一步提升了卖空机制对企业创新投入的正向影响，假设 H2 得到支持。实证结果表明，卖空约束是影响卖空机制经济效应有效发挥的关键因素，深刻影响了卖空机制与企业创新的关系。

表 4-14　卖空约束缓解的调节效应

变量	(1)	(2)	(3)	(4)
	RDA	*RDA*	*RDS*	*RDS*
Treat × After	0.001***	0.001***	0.003***	0.003***
	(2.95)	(3.80)	(3.87)	(4.08)
Treat	0.001*	0.001*	0.001**	0.001*
	(1.80)	(1.74)	(1.97)	(1.82)
Size		-0.001***		0.000
		(-5.48)		(0.25)
Lev		-0.002***		-0.010***
		(-3.49)		(-9.99)
Age		-0.001*		-0.009***
		(-1.71)		(-5.40)
ROA		0.004***		-0.011***
		(3.45)		(-4.62)
Capex		0.004***		0.020***
		(3.03)		(6.82)
Tangibility		0.002***		-0.001
		(3.50)		(-0.91)
Analyst		0.000***		0.000***
		(7.96)		(4.25)
HHI		-0.146***		-0.207***
		(-8.85)		(-6.12)
HHI2		0.904***		1.180***
		(8.58)		(5.43)
常数项	0.006***	0.028***	0.014***	0.048***
	(25.10)	(8.48)	(27.70)	(6.96)
公司	控制	控制	控制	控制
年份	控制	控制	控制	控制
样本量	27312	27312	27312	27312

续表

变量	(1)	(2)	(3)	(4)
	RDA	*RDA*	*RDS*	*RDS*
调整后的 R^2	0.761	0.763	0.793	0.796

注：括号内是 t 值；*、**、***分别表示双尾检验在10%、5%、1%的水平上显著。

4.6.2 机构投资者持股的调节效应

根据本章机制检验结果，卖空机制主要通过直接和间接的治理作用，提高了企业创新投入强度。由此可以推断，企业内部治理可能与卖空机制的外部治理作用存在替代关系，即卖空机制对创新投入的影响可能在治理水平较差的公司中更加显著。为了分析卖空机制与企业内部治理在创新激励中的关系，本小节基于机构投资者在企业内部治理中的重要角色，对卖空机制与企业创新投入的关系进行分组检验。

随着我国股票市场的不断发展，机构投资者在公司内部治理中发挥了越来越重要的作用。相较于个人投资者，机构投资者具有较强的信息优势，又因为大宗持股的"锁定效应"而更加关注企业长期价值，通过积极参与公司治理，有利于减少代理问题的产生。研究发现，机构投资者发挥了重要的内部监督职能，减少了大股东利益侵占和经理人机会主义行为，降低了企业代理成本（王永海等，2007）。此外，Aghion 等（2013）的研究发现，机构投资者持股比例的提高会增强其对经理人决策的监督力度，能够帮助股东分辨创新失败的真正原因，避免经理人在因随机技术因素导致创新失败时被公司解雇，缓解了创新的职业担忧。以我国上市公司为研究样本，现有文献基本肯定了机构投资者持股对企业创新的促进作用（张强、王明涛，2019）。

根据上述分析，卖空机制对企业创新投入的影响，应会在机构投资者持股比重较低时更加显著。当企业机构投资者持股比重较低，两类代理问题较为严重时，卖空机制应能更加有效地发挥外部治理作用，促进企业创新投入的有效提高。据此提出以下研究假设：

H3：在机构投资者持股比重较低的企业中，卖空机制的引入更加显著地提高了企业创新投入强度。

（1）模型与变量定义

为了验证假设 H3，本小节按照每一年度上市公司机构投资者持股比例的中位数进行分组，将当年机构持股比例低于当年样本中位数的公司，作为机构持股较低组（*Insti_ Low* =1），反之作为持股比例较高组（*Insti_ Low* =0），并使用模型（4－1）进行回归分析。

（2）回归结果分析

表4－15报告了假设H3的检验结果。结果显示，卖空机制（*Treat*）的引入对机构投资者持股较低（*Insti_ Low* =1）的企业创新投入强度产生了显著的正向影响［列（1）中，系数=0.002，t=2.52；列（3）中，系数=0.004，t=3.16］，而对机构投资者持股比例较高（*Insti_ Low* =0）的企业创新投入强度没有显著影响［列（2）中，系数=0.000，t=0.09；列（4）中，系数=0.002，t=1.25］。

为了检验卖空机制回归系数的组间差异是否显著，本小节使用了似无相关检验（Seemingly Unrelated Estimation）方法对组间解释变量的系数差异进行检验，结果显示两组间卖空机制（*Treat*）的系数差异在1%的水平上显著。结果表明，卖空机制对企业创新投入的影响与内部治理水平有关，卖空机制的引入更能对内部治理水平较差的企业产生创新激励作用。

表4－15　机构投资者持股的调节效应

变量	(1)	(2)	(3)	(4)
	RDA	*RDA*	*RDS*	*RDS*
	Insti_ Low =1	*Insti_ Low* =0	*Insti_ Low* =1	*Insti_ Low* =0
Treat	0.002**	0.000	0.004***	0.002
	(2.52)	(0.09)	(3.16)	(1.25)
Size	−0.002***	0.000	−0.001	0.001*
	(−4.09)	(0.13)	(−1.32)	(1.81)
Lev	−0.002*	−0.002	−0.015***	−0.011***
	(−1.70)	(−1.30)	(−4.70)	(−3.31)
Age	−0.003	−0.001	−0.012	−0.009
	(−1.17)	(−0.68)	(−1.57)	(−1.27)
ROA	0.007**	0.002	−0.013*	−0.013**
	(2.38)	(0.74)	(−1.66)	(−2.53)
Capex	0.003	0.002	0.016**	0.017**
	(0.99)	(0.54)	(2.51)	(2.20)

续表

变量	(1)	(2)	(3)	(4)
	RDA	*RDA*	*RDS*	*RDS*
	Insti_ Low = 1	*Insti_ Low* = 0	*Insti_ Low* = 1	*Insti_ Low* = 0
Tangibility	0.001	0.001	-0.004	-0.002
	(0.71)	(1.00)	(-0.88)	(-0.55)
Analyst	0.000 **	0.000 **	0.000	0.000
	(2.40)	(2.26)	(1.25)	(1.32)
HHI	-0.192 ***	-0.084 ***	-0.287 ***	-0.111
	(-5.58)	(-2.61)	(-2.95)	(-1.37)
HHI2	1.193 ***	0.640 ***	1.508 **	0.991 **
	(6.03)	(3.57)	(2.42)	(2.48)
常数项	0.054 ***	0.010	0.084 ***	0.008
	(5.06)	(1.17)	(3.41)	(0.35)
公司	控制	控制	控制	控制
年份	控制	控制	控制	控制
系数差异检验	0.001 ***		0.001 ***	
样本量	12694	12694	12694	12694
调整后的 R^2	0.817	0.797	0.828	0.840

注：括号内是 t 值；*、**、***分别表示双尾检验在10%、5%、1%的水平上显著；系数差异检验列示的为 p 值。

4.6.3 卖空机制对企业创新策略的影响

实证结果说明，通过提升企业内源融资能力、治理经理人代理问题，以及缓解经理人创新的职业担忧，卖空机制的引入促进了融券标的公司的创新投入水平，增强了经理人提升企业竞争实力与企业市场价值的主观意愿。本小节将进一步分析企业在卖空机制的影响下，会将创新资源投入于何种类型的创新项目中，即企业会采取怎样的创新策略配置创新资源。

现有研究表明，企业创新策略存在显著的异质性特征，不同企业在创新策略选择上存在较大差异。现有文献归纳了两类主要的企业创新策略：第一类是开发型创新（Exploitative Innovation），主要是对现有技术和框架的优化与延伸；第二类是探索型创新（Exploration Innovation），包含了对现有技术的颠覆性改变，以及对新机遇的把握与追求（March，1991）。

根据理论分析，在卖空机制实施以前，经理人在创新资源匮乏、有效监管缺位和“职业担忧”困扰的情况下，更可能将创新资源投入于风险较低的开发型创新，这类创新项目多为对现有成果的技术更新，风险较低、研发周期较短，但也难以为企业带来持续的竞争优势，不利于长期价值增长。

卖空机制实施以后，经理人在创新资源得到保障、外部监管力量得到增强，以及创新“职业担忧”得到缓解的情况下，会具备更强的创新能力和创新意愿，更期望通过高价值创新产出提升企业市场竞争实力和市场价值，降低股票被卖空的外部风险。此时，经理人应会在创新策略上追求能为企业带来持续竞争优势的探索型创新项目（孙俊杰、张云，2019）。这类创新项目的研发需要企业进行大量基础性研究，成果产出更能促进企业价值的可持续增长（March，1991）。据此得出以下研究假设：

H4：卖空机制的引入显著提高了企业探索型创新的投入强度，而对开发型创新的投入强度没有显著影响。

（1）模型设定与变量定义

为了验证上述理论预测，参考现有研究，构建模型（4－11）进行检验：

$$
\begin{aligned}
Explore/Exploit_{i,t+1} = {} & \beta_0 + \beta_1 Treat_{i,t} + \beta_2 Size_{i,t} + \beta_3 Lev_{i,t} + \beta_4 Age_{i,t} + \\
& \beta_5 ROA_{i,t} + \beta_6 Capex_{i,t} + \beta_7 Tangibility_{i,t} + \beta_8 Analyst_{i,t} + \\
& \beta_9 HHI_{i,t} + \beta_{10} HHI2_{i,t} + \beta_{11} Firm_i + \beta_{12} Year_t + \varepsilon_{i,t} \qquad (4-11)
\end{aligned}
$$

模型（4－11）中，被解释变量为创新策略。与现有文献相一致（毕晓方等，2017；孙俊杰、张云，2019），本书根据企业研发支出中费用化与资本化的比重衡量两类创新项目的投入强度。这是因为探索型创新需要在初期研究阶段投入大量资金，研发支出中研究阶段支出可以用来衡量探索型创新的投入水平。若企业研发支出中开发阶段金额显著增加，说明企业创新多为对现有技术的开发利用，这部分研发支出可用来衡量开发型创新投入水平。

具体而言，分别使用费用化研发支出与总资产和主营业务收入的比值，衡量探索型创新投入强度（*ExploreA*、*ExploreS*）；分别使用资本化支出与总资产和主营业务收入的比值，衡量开发型创新投入强度（*ExploitA*，*ExploitS*）。解释变量和控制变量与模型（4－1）相同。

（2）回归结果分析

表4－16报告了卖空机制对企业创新策略影响的回归结果。列（1）和列（3）汇报了探索型创新投入的回归结果，列（2）和列（4）汇报了开发

型创新的回归结果。回归结果表明，卖空机制（*Treat*）的引入显著提高了企业探索型创新的投入强度［列（1）中，系数 =0.002，t =5.71；列（3）中，系数 =0.003，t =6.16］，而对企业开发型创新的投入强度没有显著影响［列（2）中，系数 =0.000，t =0.07；列（4）中，系数 =0.001，t =0.50］。

结果说明，卖空机制不仅促进了企业创新投入强度的提高，并且经理人在卖空机制的影响下，会将创新资源更多地投入能为企业带来更多回报的探索型创新中，而卖空机制对收益较低的开发型创新的投入水平没有显著影响。探索型创新投入的增加更有助于提高企业价值，降低股票被投资者卖空的外部风险。实证结果支持了研究假设 H4。

表 4－16　卖空机制与创新策略

变量	(1)	(2)	(3)	(4)
	ExploreA	*ExploitA*	*ExploreS*	*ExploitS*
Treat	0.002***	0.000	0.003***	0.001
	(5.71)	(0.07)	(6.16)	(0.50)
Size	−0.000***	0.000	−0.001***	0.001**
	(−4.05)	(1.53)	(−3.24)	(2.14)
Lev	−0.001**	−0.000	−0.003***	−0.006**
	(−2.41)	(−0.63)	(−4.19)	(−2.46)
Age	−0.001	0.001*	−0.003	−0.001
	(−0.73)	(1.79)	(−1.47)	(−0.44)
ROA	0.001	0.003*	−0.002	0.004
	(0.98)	(1.76)	(−1.47)	(0.76)
Capex	0.002**	0.004**	0.006***	0.012**
	(2.31)	(2.09)	(3.23)	(2.24)
Tangibility	−0.000	0.001	−0.000	0.003
	(−0.31)	(1.27)	(−0.47)	(0.87)
Analyst	0.000*	0.000	0.000	0.000
	(1.88)	(0.98)	(0.71)	(1.08)
HHI	−0.058***	−0.004	−0.080***	0.049
	(−3.99)	(−0.23)	(−2.94)	(0.54)
HHI2	0.327***	−0.200	0.462***	−1.311
	(3.56)	(−0.76)	(2.71)	(−1.12)

续表

变量	(1)	(2)	(3)	(4)
	ExploreA	*ExploitA*	*ExploreS*	*ExploitS*
常数项	0.014*** (3.46)	-0.002 (-0.47)	0.025*** (3.52)	-0.018 (-1.37)
公司	控制	控制	控制	控制
年份	控制	控制	控制	控制
样本量	27312	27312	27312	27312
调整后的 R^2	0.688	0.779	0.691	0.760

注：括号内是 t 值；*、**、***分别表示双尾检验在10%、5%、1%的水平上显著。

4.7 结果讨论

基于我国股票市场引入卖空机制这一准外生事件，本章实证结果表明，公司在股票成为融券标的后，创新投入强度显著提高。检验结果不仅在统计意义上显著，在经济意义上也具有重要影响。研究结果说明，卖空机制的引入填补了以往股票市场“纠错”机制的空白，这种机制的引入促使一部分专业机构投资者扮演了“市场警察”的角色。这些“市场警察”以卖空交易作为武器，发挥了事前的“威慑作用”，成为上市公司外部治理力量的重要组成部分。在卖空机制的治理作用下，上市公司大股东“掏空”显著减少、经理人代理成本显著降低，并且随着大股东对经理人监督的增强，经理人创新的职业担忧明显缓解，这些因素共同促进了企业创新投入强度的显著提高。

此外，当前仍然存在制约卖空机制实施效果的制度因素，其中投资者融券时的券源约束是影响卖空机制作用发挥的一大障碍。只有当融券标的同时成为转融券标的，投资者才能更大范围地融券卖空，此时卖空机制的“事前威慑”才会得到显著体现。如果因为券源有限，投资者难以融券卖空，卖空机制也难以发挥对创新投入的促进作用。然而，我国股票市场转融券标的的扩容明显滞后于融券标的扩容，导致部分股票已经成为融券标的，允许投资者进行卖空交易，但是由于还未成为转融券标的，投资者融券难度较大。因此，在有效的市场监管下，监管部门可以考虑进一步扩大转融券标的的范围，打破融券标的和转融券标的在设立上的不同步，进一步发挥卖空机制的创新激励作用。此外，实证结果还发现，卖空机制与企业内部治理存在替代关系，卖空机制对内部治理水平较低的企业影响更加显著。基于这一点，在选取融券标的时，可以优先考虑将内部治理水平较低的企业作为融券标的公司，通过市场治理作用的发挥“倒逼”企业完善内部治理体系。最后，卖空机制的引入显著提高了探索型创新的投入强度，这类创新项目的研发能够为企业提供持续竞争优势，促进企业真实创新水平的有效提高。

4.8　本章小结

本章重点考察了卖空机制对企业创新投入的影响。将2007—2018年我国A股上市公司作为研究样本，采用多期双重差分模型，实证研究了卖空机制对企业创新投入的影响。研究发现，上市公司在股票成为融券标的后，创新投入强度显著提高，证实了卖空机制对企业创新投入的促进作用，假设H1得到支持。在使用了PSM配对样本检验、系统广义矩估计检验，控制了融资交易的影响，以及更换创新投入衡量变量的稳健性检验后，卖空机制对企业创新投入的影响依然显著。机制检验发现，卖空机制是通过治理大股东“掏空”、治理经理人享受“平静生活”代理问题、缓解经理人创新的“职业担忧”三条机制发挥了创新激励作用。进一步分析发现，卖空约束的缓解增强了卖空机制对企业创新投入的正向影响，假设H2得到支持。在机构投资者持股比例较低的企业中，卖空机制对创新投入的促进作用更加显著，假设H3得到支持。卖空机制的引入显著提高了企业探索型创新的投入水平，而对开发型创新的投入水平没有显著影响，支持了假设H4。表4-17汇总了本章研究假设的检验结果。

表4-17　本章假设内容与结果汇总

研究假设	检验结果	
H1	卖空机制的引入显著提高了企业创新投入强度	通过
H2	卖空约束缓解进一步增强了卖空机制对企业创新投入强度的正向影响	通过
H3	在机构投资者持股比重较低的企业中，卖空机制的引入更加显著地提高了企业创新投入强度	通过
H4	卖空机制的引入显著提高了企业探索型创新的投入强度，而对开发型创新的投入强度没有显著影响	通过

5 卖空机制对企业创新效率的影响

本书在第4章研究了卖空机制对企业创新投入的影响，发现卖空机制的引入显著提高了企业创新的投入强度。作为创新能力的反映，创新效率同样是决定企业创新水平的关键因素，是指企业在一定水平的创新投入下，实际创新产出与理论最大产出之比，反映了企业对创新资源的配置能力。那么，卖空机制的引入是否会影响企业创新效率？影响的机制是什么？本章将研究卖空机制对企业创新效率的影响。

5.1 理论分析与假设提出

企业创新是一个复杂的过程，创新投入的增加并不必然导致创新产出的提高（Tidd and Bessant，2009）。在企业创新过程中，创新效率是影响企业绩效和价值的关键，反映了在一定数量的创新投入下企业实现产出最大化的能力（Cruz－Cázares et al.，2013）。近年来，我国上市公司创新投入增长较快，但创新水平却提升有限，创新失败事件时有发生，对投资者利益造成了重大损失。剖析这类“黑天鹅”事件背后的原因，主要与企业创新决策的制定和执行水平有关（Andrews and Serres，2012）。如何提升企业创新效率已成为我国上市公司、市场投资者与监管部门共同关注的重要问题。根据决策理论（Simon，1960），本章分别从创新决策制定与创新决策执行两个层面，剖析卖空机制影响企业创新效率的效果与机制。

在创新决策制定中，项目识别是企业创新的第一步，也是影响效率的关键一步（Zhong，2018）。错误的项目选择会对企业未来经营和市场价值造成沉重打击，甚至导致企业被竞争对手收购。例如，以啤酒生产为主营业务的重庆啤酒（600132.SH）自1998年起便开始研发乙肝疫苗，历时13年最终以失败告终，导致公司股价在2011年12月7日起（公告披露次日）连续遭遇9个跌停板，市值蒸发200亿元，最终被嘉士伯低价收购。重庆啤酒创新失败的根本原因，在于选择了与自身主营业务严重偏离的疫苗研发项目，高估了项目的技术可行性。由此可见，一味地创新投入并不一定带来丰硕的成果产出。在选择创新项目时，企业应重点考虑以下两个因素：第一，项目的技术可行性，研发难度是否与企业自身研发能力相匹配；第二，项目的价值和市场前景，创新项目能否最终获得专利实施许可并通过商业化应用提升企业绩效。企业能否对这两类项目特征合理评价，在很大程度上决定了最终的创新效率。

信息是决策的基础，作为创新决策的制定者，经理人在评估项目可行性和项目价值时，需要充分获取相关信息，并将信息融入创新决策的制定中（Meade and Presley，2002）。主要信息包括创新项目的商业价值、项目的技术可行性、国内外同行业公司相关项目研发进度、国家政策支持力度等。然而，即便是具有信息优势的内部人，经理人也难以对每一项创新决策拥有来自市场、技术、宏观政策等方面的完备信息，重要信息的遗漏可能导致项目选择失误，降低了创新效率（Allen and Gale，1999）。实证研究发现，信息的可得性与企业创新效率显著正相关，是影响创新效率的关键因素（Kong et al.，2018；王悦亨等，2015）。

根据市场反馈理论，股票市场是经理人信息获取的重要渠道。股票市场投资者通过买卖股票传递关于公司价值判断的私有信息，私有信息最终通过股价被集聚反映，为企业决策制定提供了增量信息反馈（Grossman and Stiglitz，1980），发挥了决策引导功能（Fama and Miller，1972），提高了资源配置效率（Dow and Gordon，1997）。实证研究表明，股价信息含量的提高对投资—股价敏感性具有正向影响，提高了企业投资效率（Durnev et al.，2004；Chen et al.，2007）。在创新项目决策中，来自股价的信息反馈能够帮助经理人更加合理地评估项目的技术可行性与潜在市场前景，提升企业的创新表现（Li et al.，2016；Mathers et al.，2017；Zhong，2018）。

然而，在限制卖空交易的市场环境中，对创新项目持负面看法的投资者缺乏传递私有信息的途径，股价对负面信息的反映程度较低，经理人难以从中获取关于创新项目的负面消息，造成高估投资回报或技术可行性。根据卖空机制的“信息效应”，卖空机制的引入能够增强股价对负面信息的反映程度，提高了股价信息含量，有利于增强股价对经理人决策的引导功能（Jiang and Pang，2016；陈康、刘琦，2018）。股价信息含量的提高为经理人创新决策制定提供了增量信息反馈，有利于提高创新资源的配置效率（Mathers et al.，2017；李启佳等，2020）。综上，卖空机制的引入增强了股价对负面信息的反映，经理人对这部分增量信息的及时获取有助于减少错误的项目选择，提高企业创新效率。

在创新决策制定中，除了有效的项目识别，创新资源投入的持续性也极大地影响了企业的创新效率。Kerr 和 Nanda（2015）指出，企业创新需要大量且持续的资源投入。其中“大量”形容的是创新的投入强度，而“持续”反映了创新资源在不同阶段的配置情况，投入的持续性主要影响了创新效率。根据 Dutta（1997）的研究，企业创新具有“跨期性”特点，创新的收益在成果转化为产品或服务时才能实现，在研发的中间阶段难以产生直接收益。企业需要根据研发情况，在研发过程的每个阶段保障资源投入的持续性。如果企业因某种原因在研发过程中随意削减创新投入，可能造成整体研发进度落后于竞争对手，致使竞争对手提前获得专利授权；也可能造成创新项目在当期资金短缺的情况下被迫中断，最终以失败告终。保障持续的创新投入是提高企业创新效率的必要条件（梁莱歆、马如飞，2009；刘波等，2017；徐飞，2019）。

然而在委托代理问题的影响下，经理人在短期业绩压力下会通过削减研发支出的方式提高短期业绩，这种做法严重损害了创新投入的持续性。Graham 等（2005）与美国 400 位上市公司经理人的访谈发现，超过 3/4 的经理人坦诚有时会为了满足短期业绩目标牺牲长期价值投资，规避业绩下滑带来的私有收益损失。此外，在企业增发新股时，经理人也具有削减研发支出虚增短期业绩的动机（Kothari et al.，2015）。现有研究发现，企业基于真实盈余管理的研发支出削减行为，会造成创新项目被迫中断，严重损害创新效率（Bereskin et al.，2018）。根据卖空机制的“治理效应”，真实活动盈余管理损害了企业价值，卖空投资者具备捕捉公司真实活动盈余管理的动机与能力。经理人因担心卖空交易会加剧股价的下行压力，会减少削减创新投入等真实盈余管理行为（陈晖丽、刘峰，2014；Fang et al.，2016）。通过发挥事前“威慑作用”，卖空机制的引入有利于减少经理人机会主义行为，促进企业创新效率的有效提高。

在创新决策的执行环节，研发人员是决策的具体执行者，研发人员的努力与协作是影响企业创新效率的关键（Chang et al.，2015）。然而，作为企业委托代理链条的底层主体，研发人员同样在企业创新中存在代理问题，主要表现为通过减少个人努力的享乐主义（孟庆斌等，2019）。如果研发人员在创新执行中角色缺位，对工作投入不足，那么即便企业识别出前景良好的创新项目、持续投入了大量的创新资源，受执行缺位的影响最终也难以成功。为了提高研发人员的创新参与，降低创新执行中的代理成本，2005 年 12 月 31 日，中国证监会颁布了《上市公司股权激励管理办法》，允许上市公司对企业核心研发人员实施股权激励。随着制度的落实与推进，越来越多的上市公司对核心研发人员实施了股权激励计划，发挥股价与工作效率的“捆绑效应”，促进创新效率的有效提升。

根据卖空机制的“治理效应”，卖空机制的引入能够从两个方面影响研发人员的股权激励，进而影响企业创新效率。

首先，卖空机制的引入增强了股权激励的有效性。卖空机制引入后，为了降低股票被卖空对个人股权激励价值的损害，研发人员具备更高的创新参与意愿。通过提高个人的创新参与和团队的研发协作，有效地将创新投入转化为成果产出，促进企业价值的可持续增长，降低股票被卖空的外部风险。

其次，卖空机制的引入有利于增强股东提高研发人员股权激励水平的动机。卖空机制的引入增加了研发人员代理问题与股东财富的负向敏感性。为了提高研发人员的创新参与，减少研发人员代理行为对股东财富的损减，股东此时具有更强的动机强化内部治理。通过提高研发人员股权激励水平，将研发人员的工作效率和团队协作与其个人收益进行捆绑，有利于提高其在企业创新中的参与意愿，促进创新决策的执行效率（Chang et al.，2015；姜英兵、于雅萍，2017）。综上，卖空机制可以提高研发人员股权激励的有效性和实施水平，有利于促进企业创新效率。

基于上述分析，卖空机制可通过以下三条机制促进企业创新效率：首先，卖空机制的引入有利于增强市场信息反馈，提高经理人创新项目的识别能力；其次，卖空机制的引入有利于提高创新投入持续性，促进创新效率；最后，卖空机制的引入有利于提高研发人员股权激励的实施效果与实施力度，促进创新决策的执行效率。基于上述分析，提出以下研究假设：

H5：卖空机制的引入显著提高了企业创新效率。

5.2 研究设计

5.2.1 数据来源与样本选取

本章采用双重差分模型研究卖空机制对企业创新效率的影响，以沪深两市 A 股上市公司为样本，并将融券标的企业作为实验组企业，将非融券标的企业作为控制组企业。

鉴于 2006 年我国新会计准则颁布对变量统计口径的影响，以及上市公司自 2007 年开始公开披露研发支出数据的现实情况，以 2007 年作为样本期间的时间起点。由于计算创新效率时解释变量需滞后一期，将最终样本期间的起始年份定为 2008 年。样本期间的截止年份为 2015 年，设为 2015 年的原因在于，本章被解释变量的构建需要使用上市公司的专利申请数据。企业从申请专利到最终获得授权，需要经过申请受理、初步审核、公示、实质审查、授权通知、最终授权等程序，这一过程通常耗时 3 年时间，因此在 2016—2018 年申请的大量专利还处于审核状态。使用这 3 年的专利数据，会导致样本专利数据出现截断偏误问题（Truncation Bias），基于截断偏误的变量构建无法反映企业的真实状况（Hirshleifer et al.，2012）。因此，参考 Hirshleifer 等（2012）的研究，本章将研究样本期间最终设定为 2008—2015 年，以克服专利数据的截断偏误。

在此基础上对样本进行了以下处理：① 剔除样本中金融类企业；② 剔除变量缺失样本；③ 剔除 ST、PT 企业。本书专利数据来自国家知识产权局专利查询系统，研发人员数量来自企业年度财务报告，融券标的、研发支出与相关财务数据均来自国泰安数据库。

5.2.2 变量定义

（1）被解释变量

被解释变量为企业创新效率。现有衡量企业创新效率的指标较为丰富，本章采用基于前沿生产函数的随机前沿分析法（SFA）测算创新效率。前沿生产函数反映了在具体技术条件和生产要素组合下各投入组合与最大产出量之间的函数关系，通过比较实际与最大产出量的差距估算企业的效率水平。根据生产函数是否已知分为参数法和非参数法，参数法以 Aigner 等（1977）

提出的随机前沿分析法为代表，非参数法以 Charnes 等（1978）提出的数据包络分析法（DEA）为主。

然而，具体到创新效率的测算时，使用随机前沿分析方法更为合适，这是由于随机前沿分析法假定各单位的生产前沿是随机的，将误差项分为随机误差项和技术无效误差项，而数据包络分析法只有技术无效误差，忽略了随机因素对创新效率的影响，这种不可控的随机因素在企业创新中大量存在，因此使用随机前沿分析法更加合适（Fu，2012；Hong et al.，2016）。

随机前沿分析法中的生产函数采用传统的 Cobb－Douglas（C－D）函数与超对数模型。相较于传统的 C－D 函数，超对数模型可以打破C－D函数中技术中性、投入产出弹性不变等严苛的前提假设，并且考虑了投入要素与产出的非线性关系，以及要素间潜在的替代与交互关系等特点，更加吻合企业创新的内在特征（肖文、林高榜，2014）。本书采用超对数模型测量创新效率，估算模型具体设定如下：

$$\ln(1+INV)_{i,t+1}=\beta_0+\beta_1\ln R\&D_{i,t}+\beta_2\ln Person_{i,t}+\beta_3(\mathrm{Ln}R\&D_{i,t})^2+\beta_4(\ln Person_{i,t})^2+\beta_5\ln R\&D_{i,t}\times\ln Person_{i,t}+v_{i,t}-u_{i,t} \quad (5-1)$$

根据《2016 年中国专利调查数据报告》，大多数企业研发周期为1～2年（不含 2 年），因此模型（5－1）中所有解释变量均滞后一期。模型（5－1）中，*INV* 为企业当年发明专利申请并最终授权数量（单位：个），《中华人民共和国专利法》规定了专利的三种类型：发明专利、实用新型专利和外观设计专利。其中，发明专利的价值最高，与企业未来价值显著正相关，更适合作为创新产出的衡量变量（徐欣、唐清泉，2010）。*R&D* 为企业研发支出（单位：元）。*Person* 为企业当年研发人员数量（单位：个）。$v_{i,t}$ 为随机扰动项，服从独立同分布的标准正态分布，$u_{i,t}$ 为技术非效率，服从半正态分布，$v_{i,t}$ 与 $u_{i,t}$ 相互独立，二者间协方差为0。进一步地，基于随机前沿分析的企业创新效率（*EFF*）计算公式如下：

$$EFF_{i,t}=\exp(-u_{i,t}) \quad (5-2)$$

模型（5－2）将无效率项还原为效率水平，衡量企业创新效率。其经济含义是在一定的创新投入下，企业实际的创新产出与理论最大产出的比值，反映了企业实现最大化创新产出的能力。*EFF* 值介于0～1，其值越大，说明企业创新效率越高（夏宁等，2019；Fu，2012）。

（2）解释变量

与第4章相同，本章解释变量为卖空机制。基于我国融资融券制度的实施背景，本书在双重差分模型的基础上，设置卖空机制的识别变量。由于融资融券制度的实施是多时点分批次的，适用多期双重差分模型。本书设置 *Treat* 为卖空机制的识别变量，公司股票在当年是融券标的时，该变量为1，否则为0。其回归系数表示与非融券标的公司相比，融券标的公司在股票成为融券标的前后创新效率的变化，反映了卖空机制对企业创新效率的影响。

（3）控制变量

参考企业创新效率的现有研究（胡元木、纪端，2017；Gao and Chou，2015），模型控制了企业规模（*Size*），以企业总资产的自然对数衡量；资产负债率（*Lev*），以企业总负债与总资产的比值衡量；资本性支出强度（*Capex*），以资本性支出总额与总资产比值衡量；股权集中度（*Con5*），以前5名股东持股比例的平方和衡量；企业年龄（*Age*），以当年年份与企业 IPO 年份的差值表示；盈利能力（*ROA*），以企业总资产报酬率衡量。此外，参考吴延兵（2012）的研究，国有企业存在生产效率和创新效率的损失现象，尤其在创新效率上显著低于民营企业，因此控制了企业的产权属性，设置国有企业标识变量（*SOE*），当企业实际控制人为国有属性时，该变量为1，否则为0。变量具体定义见表5-1。

表5-1　变量定义

变量类型	变量符号	变量定义
被解释变量	*EFF*	创新效率，企业实际创新产出与理论上最大产出的比值
解释变量	*Treat*	卖空机制识别变量，当公司股票在当年是融券标的时，该变量为1，否则为0
控制变量	*Size*	企业规模，以企业总资产的自然对数衡量
	Lev	资产负债率，以企业总负债与总资产的比值衡量
	Capex	资本性支出强度，以资本性支出总额与总资产比值衡量
	Con5	股权集中度，以前5名股东持股比例的平方和衡量
	Age	企业年龄，以当年年份与企业 IPO 年份的差值表示
	ROA	盈利能力，以企业总资产报酬率衡量
	SOE	产权性质，当企业实际控制人为国有属性时，该变量为1，否则为0

5.2.3 模型设定

与第4章相同，本章采用双重差分模型，通过对比卖空机制实施前后控制组与实验组公司创新效率变化的差异是否显著，反映卖空机制对企业创新效率的影响，模型具体设定如下：

$$EFF_{i,t+1} = \beta_0 + \beta_1 Treat_{i,t} + \beta_2 Size_{i,t} + \beta_3 Lev_{i,t} + \beta_4 Capex_{i,t} + \beta_5 Con5_{i,t} + \beta_6 Age_{i,t} + \beta_7 ROA_{i,t} + \beta_8 SOE_{i,t} + \beta_9 Firm_i + \beta_{10} Year_t + \varepsilon_{i,t} \quad (5-3)$$

模型（5-3）中，被解释变量是企业创新效率（*EFF*），如果卖空机制变量回归系数显著为正，说明卖空机制的引入显著提高了企业创新效率，支持了研究假设H5。与现有研究相一致（胡元木、纪端，2017；夏宁等，2019），模型（5-3）采用普通最小二乘法（OLS）。为了克服遗漏变量可能造成的内生性问题，模型对年份（*Year*）和公司固定效应（*Firm*）进行了控制。为了克服多重共线性对估计结果的影响，模型中的交互项变量均进行了均值中心化处理。由于企业创新水平可能出现序列自相关的特征，模型对标准误进行了企业层面的聚类处理。为了消除异常值对估计结果的影响，模型中所有连续变量在上下1%的水平进行了双边缩尾处理。

5.3 实证结果分析

5.3.1 描述性统计

表5-2汇报了样本企业相关变量的描述性统计结果。*EFF*的均值为0.450，这一结果与肖文和林高榜（2014）的研究结果基本一致[①]。说明平均而言，样本企业在一定的创新投入下，实际创新产出与理论最大产出的比值为0.450，结果反映出我国上市公司的创新效率水平仍然较低。*EFF*标准差为0.129，占均值的28.7%（0.129÷0.450），说明研究样本创新效率差异较大，凸显了本书的研究意义。解释变量*Treat*的样本均值为0.166，说明在7521个样本中，约1248（7521×0.166）个样本的股票处于可卖空状态。控制变量的描述性统计结果与现有研究基本一致。

① 肖文和林高榜（2014）以专利申请总数作为创新产出，使用SFA法测算得到的创新效率均值为0.67，本书仅以其中发明专利申请并最终授权数量作为创新产出，因此测得的效率水平略低。

表 5-2 变量描述性统计

变量	样本量	均值	标准差	最小值	中位数	最大值
EFF	7521	0.450	0.129	0.095	0.465	0.710
Treat	7521	0.166	0.372	0	0	1
Size	7521	21.649	1.221	19.006	21.429	26.610
Lev	7521	0.385	0.214	0.052	0.367	1.303
Capex	7521	0.064	0.052	0	0.05	0.260
Con5	7521	0.174	0.115	0.014	0.15	0.564
Age	7521	6.466	6.156	0	4	24
ROA	7521	0.046	0.056	-0.354	0.044	0.202
SOE	7521	0.316	0.465	0	0	1

5.3.2 变量相关性分析

表 5-3 汇报了变量间 Pearson 相关系数，被解释变量 *EFF* 与 *Treat* 在 1% 的水平上显著正相关，相关系数为 0.393，初步说明卖空机制的引入有利于企业创新效率的提高，为假设 H5 提供了初步支持。其余变量中，企业规模越大、资产负债率越高、股权集中度越高、企业年龄越大、盈利能力越强、股权性质为国有属性时，创新效率越低；而资本性支出强度越高时，创新效率越高。此外，除了国有产权性质与企业年龄相关系数高于 0.5，控制变量间相关系数较小，回归模型受多重共线性干扰的可能性较低。变量相关性分析结果为假设 H5 的成立提供了初步支持，但卖空机制与创新效率的因果关系判定，仍需使用多期双重差分模型进行多元回归分析。

表 5-3 变量间 Pearson 相关系数

	EFF	*Treat*	*Size*	*Lev*	*Capex*	*Con5*	*Age*	*ROA*	*SOE*
EFF	1								
Treat	0.393***	1							
Size	-0.652***	0.404***	1						
Lev	-0.253***	0.171***	0.329***	1					
Capex	0.047***	-0.067***	-0.097***	-0.098***	1				
Con5	-0.130***	0.036***	0.236***	0.036***	0.027**	1			
Age	-0.216***	0.346***	0.455***	0.470***	-0.244***	-0.117***	1		
ROA	-0.085***	0.059***	-0.103***	-0.419***	0.109***	0.093***	-0.259***	1	

续表

	EFF	Treat	Size	Lev	Capex	Con5	Age	ROA	SOE
SOE	-0.240***	0.210***	0.426***	0.379***	-0.140***	0.145***	0.513***	-0.179***	1

注：*、**、***分别表示双尾检验在10%、5%、1%的水平上显著。

5.3.3 多元回归分析

表5-4汇报了卖空机制对企业创新效率影响的回归结果。列（1）为只控制了公司和年份固定效应的回归结果，列（2）在列（1）的基础上汇报了加入其他控制变量后的回归结果。列（1）结果显示，在以基于随机前沿分析得出的创新效率作因变量时，*Treat* 的回归系数在1%的水平上显著为正（系数=0.145，t=4.77）。这说明相比非融券标的公司，标的公司在股票成为融券标的后，创新投入强度有了显著提高。

表5-4 卖空机制与企业创新效率

变量	(1)	(2)
	EFF	EFF
Treat	0.145*** (4.77)	0.113*** (3.87)
Size		-0.032*** (-7.96)
Lev		-0.022* (-1.85)
Capex		-0.038* (-1.90)
Con5		-0.035 (-0.77)
Age		-0.012*** (-8.82)
ROA		-0.047** (-2.03)
SOE		-0.005 (-0.46)
常数项	0.539*** (64.64)	1.255*** (14.73)

续表

变量	(1)	(2)
	EFF	*EFF*
公司	控制	控制
年份	控制	控制
样本量	7521	7521
调整后的 R^2	0.933	0.938

注：括号内是 t 值；*、**、***分别表示双尾检验在10%、5%、1%的水平上显著。

列（2）结果显示，在控制了一系列创新效率的影响因素后，*Treat* 的回归系数依然在1%的水平上显著为正（系数 = 0.113，t = 3.87）。回归结果表明，卖空机制的引入显著提高了企业创新效率。回归系数的经济含义说明，相较于非融券标的公司，融券标的公司在股票成为标的前后，创新效率的增长幅度与非标的公司的差值为0.113，约占该变量总样本均值的25.1%（0.113 ÷ 0.450），说明卖空机制的实施不仅在统计意义上促进了企业创新效率，在经济意义上这种促进作用同样显著。

5.4 稳健性检验

为了降低潜在内生问题对回归结果的干扰，本节从四个方面对回归结果进行稳健性检验：第一，使用倾向得分匹配法处理遗漏变量问题；第二，使用系统广义矩估计法处理反向因果和遗漏变量问题；第三，控制融资交易对解释变量估计结果的潜在影响；第四，替换创新效率的研究模型。

5.4.1 倾向得分匹配检验

公司股票能否成为融券标的可能会受公司层面特征的影响，这些特征可能同时影响企业的创新效率，从而造成遗漏变量的内生问题。本小节采用倾向得分匹配（Propensity Score Matching，PSM），通过为融券标的公司匹配特征接近的非融券标的公司，减少公司特征差异对回归结果的干扰。

与4.4.1小节匹配方法相同，本小节以2008—2015年所有非金融行业、非ST的公司为样本，使用基于Logit回归的模型（5-4）估算公司股票成为融券标的的倾向得分。参考侯青川等（2017）的研究，因变量为公司在样本期间内是否为融券标的公司（*List*），当公司股票在样本期内被纳入融券标的时，该变量为1，否则为0。解释变量包括公司流通股市值（*LnMV*）、换手率（*STO*）、股价波动率（*Volatility*），以及主板（*Main*）、中小板（*MS*）、创业板（*GE*），并控制了行业（*Industry*）和年份（*Year*）固定效应。变量具体定义见4.4.1小节，此处不再赘述。在此基础上，使用Logit回归方法估计公司股票成为融券标的的倾向得分，模型具体设定如下：

$$Pr(List=1)_{i,t}=\beta_0+\beta_1 LnMV_{i,t}+\beta_2 STO_{i,t}+\beta_3 Volatility_{i,t}+\beta_4 Main_{i,t}+\beta_5 MS_{i,t}+\beta_6 GE_{i,t}+\beta_7 Industry_i+\beta_8 Year_t+\varepsilon_{i,t} \tag{5-4}$$

根据倾向值得分，以公司股票成为融券标的前一年为基准时点，为每个融券标的公司匹配与之倾向得分最接近的非融券标的公司，随后为成功配对的公司合并各年度的观测样本。使用倾向得分最接近的1:1配对法，共得到3374个混合横截面样本。最后，使用经过PSM配对后的样本对假设H5进行检验。

表5－5汇报了检验结果，卖空机制（*Treat*）的回归系数在10%的水平上显著为正［列（1）中，系数＝0.071，$t=1.76$；列（2）中，系数＝0.053，$t=1.66$］，说明卖空机制的实施显著提高了企业创新效率，研究结论具备较高的稳健性，受遗漏变量问题影响的可能性较低。

表5－5　倾向得分匹配检验

变量	(1)	(2)
	EFF	*EFF*
Treat	0.071* (1.76)	0.053* (1.66)
Size		−0.033*** (−9.35)
Lev		−0.036*** (−2.59)
Capex		0.002 (0.06)
Con5		−0.055** (−1.98)
Age		−0.014*** (−13.95)

续表

变量	(1)	(2)
	EFF	*EFF*
ROA		-0.097 *** (-3.21)
SOE		-0.013 (-1.23)
常数项	0.498 *** (45.45)	1.302 *** (17.63)
公司	控制	控制
年份	控制	控制
样本量	3374	3374
调整后的 R^2	0.934	0.938

注：括号内是 t 值；*、**、***分别表示双尾检验在10%、5%、1%的水平上显著。

5.4.2 系统广义矩估计检验

与4.4.2小节类似，本小节使用系统广义矩估计进行稳健性检验。相较于倾向得分匹配，系统广义矩估计可以处理不可被观测的遗漏变量问题，同时也能缓解潜在的反向因果问题（Wintoki et al.，2012）。

模型设定上，在模型（5-3）的基础上加入因变量企业创新效率（*EFF*）的滞后一期变量作为模型的控制变量，并使用Stata软件中xtabond2命令进行回归分析，结果见表5-6。结果显示，Hansen检验的 p 值并不显著，说明模型的工具变量选取合适。AR（2）检验同样接受了原假设，说明不存在二阶序列相关，模型设定合适。表5-6中，卖空机制变量（*Treat*）的回归系数在列（1）与列（2）中分别在1%和5%的水平上显著为正［列（1）中，系数=0.065，$z=8.22$；列（2）中，系数=0.051，$z=2.07$］，实证结果再一次支持了假设H5。

表 5-6 系统广义矩估计

变量	(1)	(2)
	EFF_{t+1}	EFF_{t+1}
Treat	0.065*** (8.22)	0.051** (2.07)
EFF	0.203*** (3.21)	0.002 (0.04)
Size		-0.045*** (-3.69)
Lev		-0.033 (-0.67)
Capex		-0.055 (-1.23)
Con5		-0.039 (-0.37)
Age		0.020** (2.06)
ROA		-0.118 (-1.19)
SOE		0.386** (2.22)
常数项	0.354*** (12.16)	1.407*** (5.42)
公司	控制	控制
年份	控制	控制
AR (2) (p 值)	0.126	0.122
Hansen J (p 值)	0.413	0.352
样本量	5150	5150

注：括号内是 z 值；*、**、***分别表示双尾检验在 10%、5%、1% 的水平上显著。

5.4.3 控制融资交易的潜在影响

与 4.4.3 小节相同，为消除卖空机制实施效果受到融资交易的潜在干扰，参考张璇等（2016）的模型设计方法，本小节在模型（5-3）中进一步控制了融资交易对企业创新效率的影响，将融资交易的潜在影响从卖空机制衡量变量中分离出来。具体而言，在模型（5－3）的基础上加入融资交易额（*Margin*），以当年个股的融资买入额与个股交易总金额之比衡量。

表5－7汇报了回归结果。结果表明，在加入了融资交易额变量（*Margin*）后，卖空机制识别变量（*Treat*）仍在1%的水平上显著为正［列（1）中，系数=0.105，t=3.96；列（2）中，系数=0.095，t=3.13］，说明卖空机制的引入显著提高了企业创新效率，实证结果不受融资交易的潜在干扰，具有较高的稳健性。

表5－7 控制融资交易的潜在影响

变量	(1)	(2)
	EFF	*EFF*
Treat	0.105*** (3.96)	0.095*** (3.13)
Margin	−0.011 (−0.57)	−0.029* (−1.70)
Size		−0.031*** (−16.72)
Lev		−0.029*** (−3.93)
Capex		−0.046*** (−3.44)
Con5		−0.029 (−1.59)
Age		−0.012*** (−18.66)
ROA		−0.068*** (−4.47)
SOE		−0.005 (−0.70)
常数项	0.537*** (62.09)	1.233*** (31.96)
公司	控制	控制

续表

变量	(1)	(2)
	EFF	*EFF*
年份	控制	控制
样本量	7336	7336
调整后的 R^2	0.934	0.939

注：括号内是 t 值；*、**、*** 分别表示双尾检验在 10%、5%、1% 的水平上显著。

5.4.4 估计创新效率的替代模型

现有文献中，除了使用随机前沿分析法直接测量创新效率外，一部分研究以创新产出作为因变量，并在控制变量中加入创新投入，以控制解释变量对创新投入的影响，此时解释变量的系数反映了对创新产出的直接影响。由于产出由投入和效率决定，解释变量对创新产出的直接影响即对创新效率的影响（Hirshleifer et al.，2012；Sunder et al.，2017；陈习定等，2018）。本小节采用这一方法，进一步地排除变量测量偏误的内生问题对估计结果的干扰。

模型设定上，在模型（5－3）的基础上，将因变量替换为创新产出的衡量变量，使用（1＋发明专利申请并最终授权数量）的自然对数（ln*INV*）衡量；创新投入依旧使用创新投入强度（*RDA*）衡量；解释变量和控制变量与模型（5－3）相一致。样本期间设定在 2007—2015 年，样本筛选方法与 5.2.1 小节一致。回归模型的具体设定如下：

$$\ln INV_{i,t+1} = \beta_0 + \beta_1 Treat_{i,t} + \beta_2 RDA_{i,t} + \beta_3 Size_{i,t} + \beta_4 Lev_{i,t} + \beta_5 Capex_{i,t} + \beta_6 Con5_{i,t} + \beta_7 Age_{i,t} + \beta_8 ROA_{i,t} + \beta_9 SOE_{i,t} + \beta_{10} Firm_i + \beta_{11} Year_t + \varepsilon_{i,t} \quad (5-5)$$

表 5－8 汇报了稳健性检验结果。列（1）中，在控制了企业创新投入强度（*RDA*）与公司、年份固定效应时，卖空机制（*Treat*）的回归系数在 1% 水平上显著为正（系数＝0.145，$t=3.91$），表明卖空机制的引入显著提高了企业创新效率。列（2）中，在加入了一系列创新效率的影响因素后，卖空机制（*Treat*）的回归系数在 1% 的水平上仍然显著（系数＝0.101，$t=2.79$）。回归结果说明，创新效率的估计方法不会影响研究结论的稳健性。

表 5-8 更换创新效率估计模型

变量	(1)	(2)
	lnINV	lnINV
Treat	0.145*** (3.91)	0.101*** (2.79)
RDA	8.507*** (7.49)	8.627*** (7.74)
Size		0.159* (1.72)
Lev		0.060 (0.99)
Capex		0.009 (0.06)
Con5		-0.555*** (-2.84)
Age		0.024 (0.78)
ROA		0.289 (1.41)
SOE		0.033 (0.64)
常数项	0.529*** (25.10)	-2.867*** (-6.83)
公司	控制	控制
年份	控制	控制
样本量	18074	18074
调整后的 R^2	0.789	0.792

注：括号内是 t 值；*、**、***分别表示双尾检验在 10%、5%、1% 的水平上显著。

5.5 影响机制检验

根据前文理论分析，卖空机制可能通过三种机制提升企业创新效率：第一，信息反馈机制。卖空机制的引入提高了股价信息含量，来自股价的增量信息反馈提升了经理人创新项目的识别能力。第二，投入持续性增强机制。卖空机制的引入减少了经理人机会主义的研发支出削减，提高了创新投入的持续性。第三，研发人员激励机制。卖空机制的引入有利于提高企业研发人员股权激励的有效性与实施水平，治理研发人员在企业创新中的代理问题，促进了企业创新效率。本节运用中介效应检验等方法，重点对上述三种影响机制进行检验，探讨卖空机制提升企业创新效率的内在机制。

5.5.1 信息反馈机制

在信息反馈机制下，卖空机制的引入通过提升股价信息含量，减少经理人错误的创新项目选择，有利于提高企业创新效率。本节同样采用中介效应检验模型，具体分为以下三步进行检验：

第一步：检验卖空机制对企业创新效率的影响（已验证）。

第二步：检验卖空机制对股价信息含量的影响。检验模型设定如下：

$$PI_{i,t+1} = \beta_0 + \beta_1 Treat_{i,t} + \beta_2 RDA_{i,t} + \beta_3 Size_{i,t} + \beta_4 Lev_{i,t} + \beta_5 Capex_{i,t} + \beta_6 Con5_{i,t} + \beta_7 Age_{i,t} + \beta_8 ROA_{i,t} + \beta_9 SOE_{i,t} + \beta_{10} Firm_i + \beta_{11} Year_t + \varepsilon_{i,t} \tag{5-6}$$

模型（5-6）中，因变量为公司股价信息含量（PI），参考 Durnev 等（2003）的研究，首先使用模型（5-7）估算个股的 R^2，代表个股收益波动中能被市场与行业收益解释的部分，对应未能被解释的部分为（$1-R^2$），并用方程（5-8）进行对数转化，使之呈正态分布形式（钟覃琳、陆正飞，2018）。转化后的对数形式的（$1-R^2$）即 PI，PI 的值越大，说明公司股价的信息含量越高。

$$r_{i,t} = \beta_0 + \beta_1 r_{m,t} + \beta_2 r_{I,t} + \varepsilon_{i,t} \tag{5-7}$$

$$PI_{i,t} = \ln\left(\frac{1 - R_{i,t}^2}{R_{i,t}^2}\right) \tag{5-8}$$

模型（5-7）中，$r_{i,t}$ 为个股 i 第 t 周收益率；$r_{m,t}$ 为第 t 周的市场收益率；$r_{I,t}$ 是行业 I 第 t 周的收益率，度量方法为

$$r_{I,t} = \frac{\sum_{j \in I} w_{j,t}\, r_{j,t}}{\sum_{j \in I} w_{j,t}} \tag{5-9}$$

其中，$w_{j,t}$ 是根据股票流通市值计算的股票 j 在行业 I 中的权重。

如果卖空机制的引入提高了股价信息含量，则需进行第三步检验。

第三步：检验卖空机制与股价信息含量对企业创新效率的影响。模型设定如下：

$$EFF_{i,t+1} = \beta_0 + \beta_1 Treat_{i,t} + \beta_2 PI_{i,t} + \beta_3 Size_{i,t} + \beta_4 Lev_{i,t} + \beta_5 Capex_{i,t} + \beta_6 Con5_{i,t} + \beta_7 Age_{i,t} + \beta_8 ROA_{i,t} + \beta_9 SOE_{i,t} + \beta_{10} Firm_i + \beta_{11} Year_t + \varepsilon_{i,t} \quad (5-10)$$

模型（5－10）中，如果卖空机制是通过提高股价信息含量促进了企业创新效率，那么卖空机制（*Treat*）的回归系数应显著为正，并且中介变量股价信息含量（*PI*）的系数应显著为正。卖空机制的回归系数显著，表明股价信息含量的提高部分中介了卖空机制对企业创新效率的影响，从而证实了股价引导机制的存在；卖空机制回归系数不显著，则说明股价信息含量完全中介了卖空机制对企业创新效率的影响。

表5－9汇报了中介效应检验的回归结果。列（1）中，当因变量为股价信息含量（*PI*）时，卖空机制识别变量（*Treat*）的回归系数在1%的水平上显著为正（系数＝0.136，t＝4.97），表明卖空机制的引入显著提高了股价信息含量，这一发现也与孟庆斌等（2019）的研究结论相一致。列（2）中，当因变量为企业创新效率（*EFF*）时，卖空机制的标识变量（*Treat*）回归系数显著为正（系数＝0.067，t＝3.10），并且股价信息含量（*PI*）的回归系数在1%的水平上显著为正（系数＝0.002，t＝2.58），说明股价信息含量与企业创新效率正相关。结果说明，卖空机制通过提高股价信息含量，促进了企业的创新效率，股价信息含量的提高部分中介了卖空机制对企业创新效率的正向影响，实证结果支持了卖空机制影响企业创新效率的信息反馈机制。

表5－9　信息反馈机制检验

变量	(1)	(2)
	PI	*EFF*
Treat	0.136***	0.067***
	(4.97)	(3.10)
PI		0.002***
		(2.58)
Size	−0.236***	−0.025*
	(−10.41)	(−1.74)

续表

变量	(1)	(2)
	PI	*EFF*
Lev	0.573 ***	-0.034
	(7.95)	(-1.49)
Capex	-0.151	-0.045
	(-0.98)	(-0.91)
Con5	0.137	-0.012 ***
	(0.70)	(-8.20)
Age	0.092 ***	-0.057 **
	(19.07)	(-2.07)
ROA	-0.683 ***	-0.003
	(-4.48)	(-0.24)
SOE	0.062	-0.025 *
	(1.08)	(-1.74)
常数项	2.767 ***	1.234 ***
	(6.91)	(12.68)
公司	控制	控制
年份	控制	控制
样本量	16393	6678
调整后的 R^2	0.568	0.941

注：括号内是 t 值；*、**、***分别表示双尾检验在10%、5%、1%的水平上显著。

5.5.2 投入持续性增强机制

在投入持续性增强机制下，卖空机制的引入通过减少经理人削减研发支出的真实盈余管理行为，促进了创新投入的持续性，从而提高了企业创新效率。本小节同样采用中介效应检验模型，通过以下三步对这一机制进行检验：

第一步：检验卖空机制对企业创新效率的影响（已验证）。

第二步：检验卖空机制对异常研发支出削减（Gunny，2010）的影响。检验模型具体设定如下：

$$R\&D\_\ Cut_{i,t+1} = \beta_0 + \beta_1\ Treat_{i,t} + \beta_2 Size_{i,t} + \beta_3\ Lev_{i,t} + \beta_4\ Capex_{i,t} + \beta_5\ Con5_{i,t} + \beta_6\ Age_{i,t} + \beta_7\ ROA_{i,t} + \beta_8\ SOE_{i,t} + \beta_9\ Firm_i + \beta_{10} Year_t + \varepsilon_{i,t} \tag{5-11}$$

模型（5－11）中，$R\&D\_Cut$ 为异常研发支出削减，代表企业基于真实活动盈余管理的研发支出削减行为。根据 Gunny（2010），首先估算回归模型（5－12）的残差项，得到企业异常的研发支出水平：

$$\frac{R\&D_{i,t}}{A_{i,t-1}} = \beta_0 + \beta_1 \frac{1}{A_{i,t-1}} + \beta_2 Q_{i,t} + \beta_3 \frac{INT_{i,t}}{A_{i,t-1}} + \beta_4 \frac{R\&D_{i,t-1}}{A_{i,t-1}} + \varepsilon_{i,t}^{R\&D} \tag{5-12}$$

模型（5－12）中，$R\&D$ 为企业研发支出，A 为企业年末总资产，二者的比值反映了企业创新投入水平；Q 为托宾 Q 值；INT 为企业当年扣除折旧摊销费用前的营业利润。使用模型（5－12）按照行业和年份对所有样本进行回归分析，模型残差项 $\varepsilon_{i,t}^{R\&D}$ 衡量了企业当年的异常研发支出，该值为负数时，说明企业通过削减研发支出进行了真实盈余管理。异常研发支出削减的定义如下：

$$R\&D\_Cut_{i,t} = -1 \times \varepsilon_{i,t}^{R\&D} \times Indicator(\varepsilon_{i,t}^{R\&D} < 0) \tag{5-13}$$

模型（5－13）中，$Indicator(\varepsilon_{i,t}^{R\&D} < 0)$ 是一个指示函数，当残差项 $\varepsilon_{i,t}^{R\&D} < 0$ 时，取值为 1，否则取值为 0。$R\&D\_Cut$ 值越大，说明企业通过削减研发支出的真实盈余管理程度越高。如果模型（5－11）中解释变量卖空机制的回归系数显著为负数，则说明卖空机制的引入减少了企业通过削减研发支出的盈余管理活动。此时需要进行第三步检验。

第三步：检验卖空机制与异常研发支出削减对企业创新效率的影响。模型设定如下：

$$EFF_{i,t+1} = \beta_0 + \beta_1 Treat_{i,t} + \beta_2 R\&D\_Cut_{i,t} + \beta_3 Size_{i,t} + \beta_4 Lev_{i,t} + \beta_5 Capex_{i,t} + \beta_6 Con5_{i,t} + \beta_7 Age_{i,t} + \beta_8 ROA_{i,t} + \beta_9 SOE_{i,t} + \beta_{10} Firm_i + \beta_{11} Year_t + \varepsilon_{i,t} \tag{5-14}$$

模型（5－14）中，因变量为企业创新效率（EFF），此时需要观察自变量卖空机制（$Treat$）和研发支出异常削减（$R\&D\_Cut$）的回归系数，若卖空机制回归系数显著为正且研发支出削减显著为负，则说明减少研发支出异常削减是卖空机制提高企业创新效率的机制之一。

表 5－10 汇报了模型（5－11）和模型（5－14）的回归结果。列（1）中，卖空机制（$Treat$）的回归系数在 10% 的水平上显著为负（系数 = －0.001，$t = -1.86$），说明卖空机制的引入显著减少了企业异常研发支出削减，遏制了经理人基于研发支出操纵的真实盈余管理，增强了创新投入的持

续性。列（2）中，将异常研发支出削减和卖空机制同时作为自变量时，卖空机制（*Treat*）的回归系数在1%的水平上显著为正（系数 = 0.084，t = 3.05），并且异常研发支出削减（*R&D_ Cut*）的回归系数在1%的水平上显著为负（系数 = −0.862，t = −4.78），说明异常研发支出削减程度的增加会降低企业创新效率。

实证结果表明，卖空机制的引入通过降低企业异常的研发支出削减，提高了企业创新效率，异常研发支出削减的减少部分中介了卖空机制对创新效率的影响。综上，卖空机制的引入通过增强创新投入持续性，促进了企业创新效率，实证结果支持了卖空机制影响企业创新效率的投入持续性增强机制。

表5-10 投入持续性增强机制检验

变量	(1)	(2)
	R&D_ Cut	*EFF*
Treat	−0.001 *	0.084 ***
	(−1.86)	(3.05)
R&D_ Cut		−0.862 ***
		(−4.78)
Size	−0.005 ***	−0.034 ***
	(−23.92)	(−5.09)
Lev	0.001	−0.033 *
	(1.45)	(−1.65)
Capex	0.001	−0.018
	(0.40)	(−0.58)
Con5	−0.004 **	−0.030
	(−2.44)	(−0.58)
Age	0.001 ***	−0.011 ***
	(11.65)	(−5.84)
ROA	0.008 ***	−0.100 ***
	(4.45)	(−2.72)
SOE	−0.001	−0.003
	(−1.10)	(−0.19)
常数项	0.096 ***	1.508 ***
	(14.19)	(16.61)

续表

变量	(1)	(2)
	R&D_ Cut	EFF
公司	控制	控制
年份	控制	控制
样本量	9998	4505
调整后的 R^2	0.465	0.954

注：括号内是 t 值；*、**、***分别表示双尾检验在 10%、5%、1% 的水平上显著。

5.5.3 研发人员激励机制

在研发人员激励机制下，卖空机制可能通过两个方面影响企业创新效率：第一，卖空机制的引入有利于增强股东对研发人员实施股权激励的意愿，提高研发人员股权激励水平；第二，卖空机制的引入有利于提高研发人员股权激励的有效性，进一步促进股权激励对创新效率的提高作用。对于这一机制下的第一种子机制，本小节同样采用中介效应模型进行检验；对于第二种子机制，本小节采用调节效应模型进行检验。

首先，第一种子机制的中介效应模型检验包括以下三步：

第一步：检验卖空机制对企业创新效率的影响（已验证）。

第二步：检验卖空机制对研发人员股权激励水平的影响。检验模型设定如下：

$$EMP\_INC_{i,t+1} = \beta_0 + \beta_1 Treat_{i,t} + \beta_2 Size_{i,t} + \beta_3 Lev_{i,t} + \beta_4 Capex_{i,t} + \beta_5 Con5_{i,t} + \beta_6 Age_{i,t} + \beta_7 ROA_{i,t} + \beta_8 SOE_{i,t} + \beta_9 Firm_i + \beta_{10} Year_t + \varepsilon_{i,t} \tag{5-15}$$

模型（5－15）中，EMP_INC 为研发人员股权激励的衡量变量，使用 ln（1＋授予核心技术业务人员权益数量）衡量，自变量为卖空机制（*Treat*），控制变量与模型（5－3）保持一致。如果卖空机制变量系数显著为正，则说明卖空机制的实施提高了研发人员股权激励水平，此时进行第三步检验。

第三步：检验卖空机制与研发人员股权激励对企业创新效率的影响。检验模型设定如下：

$$EFF_{i,t+1} = \beta_0 + \beta_1 Treat_{i,t} + \beta_2 EMP\_INC_{i,t} + \beta_3 Size_{i,t} + \beta_4 Lev_{i,t} + \beta_5 Capex_{i,t} + \beta_6 Con5_{i,t} + \beta_7 Age_{i,t} + \beta_8 ROA_{i,t} + \beta_9 SOE_{i,t} + \beta_{10} Firm_i +$$

$$\beta_{11} Year_t + \varepsilon_{i,t} \quad (5-16)$$

模型（5-16）中，因变量为企业创新效率（*EFF*），自变量为卖空机制（*Treat*），此时如果卖空机制的变量系数显著为正，且研发人员股权激励变量（*EMP_ INC*）的回归系数同样显著为正，则说明卖空机制的实施与研发人员股权激励均能对企业创新效率产生积极影响。结合第二步回归结果，则可证明卖空机制的实施通过提高研发人员股权激励水平，促进研发人员的创新参与，进而提升了企业创新效率。

第二种子机制检验采用调节效应模型，在模型（5-3）的基础上加入研发人员股权激励（*EMP_ INC*）与卖空机制（*Treat*）的交乘项（*Treat×EMP_ INC*），如果交乘项系数显著为正，说明卖空机制的引入增强了研发人员股权激励对企业创新效率的贡献水平，则第二种子机制成立。

表5-11中列（1）为模型（5-15）的回归结果。列（1）中，卖空机制的回归系数在5%的水平上显著为正（系数=0.397，$t=2.17$），说明卖空机制的引入显著提高了研发人员股权激励水平。列（2）中，当同时加入卖空机制与研发人员股权激励，两个变量的回归系数均在1%的水平上显著为正，说明卖空机制的引入通过提高企业研发人员股权激励水平，提高了企业创新效率，并且研发人员股权激励发挥了部分中介效应。实证结果支持了第一种子机制。

表5-11　研发人员激励机制检验

变量	(1)	(2)	(3)
	EMP_ INC	*EFF*	*EFF*
Treat	0.397** (2.17)	0.081*** (3.23)	0.076*** (3.76)
EMP_ INC		0.001*** (3.67)	0.001*** (4.51)
Treat×EMP_ INC			0.001*** (2.86)
Size	0.849*** (8.81)	-0.044*** (-15.97)	-0.044*** (-15.99)
Lev	0.669** (2.00)	-0.034*** (-4.02)	-0.034*** (-4.01)

续表

变量	(1)	(2)	(3)
	EMP_INC	EFF	EFF
Capex	2.540***	-0.030*	-0.029*
	(2.81)	(-1.80)	(-1.76)
Con5	-4.786***	0.005	0.005
	(-5.24)	(0.22)	(0.22)
Age	0.459	0.009	0.009
	(1.06)	(0.80)	(0.79)
ROA	2.548***	-0.033**	-0.033**
	(4.61)	(-2.03)	(-2.04)
SOE	-0.758**	-0.005	-0.005
	(-2.49)	(-0.57)	(-0.54)
常数项	-17.666***	1.481***	1.483***
	(-7.11)	(24.97)	(24.98)
公司	控制	控制	控制
年份	控制	控制	控制
样本量	16923	7529	7529
调整后的 R^2	0.595	0.938	0.938

注：括号内是 t 值；*、**、***分别表示双尾检验在10%、5%、1%的水平上显著。

列（3）汇报了第二种子机制的检验结果，其中卖空机制与研发人员股权激励的交乘项（$Treat \times EMP\_INC$）系数在1%的水平上显著为正（系数=0.001，$t=2.86$），说明卖空机制的引入同样提高了研发人员股权激励对企业创新效率的边际贡献，增强了股权激励对创新效率的正向影响，实证结果支持了第二种子机制。

回归结果说明，卖空机制的引入通过提高研发人员股权激励水平，并且通过增强研发人员股权激励实施的有效性，共同对企业创新效率发挥了促进作用，研发人员激励机制得到支持。

5.6 进一步分析

本节包含三部分内容，与4.6节相类似，前两个小节分别从卖空机制的制度发展和企业所在行业的特征层面，进一步探讨影响卖空机制对企业创新效率促进作用的内外部因素，为政策修订提供理论参考。具体而言，5.6.1小节从卖空约束缓解的角度，研究卖空机制对企业创新效率的影响是否会受到卖空约束缓解的影响；5.6.2小节从行业创新强度的角度，探讨卖空机制对企业创新效率的促进作用是否会受到企业所在行业创新特征的影响；5.6.3小节基于第4章和本章的研究结论，进一步探讨在创新投入与效率均得到显著提升的情况下，卖空机制是否提高了企业创新水平。

5.6.1　卖空约束缓解的调节效应

2013年2月28日转融券制度的推出，缓解了券商券源不足的问题，降低了投资者卖空交易的制度约束。理论上，卖空约束的缓解应有利于促进卖空机制实施效果的进一步提升，增强对企业创新效率的促进作用。具体原因如下：

第一，在卖空约束缓解后，投资者可以更高强度地进行卖空交易，促进了卖空机制实施对股价信息含量的提升作用（苏冬蔚、倪博，2018），有利于提升股价的决策引导功能，促进企业创新效率。

第二，在卖空约束缓解后，卖空机制通过事前威慑产生的“治理效应”也会得到进一步增强（刘亭立、姜莹，2019）。股东此时也会更加重视企业创新，提高研发人员的股权激励水平。

第三，卖空约束的缓解通过增强卖空机制的“治理效应”，应会增强卖空机制对经理人行为的治理作用，减少基于研发支出削减的真实活动盈余管理，提高创新投入持续性。

据此推论：转融券制度的推出，能够缓解卖空交易的券源约束，提高卖空机制的实施效果，卖空机制对企业创新效率的正向影响应会得到进一步提升。基于上述分析，本书提出以下研究假设：

H6：卖空约束缓解进一步增强了卖空机制对企业创新效率的正向影响。

（1）模型设定与变量定义

基于融券制度和转融券制度分批次实施的特点，本小节构建多期双重差分模型（5-17）进行检验，具体设定如下：

$$EFF_{i,t+1} = \beta_0 + \beta_1 Treat_{i,t} \times After_{i,t} + \beta_2 Treat_{i,t} + \beta_3 Size_{i,t} + \beta_4 Lev_{i,t} + \beta_5 Capex_{i,t} + \beta_6 Con5_{i,t} + \beta_7 Age_{i,t} + \beta_8 ROA_{i,t} + \beta_9 SOE_{i,t} + \beta_{10} Firm_i +$$

$$\beta_{11} Year_t + \varepsilon_{i,t} \tag{5-17}$$

模型（5-17）中，因变量与控制变量的设定与模型（5-3）相同。解释变量的设定与模型（4-10）相同，*After* 为时间类别变量，当年份为融券标的成为转融券标的及之后的年份时，该变量为1，其余情况为0。交乘项 *Treat* × *After* 是解释变量，其系数反映了卖空约束缓解对卖空机制与企业创新效率关系的影响，其值为1时代表融券标的在当年同为转融券标的。模型（5-17）中，交乘项变量均进行了均值中心化处理以克服多重共线性的影响。模型对标准误进行了企业层面的聚类处理。为了消除异常值对估计结果的影响，模型中所有连续变量在上下1%的水平进行了双边缩尾处理。

（2）回归结果分析

回归结果见表5-12。列（1）中，在控制了公司与年份固定效应后，解释变量（*Treat* × *After*）的回归系数在1%的水平上显著为正（系数=0.023，t=4.83），并且卖空机制（*Treat*）的系数依然为正向显著（系数=0.058，t=3.31）。列（2）中，在加入一系列控制变量后，解释变量（*Treat* × *After*）的回归系数仍在5%的水平上正显著（系数=0.015，t=2.01），卖空机制（*Treat*）的系数在1%的水平上正显著（系数=0.037，t=2.68）。回归结果说明，卖空约束的缓解进一步增强了卖空机制对企业创新效率的提升作用，实证结果支持了假设H6。

表5-12　卖空约束缓解的调节效应

变量	(1)	(2)
	EFF	*EFF*
Treat × *After*	0.023*** (4.83)	0.015** (2.01)
Treat	0.058*** (3.31)	0.037*** (2.68)
Size		-0.056*** (-11.86)
Lev		-0.022** (-2.07)
Capex		-0.074*** (-4.03)

续表

变量	(1)	(2)
	EFF	*EFF*
Con5		-0.038 (-0.91)
Age		-0.009 *** (-9.29)
ROA		-0.078 *** (-3.35)
SOE		-0.005 (-0.44)
常数项	0.459 *** (920.60)	1.745 *** (17.38)
公司	控制	控制
年份	控制	控制
样本量	7521	7521
调整后的 R^2	0.904	0.943

注：括号内是 t 值；*、**、***分别表示双尾检验在10%、5%、1%的水平上显著。

5.6.2 行业创新强度的调节效应

创新对不同行业企业的影响存在明显差异，在生物与医疗科技、电子通信、航天航空等高科技行业，创新水平与企业业绩的敏感性较高，创新水平在很大程度上决定了企业的生存与发展（Hong，et al.，2016；Moshirian et al.，2019）。卖空机制对创新效率的影响应与企业所在行业的创新强度有关。

第一，在创新强度较高的行业中，基于创新水平对企业的重要意义，经理人对外界创新信息的需求程度更高。根据信息反馈机制，只有当经理人对市场的信息反馈表现出较高的学习意愿时，这些信息才更有可能被融入创新决策的制定，发挥效率的提升作用。

第二，在创新强度较高的行业中，研发人员是企业的宝贵财产，股东也能充分意识到研发人员对企业创新效率的重要影响，因此更有可能通过提高研发人员股权激励水平，促进企业创新效率；此外，鉴于创新水平对这类行业企业的重要影响，研发人员在卖空机制的外部威慑下，创新参与意愿更强，股权激励的实施效果得到了进一步提升。

第三，在这类行业中，卖空投资者更加关注企业的创新水平，因此对经理人研发支出的操控和削减行为的容忍度更低，“事前威慑”效果会更加显著，经理人通过研发支出削减进行盈余管理的成本应会更高。综上，卖空机制应会对创新强度较高行业中企业的创新效率产生更加显著的促进作用，据此提出以下研究假设：

H7：在创新强度较高的行业中，卖空机制对企业创新效率的正向影响更加显著。

（1）模型与变量定义

参考 Moshirian 等（2019），本小节使用行业内上市公司创新投入强度（*RDA*）的均值代表行业创新强度。接着，按年计算所有行业创新投入强度的中位数，当行业创新强度高于当年所有行业中位数时，定义为创新强度较高行业（*High_ R&D* =1），反之则为创新强度较低行业（*High_ R&D* =0），行业划分使用 2012 版行业代码。在此基础上，使用模型（5 -3）对假设 H7 进行分组回归检验。

（2）回归结果分析

表 5 -13 报告了假设 H7 的检验结果。列（1）和列（2）分别汇报了行业创新强度较高和较低组的回归结果。结果显示，卖空机制（*Treat*）的引入对行业创新强度较高（*High_ R&D* =1）的企业创新效率，在 1% 的水平上产生了显著正向影响［列（1）中，系数 =0.012，t =3.21］；而对行业创新强度较低（*High_ R&D* =0）的企业创新效率，在 10% 的水平上存在显著正向影响［列（2）中，系数 =0.008，t =1.92］。

表 5 -13　行业创新强度的调节效应

变量	(1)	(2)
	EFF	*EFF*
	High_ R&D =1	*High_ R&D* =0
Treat	0.012***	0.008*
	(3.21)	(1.92)
Size	-0.029***	-0.031***
	(-5.50)	(-4.84)

续表

变量	(1)	(2)
	EFF	*EFF*
	High_ R&D =1	*High_ R&D* =0
Lev	-0.047**	-0.012
	(-2.12)	(-0.81)
Capex	-0.064**	-0.025
	(-2.31)	(-0.92)
Con5	0.065	-0.041
	(1.33)	(-0.67)
Age	-0.011***	-0.012***
	(-6.31)	(-5.73)
ROA	-0.022	-0.052*
	(-0.57)	(-1.67)
SOE	0.005	-0.011
	(0.20)	(-1.12)
常数项	1.126***	1.263***
	(10.37)	(9.46)
公司	控制	控制
年份	控制	控制
系数差异检验（*P* 值）	0.014**	
样本量	3151	4370
调整后的 R^2	0.961	0.935

注：括号内是 *t* 值；*、**、***分别表示双尾检验在10%、5%、1%的水平上显著。

本小节使用似无相关检验方法对组件系数差异进行检验，结果显示两组间卖空机制（*Treat*）的系数差异在5%的水平上显著，说明卖空机制的引入对所在行业创新强度较高的企业影响更加显著。

5.6.3 卖空机制对企业创新水平的影响

根据第 4 章与第 5 章的研究结论，卖空机制一方面通过发挥“治理效应”，增强了企业内源融资能力和经理人创新意愿，显著提高了企业创新投入强度；另一方面，卖空机制通过发挥“信息效应”和“治理效应”，增强了企业对创新资源的配置水平，显著提高了企业创新效率。由于企业创新水平取决于企业创新投入强度和创新效率，在创新投入与创新效率均得到显著提高的情况下，卖空机制的引入应会有效提升企业创新水平。据此提出以下研究假设：

H8：卖空机制的引入显著提高了企业创新水平。

（1）模型与变量定义

对于假设 H8 的检验，模型设定在模型（4－1）的基础上将因变量换为企业创新水平，解释变量与控制变量设定保持不变。考虑到专利申请数量数据存在截断性偏差问题，因此将样本期间限定为 2007—2015 年（Hirshleifer et al.，2012），模型具体设定如下：

$$\ln INV_{i,t+1} = \beta_0 + \beta_1 Treat_{i,t} + \beta_2 Size_{i,t} + \beta_3 Lev_{i,t} + \beta_4 Age_{i,t} + \beta_5 ROA_{i,t} + \beta_6 Capex_{i,t} + \beta_7 Tangibility_{i,t} + \beta_8 Analyst_{i,t} + \beta_9 HHI_{i,t} + \beta_{10} HHI2_{i,t} + \beta_{11} Firm_i + \beta_{12} Year_t + \varepsilon_{i,t} \quad (5-18)$$

模型（5－18）中，因变量为企业创新水平。现有文献以专利数量作为创新水平的衡量变量（Hirshleifer et al.，2012），与现有研究相一致，本小节使用（1＋发明专利申请并最终授权数量）的自然对数（ln*INV*）衡量。使用当年申请并最终授权数量，是因为专利申请到授权时间较长（平均 3～4 年），申请数量反映了企业在当年的创新水平，而授权数量反映的是企业在以前某一期间的创新水平，不符合因变量的设定要求。其次，鉴于实用新型和外观设计专利创新价值较低，不适合作为企业创新产出，因此只使用发明专利作为创新活动的产出成果。

（2）回归结果分析

表 5－14 汇报了卖空机制对企业创新水平的影响。列（1）结果显示，在控制了公司、年份固定效应后，卖空机制（*Treat*）的回归系数在 1% 的水平上显著为正（系数＝0.128，t＝3.35）。

表 5－14　卖空机制对企业创新水平的影响

变量	(1)	(2)
	ln*INV*	ln*INV*
Treat	0.128***	0.101***
	(3.35)	(2.79)
Size		0.123***
		(5.74)

续表

变量	(1)	(2)
	lnINV	lnINV
Lev		0.016 (0.23)
Age		0.040*** (7.60)
ROA		0.212* (1.89)
Capex		0.049 (0.29)
Tangibility		0.261*** (2.76)
Analyst		0.005*** (2.85)
HHI		-2.216 (-0.59)
HHI2		10.456 (0.53)
常数项	0.602*** (28.78)	-2.175*** (-4.55)
公司	控制	控制
年份	控制	控制
样本量	15802	15802
调整后的 R^2	0.771	0.774

注：括号内是 *t* 值；*、**、***分别表示双尾检验在10%、5%、1%的水平上显著。

列（2）中，在加入了一系列企业创新的影响因素后，卖空机制（*Treat*）的回归系数在1%的水平上仍然显著（系数 = 0.101，$t = 2.79$），说明卖空机制的引入显著提高了企业创新水平。

回归系数的经济含义表明：卖空机制能够有效提高融券标的公司10.1%的发明专利申请并最终授权数量，验证了卖空机制对企业创新水平的促进作用。结果反映，卖空机制对企业创新水平的影响不仅在统计意义上显著，在经济意义上同样显著。实证结果说明，通过提高企业创新投入强度和企业创新效率，卖空机制最终促进了企业创新水平的有效提升。

5.7 结果讨论

创新投入的提高并不一定能够转化为成果产出，发挥价值提升功能；同理，创新产出的增加也可能是在牺牲效率的情况下实现的，因此也可能降低了企业价值。在企业创新过程中，效率是企业创新能力的重要体现，反映了企业对创新资源的配置水平。创新效率的提高才是提升企业价值的关键。

本章对卖空机制与企业创新效率关系的研究发现，卖空机制的引入显著提高了企业创新效率。实证结果表明，股票市场交易制度的完善不仅对企业创新投入产生了促进作用，还能提高企业资源配置能力。剖析这一现象产生的背后机制，上市公司创新效率主要与三方面因素有关：其一，在创新决策制定中，项目选择决定了企业资源的配置方向，能否选择技术可行且价值较高的创新项目是决定最终效率的第一要素。卖空机制的引入使对公司决策持负面看法的投资者拥有了表达私有信息的途径，这种信息的传递可以弥补经理人的信息缺陷，促使经理人有效地选择适合企业发展的创新项目。其二，在决策制定环节，能否保障创新资金的持续投入，减少随意的研发支出削减行为，对创新效率产生了重要影响。卖空机制通过发挥“事前威慑”作用，能够有效减少经理人为了短期业绩而削减研发支出的行为，保障了资金投入的持续性。其三，在决策执行环节，作为创新项目具体的执行主体，研发人员的创新参与对创新效率产生了重要影响。卖空机制通过增强股东对创新效率的关注，提高研发人员股权激励水平，有效增强了研发人员的创新参与度。并且，卖空机制通过增强股价对负面消息的反映，促进了股权激励的有效性，进一步激发了已获得股权激励研发人员的创新参与。在上述三条机制影响下，卖空机制有效地提高了企业创新效率。

进一步分析中，与第 4 章研究发现相一致，融券约束的缓解能够进一步增强卖空机制对创新效率的促进作用。市场监管部门可以考虑扩大转融券标的范围，进一步促进卖空机制对企业创新的正向影响，并在有效监管的前提下，降低卖空交易门槛。另外，卖空机制对创新效率的影响在高创新强度行业中更加显著。这是由于在这类行业中，创新水平更大程度地影响了企业生存和发展，经理人、股东和投资者对创新的重视，能够进一步放大三种影响机制下卖空机制对创新效率的影响效果。因此，下一步在扩大融券标的范围时，可以优先考虑将高创新强度行业的公司股票纳入其中。最终，伴随创新投入与效率的提高，卖空机制有效提升了企业创新水平，表现为发明专利申请并最终授权数量的显著增长。

5.8 本章小结

本章重点研究了卖空机制对企业创新效率的影响。基于2008—2015年我国A股非金融类上市公司样本，采用多期双重差分模型研究发现，上市公司在股票成为融券标的后，创新效率得到了显著提升，假设H5得到支持。在使用了PSM配对样本检验、系统广义矩估计检验，控制融资交易的潜在影响，以及替换创新效率估计模型后，卖空机制对企业创新效率的促进作用依然显著。影响机制检验发现，卖空机制是通过增强股价信息反馈、减少经理人异常研发支出削减，以及提高对研发人员股权激励的实施力度和有效性，发挥了创新效率的提升作用。进一步分析发现，卖空约束的缓解进一步提高了卖空机制对创新效率的正向影响，假设H6得到支持；在高创新强度行业中，卖空机制对创新效率的影响更加显著，假设H7得到支持；最终，卖空机制通过提高创新投入与创新效率，提升了最终的创新水平，假设H8得到支持。表5-15汇总了本章研究假设和检验结果。

表5-15 本章研究假设检验结果汇总

研究假设	检验结果	
H5	卖空机制的引入显著提高了企业创新效率	通过
H6	卖空约束缓解进一步增强了卖空机制对企业创新效率的正向影响	通过
H7	在创新强度较高的行业中，卖空机制对企业创新效率的正向影响更加显著	通过
H8	卖空机制的引入显著提高了企业创新水平	通过

6 企业创新对股价崩盘风险的影响

第 4 章和第 5 章分别从投入与效率角度，研究了卖空机制对企业创新的影响，分析了卖空机制促进企业创新的影响机制。本章在此基础上，从股价崩盘风险角度，进一步探讨企业创新在股票市场的经济效应，从创新投入和创新效率角度，研究企业创新对股价崩盘风险的影响，为第 7 章研究卖空机制对企业创新与股价崩盘风险关系的影响奠定了基础。

6.1 理论分析与假设提出

有效市场假说认为，在完全有效的市场中，股票价格总是完全反映了关于资产的所有可获得信息，股票价格与企业内在价值相一致，任何信息的公开披露均不会为投资者带来超额收益（Fama，1970）。然而，有效市场假说的成立依赖于严格的前提假设。现实中信息不对称问题普遍存在，投资者难以获取关于资产价值的完全信息，对信息的分析与处理能力也存在明显的个体差异，导致市场并不总是完全有效的。尤其在新兴股票市场中，市场监管效力较低，上市公司信息披露质量较差，投资者难以及时获取相关价值信息，由于坏消息未被股价及时反映导致的股价崩盘事件时有发生。那么，作为一类风险极高的资本投资，企业创新会对股价崩盘风险产生怎样的影响？根据 Jin 和 Myers（2006）构建的股价崩盘风险模型，在信息不对称的环境中，公司负面消息难以被股价及时反映。随着负面消息的不断累积，当达到某一临界点时，负面消息的集中释放会造成股价崩盘。基于我国股票市场现实制度背景，本节从投入与效率角度，分析企业创新影响股价崩盘风险的效果与机制。

作为创新活动强度的反映，创新投入的提高应会增加股价崩盘风险。首先，企业创新本质上是一种风险高、周期长的投资活动，创新产出的形态与价值也具有高度不确定性（Holmstrom，1989）。虽然创新成功能为企业带来持续竞争优势等上行收益，但创新失败也会对企业生产经营能力造成沉重打击，重庆啤酒的疫苗研发之路便是对创新风险的真实写照。并且，价值的不确定也是创新的固有特点，产出的成果价值可能严重偏离预期水平。尤其在公司治理水平较差的新兴资本市场，企业创新的高风险和不确定性又被进一步放大，创新投资整体上呈现出收益一损失非对称的特点，创新效率普遍较低（韩东林等，2016）。根据第5章的统计结果，上市公司创新效率均值仅为0.45，尚未达到理论上最高效率的一半。因此，伴随创新投入强度的不断提高，创新失败或产出价值较低等负面事件的发生概率也会升高，负面事件的发生是导致个股股价崩盘的必要条件。

其次，负面消息对股价崩盘风险的正向影响依赖于非对称的信息环境，只有当企业与投资者之间信息不对称较为严重，负面消息难以被股价及时反映时，这种消息的积聚才易导致股价崩盘。现有研究表明，创新型企业与投资者之间信息不对称程度较高，投资者难以及时获取企业创新的相关信息（Kim and Zhang，2016）。根据 Aboody 和 Lev（2000）的研究结果，这种信息不对称产生的原因主要有以下四点：第一，创新活动具有异质性特征，不同创新项目在研发投入、研发周期、研发难度等方面差异较大，项目间可比性较差，信息搜集成本也较高。普通投资者难以获得被观察公司创新项目研发情况的参照标准，进而难以评价企业创新投入的预期价值和项目执行效率。因此，即使上市公司在研发过程中遇到技术瓶颈或重大决策失误，投资者在缺少研发进度参照的情况下，难以及时对这类负面消息做出反应。第二，与实物和金融资产不同，创新资产缺少活跃的交易市场，外部投资者在缺少公允资产价格这类价值信号时，难以对创新产出的价值进行合理判断。第三，企业创新具有复杂性特征，创新过程涉及大量专业知识，相关信息披露包含大量专业术语，普通投资者并不具备相关知识储备，从公开信息披露中获取创新活动信息的难度较大，难以对企业创新项目的执行情况与创新价值进行评价，造成股价长期漂移现象（Hirshleifer et al.，2013）。第四，当前会计准则除了对企业研发支出出台了强制性披露要求，在创新进程、创新成果与创新过程重大变化等方面并未出台强制性的披露准则，造成上市公司创新信息披露不规范、内容过于简单等问题，进一步加剧了创新型企业与投资者之间的信息不对称（韩鹏、岳园园，2016）。

现实案例中，上市公司通常只会在创新失败时才对外披露，投资者难以及时获取创新的负面消息。2019年12月10日，海正药业（600267.SH）发布了资产减值准备公告，计提资产减值准备 17.2 亿元，次日股价大跌。随后，海正药业在 12 月 18 日回复上交所问询函中承认，大额的资产减值准备是由创新项目研发失败所致，2019 年共终止了 20 个研发项目。在此之前，海正药业从未公开披露研发项目失败信息。由此可见，创新强度的提高加剧了企业与投资者之间的信息不对称，尤其在当前上市公司创新信息披露缺乏统一规范的情况下（汪海粟、方中秀，2012），投资者获取与解读创新信息的能力较差，与企业创新相关的负面消息难以被股价及时反映。基于上述分析，虽然创新能够增强企业的市场竞争力，但也会增加企业负面消息的发生概率，加剧企业与投资者之间信息不对称。负面消息在信息不对称的环境中不断积累，当超过阈值时集中释放，股价崩盘就会发生。据此，本书提出以下研究假设：

H9：企业创新投入强度的提高增加了股价崩盘风险。

作为企业创新能力的反映，创新效率的提高应有助于缓解创新投入带来的股价崩盘风险。其原因在于，创新效率的提高降低了创新投入的下行风险。创新投入的提高并不会显著增加企业风险，创新失败、产出价值较低等负面事件发生的概率也较低。负面事件的发生是股价崩盘风险上升的必要条件，此时因负面消息积聚导致股价崩盘的风险较低。因此，提高企业创新效率有利于从“源头”减少创新负面事件的发生。基于上述原因，创新效率的提高应能有效缓解创新投入导致的股价崩盘风险。据此提出以下研究假设：

H10：企业创新效率的提高缓解了创新投入对股价崩盘风险的正向影响。

6.2 研究设计

6.2.1 数据来源与样本选取

本章样本选取与第 5 章基本一致，由于上市公司研发支出数据自 2006 年新版《企业会计准则》颁布起才开始披露，以 2007—2018 年为样本期间，进一步对样本进行了以下处理：① 剔除样本中的金融类企业；② 剔除变量缺失样本；③ 剔除 ST、PT 企业。最终得到 21835 家公司—年度观测样本。企业研发支出和相关财务数据均来自国泰安数据库。

6.2.2 变量定义

6.2.2.1 被解释变量

被解释变量为股价崩盘风险。参考现有文献（Kim 和 Zhang，2016；彭俞超等，2018），本书采用两种基于股票周收益率的方法衡量股价崩盘风险。为了计算这两个指标，首先按照模型（6－1）估算股票的特有收益率：

$$R_{i,t} = \beta_0 + \beta_1 R_{m,t-2} + \beta_2 R_{m,t-1} + \beta_3 R_{m,t} + \beta_4 R_{m,t+1} + \beta_5 R_{m,t+2} + \varepsilon_{i,t} \tag{6-1}$$

模式（6－1）中，$R_{i,t}$为股票 i 在第 t 周考虑现金红利再投资的收益率，$R_{m,t}$为市场第 t 周流通市值加权平均收益率。为了降低股票非同步交易的影响，本书参考 Dimson（1979）在模型中加入了市场收益率的超前与滞后项，并定义股票 i 在第 t 周经市场调整的个股特有收益率 $W_{i,t} = \ln(1 + \varepsilon_{i,t})$。接下来，本书根据个股特有收益率，构造以下两类衡量股价崩盘风险的变量：

（1）股价收益负偏态系数（$NCSKEW_{i,t}$）：

$$NCSKEW_{i,t} = -\left[n(n-1)^{3/2} \sum w_{i,t}^2\right] / \left[(n-1)(n-2)\left(\sum w_{i,t}^2\right)^{3/2}\right] \tag{6-2}$$

其中，n 为股票 i 第 t 年的交易周数。$NCSKEW$ 越大，股票收益率的负偏态程度越高，股价崩盘风险越高。

（2）股票收益上下波动率（$DUVOL_{i,t}$）：

$$DUVOL_{i,t} = \log\left\{\left[(n_u - 1)\sum_{DOWN} w_{i,t}^2\right] / \left[(n_d - 1)\sum_{UP} w_{i,t}^2\right]\right\} \tag{6-3}$$

其中，n_u（n_d）为股票 i 在第 t 年中的周特有收益率高于（低于）当年周特有收益率均值的周数；$\sum_{DOWN} w_{i,t}^2$（$\sum_{UP} w_{i,t}^2$）为低于（高于）均值的周特有收益率平方的累计值。$DUVOL$ 反映了股票收益率分布左偏程度，该变量值越大，左偏程度越高，股价崩盘风险越大。

6.2.2.2 解释变量

解释变量为企业创新投入强度。与第 4 章相同，本书使用企业研发支出与总资产比值（RDA），以及企业研发支出与主营业务收入比值（RDS）进行衡量。稳健性检验中使用了经行业调整后的创新投入强度（RDA_adj、RDS_adj），对研究假设进行稳健性检验。

6.2.2.3 控制变量

模型控制了以下影响企业股价崩盘风险的变量：Chen 等（2001）发现过高的换手率会增加股价崩盘风险，因此控制了月超额换手率（*DTURN*），以股票本年度月均换手率与上年度月均换手率之差衡量；Chen 等（2001）发现股票过往的特有收益率能够预测崩盘风险，过高的收益率往往伴随着更高的崩盘风险，因此模型控制了股票特有收益率（*RET*），以股票周特有收益率的年度均值衡量；基于相同的原因，模型控制了市值账面比（*MB*），以企业的市场价值与权益账面价值比衡量；企业规模对股价崩盘风险的预测能力已被大量研究证实，因此模型控制了企业规模（*Size*），以总资产的自然对数衡量；股价波动越大的股票崩盘风险越高，模型加入了股票特有收益率波动性（*SIGMA*），以股票周特有收益率均值的标准差衡量。此外，模型控制了企业资产负债率（*Lev*）和总资产利润率（*ROA*）。根据 Hutton 等（2009）的研究，盈余管理增加了企业股价崩盘风险，因此模型最后控制了操纵性应计利润（*ABACC*），采用操纵性应计利润的绝对值衡量，操纵性应计利润使用调整的 Jones 模型（Dechow et al.，1995）进行计算，具体公式如下：

$$\frac{TA_{i,t}}{Assets_{i,t-1}} = \beta_0 + \beta_1 \frac{1}{Assets_{i,t-1}} + \beta_2 \frac{\Delta Sales_{i,t} - \Delta REC_{i,t}}{Assets_{i,t-1}} + \beta_3 \frac{PPE_{i,t}}{Assets_{i,t-1}} + \varepsilon_{i,t} \tag{6-4}$$

模型（6-4）中，*TA* 为总应计利润，以净利润与经营现金流净值之差衡量；*Assets* 为企业年末总资产；$\Delta Sales$ 为企业年末主营业务收入变化值；ΔREC 为应收账款变化量，以企业年末应收账款净额的差值衡量；*PPE* 为企业固定资产净值。基于模型（6-4），分年度与行业进行回归。为了增强回归结果有效性，剔除了年内行业观测值少于 10 的样本。回归模型残差项的绝对值即操纵性应计利润。变量具体定义见表 6-1。

表 6-1　变量定义

变量类型	变量符号	变量定义
因变量	*NCSKEW*	股价收益负偏态系数，该值越大，股价崩盘风险越大
	DUVOL	股票收益上下波动率，该值越大，股价崩盘风险越大
自变量	*RDA*	创新投入强度，使用企业研发支出与总资产比值衡量
	RDS	创新投入强度，使用企业研发支出与主营业务收入比值衡量
调节变量	*EFF*	创新效率，企业实际创新产出与理论上最大产出的比值

续表

变量类型	变量符号	变量定义
控制变量	*DTURN*	月超额换手率，本年度月均换手率与上年度月均换手率之差
	RET	股票特有收益率，股票周特有收益率的年度均值
	MB	市值账面比，企业的市场价值与权益账面价值比
	Size	企业规模，总资产的自然对数
	SIGMA	股票特有收益率波动性，股票周特有收益率均值的标准差
	Lev	资产负债率，总负债与总资产之比
	ROA	总资产报酬率
	ABACC	操纵性应计利润，使用操纵性应计利润的绝对值衡量

6.2.3　模型设定

对于假设 H9，本书构建模型（6-5）检验企业创新对股价崩盘风险的影响：

$$Crash_{i,t+1} = \beta_0 + \beta_1 RDA_{i,t} + \beta_2 DTURN_{i,t} + \beta_3 RET_{i,t} + \beta_4 MB_{i,t} + \beta_5 Size_{i,t} + \beta_6 SIGMA_{i,t} + \beta_7 Lev_{i,t} + \beta_8 ROA_{i,t} + \beta_9 ABACC_{i,t-1} + \beta_{10} Industry_i + \beta_{11} Year_t + \varepsilon_{i,t} \tag{6-5}$$

模型（6-5）中，被解释变量 *Crash* 代表股价崩盘风险的两个衡量变量（*NCSKEW*、*DUVOL*）；解释变量为企业创新投入强度（*RDA*、*RDS*）。与现有研究相一致（彭旋、王雄元，2018；谭松涛等，2019），模型中还控制了行业固定效应（*Industry*）与年份固定效应（*Year*）。若回归系数 β_1 显著为正，说明企业创新投入强度越高，股价崩盘风险越大，则符合假设 H9 的预期。

对于假设 H10，在模型（6-5）的基础上引入创新效率与创新投入的交互项，构建模型（6-6）进行检验：

$$Crash_{i,t+1} = \beta_0 + \beta_1 RDA_{i,t} \times EFF_{i,t} + \beta_2 RDA_{i,t} + \beta_3 EFF_{i,t} + \beta_4 DTURN_{i,t} + \beta_5 RET_{i,t} + \beta_6 MB_{i,t} + \beta_7 Size_{i,t} + \beta_8 SIGMA_{i,t} + \beta_9 Lev_{i,t} + \beta_{10} ROA_{i,t} + \beta_{11} ABACC_{i,t-1} + \beta_{12} Industry_i + \beta_{13} Year_t + \varepsilon_{i,t} \tag{6-6}$$

模型（6-6）中，*EFF* 为企业创新效率，与第 5 章方法一致，使用基于随机前沿分析方法测算的企业创新效率衡量。若创新投入强度与创新效率交互项（*RDA* × *EFF*、*RDS* × *EFF*）的回归系数 β_1 显著为负，则说明企业创新效率降低了创新投入强度对股价崩盘风险的正向影响，此时假设 H10 得到支持。

6.3 实证结果分析

6.3.1 描述性统计

表6-2报告了本章涉及变量的描述性统计结果。

表6-2 变量描述性统计

变量	样本量	均值	标准差	最小值	中位数	最大值
NCSKEW	21835	-0.400	0.760	-4.787	-0.365	4.787
DUVOL	21835	-0.289	0.495	-2.402	-0.296	2.924
RDA	21835	0.011	0.016	0	0.001	0.078
RDS	21835	0.023	0.036	0.000	0.002	0.195
EFF	4681	0.453	0.125	0.095	0.469	0.710
DTURN	21835	-0.098	0.468	-1.814	-0.051	0.942
RET	21835	-0.126	0.118	-2.386	-0.095	-0.006
MB	21835	3.974	3.595	0.691	2.943	26.133
Size	21835	22.003	1.295	19.006	21.833	26.610
SIGMA	21835	0.047	0.018	0.017	0.044	0.107
Lev	21835	0.456	0.209	0.052	0.459	0.998
ROA	21835	0.038	0.056	-0.354	0.035	0.202
ABACC	21835	0.063	0.067	0.001	0.042	0.370

因变量中，*NCSKEW* 的均值和中位数分别为-0.400和-0.365，*DUVOL* 的均值和中位数分别为-0.289和-0.296。由于因变量取值越大，股价崩盘风险越大，两类指标的中位数和均值差别较小，说明样本分布呈现较强的正态性。此外，两类变量的标准差分别为0.760和0.495，均明显大于变量的均值与中位数，说明个股间股价崩盘风险差异较大，也说明股价崩盘风险影响因素的研究具有较强的现实意义。解释变量 *RDA* 和 *RDS* 的描述性统计结果与第5章基本一致。*EFF* 样本量较小，是由于 *EFF* 统计样本的期限较短，仅为2008—2015年，并且在与本章样本合并时部分控制变量缺失，最终只得到4681个研究样本。控制变量的描述性统计结果与现有研究基本一致，于此不再详细说明。

6.3.2 变量相关性分析

表6－3汇报了主要变量间Pearson相关系数结果。结果显示，两类股价崩盘风险衡量指标（*NCSKEW*、*DUVOL*）间相关系数为0.877，且在1%的水平上显著，说明两类指标相关性较高，反映的经济实质较为接近，可以共同作为股价崩盘风险的衡量变量；自变量企业创新投入强度（*RDA*、*RDS*）与两类股价崩盘风险指标（*NCSKEW*、*DUVOL*）的相关性系数均在1%的水平上显著正相关，说明创新投入强度越高，股价崩盘风险越大，符合假设H9预期；调节变量中，创新效率（*EFF*）与股价崩盘风险之间没有显著的关系，说明创新效率对股价崩盘风险的影响更有可能是通过影响创新投入发挥间接作用。控制变量中，月超额换手率（*DTURN*）和资产负债率（*Lev*）与股价崩盘风险显著负相关；市值账面比（*MB*）、股票特有收益率波动性（*RET*）、总资产利润率（*ROA*）和操纵性应计利润（*ABACC*）均与股价崩盘风险显著正相关，说明这类指标较高的企业股票更容易发生价格崩盘。

表6－3 变量间Pearson相关系数

	NCSKEW	*DUVOL*	*RDA*	*RDS*	*EFF*	*DTURN*	*RET*	*MB*	*Size*	*SIGMA*	*Lev*	*ROA*	*ABACC*
NCSKEW	1												
DUVOL	0.877***	1											
RDA	0.044***	0.051***	1										
RDS	0.045***	0.052***	0.841***	1									
EFF	0.004	0.006	-0.351***	0.084***	1								
DTURN	-0.043***	-0.058***	-0.096***	-0.102***	-0.169***	1							
RET	-0.007	0.005	0.015**	-0.011*	-0.081***	-0.292***	1						
MB	0.099***	0.098***	0.084***	0.091***	0.148***	0.067***	-0.372***	1					
Size	-0.003	-0.002	-0.116***	-0.138***	-0.466***	0.067***	0.145***	-0.370***	1				
SIGMA	0.015**	-0.002	-0.020***	0.007	0.080***	0.328***	-0.493***	0.384***	-0.184***	1			
Lev	-0.034***	-0.039***	-0.305***	-0.363***	-0.300***	0.136***	-0.041***	0.056***	0.419***	0.048***	1		
ROA	0.066***	0.064***	0.151***	0.078***	-0.066***	-0.074***	0.035***	-0.008	0.032***	-0.042***	-0.364***	1	
ABACC	0.039***	0.035***	-0.083***	-0.085***	0.084***	-0.001	-0.120***	0.147***	-0.038***	0.135***	0.117***	-0.047***	1

注：*、**、***分别表示双尾检验在10%、5%、1%的水平上显著。

此外，两类股价崩盘风险变量（*NCSKEW*、*DUVOL*）间的相关系数、两类创新投入强度（*RDA*、*RDS*）间的相关性系数均超过了0.5，其余变量间相关性系数均未超过0.5，由于两类股价崩盘风险和创新投入强度变量不会同时出现在一个回归模型中，因此回归模型出现多重共线性的可能性较小，回归结果受多重共线性干扰的概率较低。

6.3.3 多元回归分析

（1）企业创新投入与股价崩盘风险

表6-4报告了企业创新投入对股价崩盘风险影响的回归结果。列（1）和列（2）报告了以*RDA*为创新投入强度衡量变量的回归结果，列（3）和列（4）报告了以*RDS*为解释变量的回归结果。

表6-4 企业创新投入对股价崩盘风险的影响

变量	(1)	(2)	(3)	(4)
	NCSKEW	*DUVOL*	*NCSKEW*	*DUVOL*
RDA	1.495*** (3.73)	1.004*** (3.87)		
RDS			0.675*** (3.62)	0.433*** (3.59)
DTURN	-0.035** (-2.46)	-0.031*** (-3.45)	-0.035** (-2.42)	-0.031*** (-3.41)
RET	0.430*** (3.10)	0.251*** (2.69)	0.431*** (3.10)	0.253*** (2.70)
MB	0.023*** (12.01)	0.015*** (11.36)	0.023*** (11.91)	0.015*** (11.26)
Size	0.044*** (7.37)	0.027*** (6.78)	0.043*** (7.20)	0.026*** (6.60)
SIGMA	4.488*** (4.95)	2.554*** (4.27)	4.450*** (4.90)	2.533*** (4.24)
Lev	-0.191*** (-5.16)	-0.124*** (-5.11)	-0.176*** (-4.67)	-0.115*** (-4.63)
ROA	0.452*** (4.13)	0.250*** (3.50)	0.507*** (4.61)	0.286*** (3.97)
ABACC	0.317*** (3.92)	0.180*** (3.46)	0.319*** (3.94)	0.181*** (3.47)

续表

变量	(1)	(2)	(3)	(4)
	NCSKEW	*DUVOL*	*NCSKEW*	*DUVOL*
常数项	-1.492***	-0.974***	-1.478***	-0.964***
	(-11.78)	(-11.49)	(-11.65)	(-11.35)
行业	控制	控制	控制	控制
年份	控制	控制	控制	控制
样本量	21835	21835	21835	21835
调整后的 R^2	0.061	0.068	0.061	0.068

注：括号内是 t 值；*、**、***分别表示双尾检验在 10%、5%、1% 的水平上显著。

列（1）和列（2）结果显示，当以收益负偏态系数和收益上下波动比率作为因变量衡量股价崩盘风险时，创新投入强度（*RDA*）的回归系数均在 1% 的水平上显著为正［列（1）中，系数 = 1.495，t = 3.73；列（2）中，系数 = 1.004，t = 3.87］，说明创新投入强度的提高增加了企业股价崩盘风险。

列（3）和列（4）中，当以收益负偏态系数和收益上下波动比率作为因变量衡量股价崩盘风险时，创新投入强度（*RDS*）的回归系数依然在 1% 的水平上显著为正［列（3）中，系数 = 0.675，t = 3.62；列（4）中，系数 = 0.443，t = 3.59］，假设 H9 得到支持。

从系数经济意义的层面，列（1）和列（2）中，*RDA* 回归系数分别为 1.495 和 1.004，回归系数的经济含义表明：在控制了一系列股价崩盘风险的影响因素后，*RDA* 每增加一个标准差（0.016），下一期 *NCSKEW* 将增加 0.024（1.495 × 0.016），对比 *NCSKEW* 的均值（-0.400）和标准差（0.760）可知，股价崩盘风险的增长幅度占到这一指标均值的 6%（0.024 ÷ | -0.400 |），约为 0.032（0.024 ÷ 0.760）个标准差。同理，*RDA* 每增加一个标准差（0.016），将使下一期 *DUVOL* 增加 0.016（1.004 × 0.016），占到这一指标均值的 5.5%（0.016 ÷ | -0.289 |），约为 0.032（0.016 ÷ 0.495）个标准差。

列（3）和列（4）中，与 *RDA* 回归系数的经济意义相当，*RDS* 的回归系数分别为 0.675 和 0.433，表明 *RDS* 每增加一个标准差（0.036），下一期 *NCSKEW* 将增加 0.024（0.675 × 0.036），占到这一指标均值的 6%（0.024 ÷

| -0.400 |)，约为被解释变量 0.032（0.024 ÷ 0.760）个标准差；同理，*RDS* 每增加一个标准差（0.036），下一期 *DUVOL* 将增加 0.016（0.433 × 0.036），占到这一指标均值的 5.5%（0.016 ÷ | -0.289 | ），约为 0.032（0.016 ÷ 0.495）个标准差。

回归系数的经济含义表明，企业创新投入强度（*RDA*、*RDS*）对股价崩盘风险的经济影响与一些重要财务指标（如 *Lev*、*ROA* 等）① 的影响是相当的，而这些财务指标被认为是股价崩盘风险研究中必须控制的影响因素。因此，无论从统计意义还是经济意义角度，企业创新投入均对股价崩盘风险产生了显著的正向影响。

（2）企业创新效率的调节效应

表 6-5 汇报了企业创新效率对创新投入与股价崩盘风险关系影响的回归结果。列（1）和列（2）汇报了以 *RDA* 为解释变量的回归结果，列（3）和列（4）汇报了以 *RDS* 为解释变量的回归结果。列（1）和列（2）中，交互项 *RDA* × *EFF* 的回归系数分别在 1% 和 5% 的水平上显著为负 [列（1）中，系数 = -13.924，*t* = -2.78；列（2）中，系数 = -7.146，*t* = -2.13]。列（3）和列（4）中，交互项 *RDS* × *EFF* 的回归系数在 5% 的水平上显著为负 [列（3）中，系数 = -3.453，*t* = -2.47；列（4）中，系数 = -1.810，*t* = -2.31]。实证结果支持了假设 H10，表明创新效率的提高能够减少负面事件的发生，从而缓解创新投入对股价崩盘风险的正向影响。

表 6-5　创新效率对创新投入与股价崩盘风险关系的影响

变量	(1)	(2)	(3)	(4)
	NCSKEW	*DUVOL*	*NCSKEW*	*DUVOL*
RDA × *EFF*	-13.924*** (-2.78)	-7.146** (-2.13)		
RDA	6.386*** (3.31)	3.473*** (2.64)		

① 以列(1)和列(2)结果为例，*Lev* 每增加一个标准差(0.209)，下一期 *NCSKEW* 的降低幅度等于样本平均值的 10%(-0.191 × 0.209 ÷ | -0.400 |)，约为 0.053 个标准差(-0.191 × 0.209 ÷ 0.760)，下一期 *DUVOL* 的降低幅度等于样本平均值的 9.0%(-0.124 × 0.209 ÷ | -0.289 |)，约为 0.052(-0.124 × 0.209 ÷ 0.495)个标准差；同理，*ROA* 每增加一个标准差(0.056)，对股价崩盘风险的增加幅度分别约为两类变量均值的 6.3% 和 4.8%，分别约为 0.033 个和 0.028 个标准差。

续表

变量	(1)	(2)	(3)	(4)
	NCSKEW	*DUVOL*	*NCSKEW*	*DUVOL*
RDS×EFF			-3.453**	-1.810**
			(-2.47)	(-2.31)
RDS			2.228**	1.325**
			(2.29)	(2.09)
EFF	0.010	-0.088	-0.059	-0.116
	(0.06)	(-0.78)	(-0.38)	(-1.12)
DTURN	-0.118***	-0.108***	-0.119***	-0.109***
	(-3.28)	(-4.59)	(-3.30)	(-4.62)
RET	-0.152	0.059	-0.161	0.054
	(-0.43)	(0.24)	(-0.45)	(0.22)
MB	-0.004	-0.005	-0.004	-0.005*
	(-0.87)	(-1.63)	(-0.95)	(-1.72)
Size	-0.028	-0.033***	-0.024	-0.031***
	(-1.44)	(-2.62)	(-1.33)	(-2.66)
SIGMA	2.347	2.252	2.226	2.153
	(1.13)	(1.60)	(1.07)	(1.53)
Lev	-0.210**	-0.087	-0.155*	-0.049
	(-2.52)	(-1.62)	(-1.80)	(-0.89)
ROA	0.696***	0.536***	0.802***	0.605***
	(2.76)	(3.03)	(3.17)	(3.42)
ABACC	0.504**	0.366***	0.520***	0.375***
	(2.53)	(2.84)	(2.62)	(2.92)
常数项	-0.128	0.198	-0.226	0.136
	(-0.26)	(0.62)	(-0.52)	(0.47)
行业	控制	控制	控制	控制
年份	控制	控制	控制	控制
样本量	4681	4681	4681	4681
调整后的 R^2	0.056	0.059	0.056	0.059

注：括号内是t值；*、**、***分别表示双尾检验在10%、5%、1%的水平上显著。

6.4 稳健性检验

实证研究结果表明，企业创新投入强度的提高增加了股价崩盘风险（假设 H9）；企业创新效率的提高缓解了创新投入对股价崩盘风险的正向影响（假设 H10）。为了检验上述研究结果是否可靠，本节采用系统广义矩估计检验、行业调整后的企业创新投入和加入公司治理控制变量，对研究结论的稳健性进行检验。

6.4.1 系统广义矩估计检验

与 5.4.2 小节相同，本小节采用系统广义矩估计的方法处理不可观测的遗漏变量问题对回归结果的影响。具体而言，在模型（6－5）和模型（6－6）的基础上加入股价崩盘风险（*NCSKEW*、*DUVOL*）的滞后一期项作为控制变量，使用系统广义矩估计检验的命令对假设 H9、H10 进行重新检验，所有回归模型均对行业和年份固定效应进行了控制。

回归结果见表 6－6。列（1）～列（4）汇报了以 *RDA* 衡量创新投入强度时对假设 H9 和 H10 的检验结果。列（1）、列（2）中，在控制了一系列股价崩盘风险的影响因素后，创新投入强度（*RDA*）的回归系数仍在 1% 的水平上显著为正［列（1）中，系数＝5.546，$z=2.87$；列（2）中，系数＝4.882，$z=4.51$］，实证结果再一次支持了假设 H9；列（3）、列（4）中，创新投入强度与创新效率的交互项（*RDA*×*EFF*）在 10% 的水平上显著为负［列（3）中，系数＝－8.699，$z=-1.82$；列（4）中，系数＝－6.613，$z=-1.79$］，说明创新效率的提高减弱了创新投入强度对股价崩盘风险的正向影响，实证结果再一次支持了假设 H10。

表 6－6 系统广义矩估计检验

变量	H9		H10		H9		H10	
	(1)	(2)	(3)	(4)	(5)	(6)	(7)	(8)
	NCSKEW	*DUVOL*	*NCSKEW*	*DUVOL*	*NCSKEW*	*DUVOL*	*NCSKEW*	*DUVOL*
*NCSKEW*①	-0.434*** (-53.55)		-0.859*** (-44.87)		-0.435*** (-53.84)		-0.865*** (-43.52)	

① 此处为因变量（*NCSKEW*、*DUVOL*）滞后一期项。

续表

变量	H9		H10		H9		H10	
	(1)	(2)	(3)	(4)	(5)	(6)	(7)	(8)
	NCSKEW	*DUVOL*	*NCSKEW*	*DUVOL*	*NCSKEW*	*DUVOL*	*NCSKEW*	*DUVOL*
DUVOL		-0.426*** (-57.61)		-0.834*** (-37.42)		-0.425*** (-58.35)		-0.832*** (-36.96)
RDA×EFF			-8.699* (-1.82)	-6.613* (-1.79)				
RDA	5.546*** (2.87)	4.882*** (4.51)	6.841** (2.41)	5.283* (1.80)				
RDS×EFF							-8.104*** (-2.61)	-6.316** (-2.54)
RDS					3.068** (2.35)	3.362** (1.96)	5.348*** (2.77)	4.457** (2.47)
EFF			-1.641 (-0.96)	-0.853 (-1.59)			-2.581 (-1.02)	-1.457 (-1.40)
DTURN	-0.084*** (-4.18)	-0.073*** (-5.96)	-0.075 (-1.47)	-0.048 (-1.18)	-0.085*** (-4.22)	-0.074*** (-6.18)	-0.084 (-1.62)	-0.045 (-1.11)
RET	0.892*** (4.99)	0.382*** (4.05)	1.392 (1.50)	2.155*** (4.00)	0.880*** (4.95)	0.386*** (4.14)	2.529** (2.40)	2.418*** (4.28)
MB	0.080*** (10.17)	0.039*** (8.02)	0.014 (1.07)	0.029*** (2.89)	0.080*** (10.04)	0.042*** (8.75)	0.020 (1.44)	0.031*** (2.92)
Size	0.828*** (9.13)	0.421*** (7.94)	-0.100 (-1.25)	0.069 (0.68)	0.810*** (9.09)	0.393*** (7.70)	-0.178** (-2.20)	0.018 (0.20)
SIGMA	10.207*** (7.12)	5.389*** (6.64)	1.217 (0.24)	8.717*** (2.74)	10.060*** (7.08)	5.275*** (6.63)	6.399 (1.12)	10.250*** (3.08)
Lev	-1.379*** (-7.43)	-0.635*** (-5.57)	1.721*** (3.90)	0.419 (1.19)	-1.351*** (-7.31)	-0.683*** (-6.17)	1.848*** (3.96)	0.680* (1.91)
ROA	0.775*** (3.44)	0.211 (1.52)	1.487** (2.21)	0.237 (0.37)	0.829*** (3.61)	0.194 (1.34)	2.637*** (3.50)	1.169* (1.65)
ABACC	0.084 (0.75)	0.040 (0.58)	-0.497 (-1.56)	-0.352 (-1.50)	0.087 (0.78)	0.068 (0.99)	-0.436 (-1.35)	-0.248 (-1.03)
常数项	-13.233*** (-5.85)	-9.549*** (-7.64)	1.377 (0.76)	-2.682 (-1.19)	-13.325*** (-5.96)	-9.054*** (-7.46)	3.383* (1.85)	-1.107 (-0.54)

续表

变量	H9		H10		H9		H10	
	(1)	(2)	(3)	(4)	(5)	(6)	(7)	(8)
	NCSKEW	*DUVOL*	*NCSKEW*	*DUVOL*	*NCSKEW*	*DUVOL*	*NCSKEW*	*DUVOL*
行业	控制	控制	控制	控制	控制	控制	控制	控制
年份	控制	控制	控制	控制	控制	控制	控制	控制
AR (2) (*P*) 值	0.322	0.213	0.510	0.338	0.310	0.211	0.503	0.313
Hansen J (*P*) 值	0.193	0.176	0.175	0.119	0.187	0.173	0.165	0.105
样本量	21835	21835	4681	4681	21835	21835	4681	4681

注：括号内是z值；*、**、***分别表示双尾检验在10%、5%、1%的水平上显著。

列（5）~列（8）汇报了以*RDS*为创新投入衡量变量时，对假设H9和H10的检验结果。列（5）、列（6）中，创新投入强度（*RDS*）的回归系数在5%的水平上显著为正［列（5）中，系数=3.068，z=2.35；列（6）中，系数=3.362，z=1.96］，假设H9得到支持；列（7）、列（8）中，创新投入强度与创新效率的交互项（*RDS*×*EFF*）显著为负［列（7）中，系数=−8.104，z=−2.61；列（8）中，系数=−6.316，z=−2.54］，结果支持了假设H10。总体而言，使用系统广义矩估计的检验结果支持了假设H9和假设H10，说明本章研究结论受到内生性问题影响的可能性较小，实证结果具有较高的稳健性。

6.4.2 行业调整后的企业创新投入

考虑到不同行业创新投入强度存在较大差异，本章采用经过行业调整的创新投入衡量变量对假设H9和H10重新进行检验，以降低回归结果受衡量偏误内生性问题影响的可能，增强研究结论的稳健性。经行业调整的创新投入强度（*RDA_ adj*、*RDS_ adj*）的衡量方法，为企业研发支出与当年所在行业研发支出中位数的差值，分别除以企业总资产和主营业务收入。接着将回归模型中*RDA*、*RDS*分别替换为*RDA_ adj*和*RDS_ adj*，重新进行回归分析。

表6−7汇报了使用经行业调整的创新投入强度为自变量的回归结果。列（1）~列（4）报告了以*RDA_ adj*衡量创新投入强度的回归结果。其中，列（1）和列（2）报告了对假设H9的检验结果，经行业调整的创新投入强度（*RDA_ adj*）的回归系数均在1%的水平上显著为正［列（1）中，系数=

1.358，$t=3.38$；列（2）中，系数=0.942，$t=3.61$]，实证结果再一次支持了假设H9。列（3）和列（4）汇报了对假设H10的检验结果，结果显示，经行业调整的企业创新投入强度与创新效率的交互项（*RDA_ adj×EFF*）系数在1%的水平上显著为负［列（3）中，系数=-16.018，$t=-3.22$；列（4）中，系数=-8.761，$t=-2.66$］，实证结果支持了假设H10。

列（5）~列（8）报告了以*RDS_ adj*衡量创新投入强度的回归结果。列（5）和列（6）中，*RDS_ adj*的回归系数均在5%水平上显著为正［列（5）中，系数=0.288，$t=2.54$；列（6）中，系数=0.169，$t=2.04$］，结果支持了假设H9。列（7）和列（8）汇报了对假设H10的检验结果，*RDS_ adj×EFF*系数显著为负［列（7）中，系数=-1.776，$t=-1.68$；列（8）中，系数=-1.567，$t=-2.07$］，结果支持了假设H10。检验结果表明，研究结论的稳健性不受创新投入强度衡量方法的影响。

表6-7 调整创新投入强度衡量方法

变量	H9		H10		H9		H10	
	(1)	(2)	(3)	(4)	(5)	(6)	(7)	(8)
	NCSKEW	*DUVOL*	*NCSKEW*	*DUVOL*	*NCSKEW*	*DUVOL*	*NCSKEW*	*DUVOL*
RDA_ adj×EFF			-16.018***	-8.761***				
			(-3.22)	(-2.66)				
RDA_ adj	1.358***	0.942***	7.440***	4.250***				
	(3.38)	(3.61)	(3.76)	(3.19)				
RDS_ adj×EFF							-1.776*	-1.567**
							(-1.68)	(-2.07)
RDS_ adj					0.288**	0.169**	1.131**	0.832**
					(2.54)	(2.04)	(1.99)	(2.00)
EFF			-0.103	-0.141			-0.142	-0.186
			(-0.64)	(-1.32)			(-1.07)	(-1.10)
DTURN	-0.035**	-0.031***	-0.120***	-0.110***	-0.036**	-0.032***	-0.023	-0.052**
	(-2.47)	(-3.45)	(-3.33)	(-4.63)	(-2.53)	(-3.53)	(-0.61)	(-2.16)
RET	0.431***	0.252***	-0.145	0.063	0.435***	0.255***	1.340***	0.823***
	(3.11)	(2.70)	(-0.41)	(0.26)	(3.13)	(2.73)	(9.68)	(9.20)
MB	0.023***	0.015***	-0.004	-0.005*	0.024***	0.015***	0.012***	0.005*
	(12.02)	(11.35)	(-0.91)	(-1.67)	(12.03)	(11.38)	(2.63)	(1.67)

续表

变量	H9		H10		H9		H10	
	(1)	(2)	(3)	(4)	(5)	(6)	(7)	(8)
	NCSKEW	*DUVOL*	*NCSKEW*	*DUVOL*	*NCSKEW*	*DUVOL*	*NCSKEW*	*DUVOL*
Size	0.043***	0.027***	-0.024	-0.031**	0.042***	0.026***	-0.027*	-0.038***
	(7.32)	(6.74)	(-1.27)	(-2.49)	(7.10)	(6.50)	(-1.65)	(-3.57)
SIGMA	4.497***	2.557***	2.365	2.255	4.518***	2.582***	5.193***	3.203***
	(4.96)	(4.28)	(1.14)	(1.61)	(4.98)	(4.32)	(5.62)	(5.14)
Lev	-0.194***	-0.126***	-0.207**	-0.086	-0.192***	-0.126***	-0.210**	-0.090*
	(-5.23)	(-5.16)	(-2.50)	(-1.61)	(-5.14)	(-5.12)	(-2.51)	(-1.70)
ROA	0.457***	0.252***	0.702***	0.536***	0.506***	0.285***	0.513**	0.427**
	(4.17)	(3.53)	(2.80)	(3.04)	(4.59)	(3.94)	(2.07)	(2.53)
ABACC	0.317***	0.181***	0.510**	0.368***	0.313***	0.177***	0.538***	0.389***
	(3.93)	(3.47)	(2.56)	(2.85)	(3.88)	(3.39)	(2.76)	(3.07)
常数项	-1.485***	-0.970***	-0.151	0.182	-1.459***	-0.951***	-0.127	0.344
	(-11.72)	(-11.44)	(-0.31)	(0.57)	(-11.53)	(-11.23)	(-0.32)	(1.33)
行业	控制	控制	控制	控制	控制	控制	控制	控制
年份	控制	控制	控制	控制	控制	控制	控制	控制
样本量	21835	21835	4681	4681	21835	21835	4681	4681
调整后的 R^2	0.061	0.068	0.057	0.059	0.061	0.067	0.088	0.087

注：括号内是 *t* 值；*、**、***分别表示双尾检验在10%、5%、1%的水平上显著。

6.4.3 加入公司治理控制变量

根据 Bleck 和 Liu（2007）的研究，良好的公司治理能够约束经理人隐藏负面消息的机会主义行为，从而降低公司股价的崩盘风险。本小节检验通过加入公司治理控制变量，进一步缓解潜在的遗漏变量带来的内生性问题。具体而言，在模型（6－5）和模型（6－6）的基础上加入了公司董事会规模（*Board_ Size*）、独立董事比例（*Indep*）和董事长、总经理两职合一（*Duality*）。其中，董事会规模以当年董事会人数的自然对数衡量；独立董事比例为董事会中独立董事人数与董事总数之比；董事长、总经理两职合一为虚拟变量，当董事长和总经理为同一人时，取值为1，否则为0。

表6－8汇报了检验结果。列（1）～列（4）汇报了以 *RDA* 衡量创新投入强度的检验结果。其中，列（1）和列（2）汇报了假设 H9 的检验结果，

在控制了公司治理相关变量后，创新投入强度（*RDA*）的回归系数依然在1%的水平上显著为正［列（1）中，系数=1.415，$t=3.53$；列（2）中，系数=0.948，$t=3.62$］，说明创新投入强度的提高增加了股价崩盘风险。列（3）和列（4）汇报了假设H10的检验结果，在控制了公司治理相关变量后，创新投入强度与创新效率交乘项（$RDA\times EFF$）的回归系数分别在1%和5%的水平上显著为负［列（3）中，系数=-13.533，$t=-2.68$；列（4）中，系数=-7.972，$t=-2.35$］，并且创新投入强度的回归系数此时依然在1%水平上显著为正［列（3）中，系数=6.319，$t=3.26$；列（4）中，系数=3.491，$t=2.64$］，说明企业创新效率的提高有效缓解了创新投入强度增加带来的股价崩盘风险。

表6-8　加入公司治理控制变量的检验

变量	H9		H10		H9		H10	
	(1)	(2)	(3)	(4)	(5)	(6)	(7)	(8)
	NCSKEW	*DUVOL*	*NCSKEW*	*DUVOL*	*NCSKEW*	*DUVOL*	*NCSKEW*	*DUVOL*
RDA×EFF			-13.533*** (-2.68)	-7.972** (-2.35)				
RDA	1.415*** (3.53)	0.948*** (3.62)	6.319*** (3.26)	3.491*** (2.64)				
RDS×EFF							-3.490** (-2.27)	-2.006** (-2.34)
RDS					0.630*** (3.37)	0.396*** (3.24)	2.247** (2.35)	1.346** (2.11)
EFF			0.014 (0.08)	-0.138 (-1.25)			-0.057 (-0.38)	-0.150 (-1.53)
Board_ Size	-0.045 (-1.33)	-0.028 (-1.32)	-0.028 (-0.41)	-0.043 (-0.94)	-0.043 (-1.29)	-0.027 (-1.28)	-0.027 (-0.39)	-0.042 (-0.90)
Indep	-0.074 (-0.63)	-0.034 (-0.45)	-0.196 (-0.80)	-0.151 (-0.91)	-0.078 (-0.67)	-0.036 (-0.48)	-0.208 (-0.87)	-0.159 (-1.00)
Duality	0.053*** (3.63)	0.025*** (2.69)	0.042* (1.67)	0.020 (1.18)	0.052*** (3.55)	0.025*** (2.63)	0.041* (1.69)	0.019 (1.20)
DTURN	-0.098*** (-5.35)	-0.030*** (-3.26)	-0.117*** (-3.25)	-0.109*** (-4.60)	-0.099*** (-5.39)	-0.030*** (-3.24)	-0.118*** (-3.34)	-0.110*** (-4.64)

续表

变量	H9		H10		H9		H10	
	(1)	(2)	(3)	(4)	(5)	(6)	(7)	(8)
	NCSKEW	*DUVOL*	*NCSKEW*	*DUVOL*	*NCSKEW*	*DUVOL*	*NCSKEW*	*DUVOL*
RET	0.394***	0.249***	-0.142	0.065	0.395***	0.251***	-0.150	0.057
	(2.86)	(2.68)	(-0.41)	(0.28)	(2.87)	(2.69)	(-0.65)	(0.37)
MB	0.024***	0.015***	-0.004	-0.005*	0.024***	0.015***	-0.004	-0.006**
	(12.06)	(11.23)	(-0.82)	(-1.82)	(11.96)	(11.15)	(-1.02)	(-2.17)
Size	0.046***	0.028***	-0.024	-0.041***	0.045***	0.028***	-0.020	-0.037***
	(7.39)	(6.90)	(-1.19)	(-3.25)	(7.22)	(6.72)	(-1.18)	(-3.28)
SIGMA	3.467***	2.505***	2.332	2.365*	3.432***	2.490***	2.212	2.244**
	(3.81)	(4.20)	(1.13)	(1.72)	(3.77)	(4.17)	(1.42)	(2.16)
Lev	-0.180***	-0.119***	-0.200**	-0.066	-0.166***	-0.111***	-0.146*	-0.030
	(-4.83)	(-4.86)	(-2.38)	(-1.22)	(-4.38)	(-4.44)	(-1.83)	(-0.57)
ROA	0.448***	0.254***	0.715***	0.596***	0.500***	0.288***	0.821***	0.651***
	(4.06)	(3.50)	(2.79)	(3.29)	(4.52)	(3.95)	(3.33)	(3.92)
ABACC	0.337***	0.180***	0.501**	0.371***	0.338***	0.181***	0.516***	0.379***
	(4.14)	(3.42)	(2.49)	(2.85)	(4.16)	(3.43)	(2.67)	(2.93)
常数项	-1.349***	-0.936***	-0.087	0.542*	-1.335***	-0.925***	-0.157	0.422
	(-9.32)	(-9.77)	(-0.17)	(1.69)	(-9.21)	(-9.65)	(-0.35)	(1.47)
行业	控制	控制	控制	控制	控制	控制	控制	控制
年份	控制	控制	控制	控制	控制	控制	控制	控制
样本量	21725	21725	4666	4666	21725	21725	4666	4666
调整后的 R^2	0.063	0.068	0.057	0.061	0.063	0.068	0.056	0.061

注：括号内是 *t* 值；*、**、***分别表示双尾检验在10%、5%、1%的水平上显著。

列（5）~列（8）汇报了以 *RDS* 衡量创新投入强度的回归结果。列（5）和列（6）中，创新投入强度（*RDS*）的回归系数依然在1%的水平上显著为正［列（5）中，系数=0.630，*t*=3.37；列（6）中，系数=0.396，*t*=3.24］，说明创新投入强度的提高增加了股价崩盘风险。列（7）和列（8）中，交乘项 *RDS*×*EFF* 的回归系数在5%水平上显著为负［列（7）中，系数=-3.490，*t*=-2.27；列（8）中，系数=-2.006，*t*=-2.34］，说明创新效率的提升，缓解了创新投入对股价崩盘风险的正向影响。实证结果支持了假设 H9 和假设 H10。

此外，公司治理的三个变量中，董事会规模和独立董事比例与股价崩盘风险负相关，但回归系数均不显著；董事长、总经理两职合一与股价崩盘风险在列（1）~列（3）、列（5）~列（7）中均显著正相关，说明董事长、总经理两职合一导致的经理人监管缺位会造成企业股价崩盘风险的显著上升。

6.5 结果讨论

本章系统研究了企业创新对股价崩盘风险的影响，从投入与效率角度检验了企业创新对股价崩盘风险的影响。对各假设的检验结果讨论如下：

假设 H9 检验了创新投入对股价崩盘风险的影响。回归结果显示，创新投入强度的提高显著增加了企业股价崩盘风险。出现这一现象的原因在于，当前我国上市公司创新效率普遍较低，创新投入的增加意味着创新失败等相关负面事件发生的可能性显著提高，并且创新投入本身又加剧了企业与投资者之间的信息不对称。在信息不对称的环境中，负面消息的累积增加了企业股价崩盘风险。根据这一结论，如果经理人在观察到高强度的创新投入会带来股价崩盘时，经理人的创新意愿可能被严重削弱，从而不利于企业创新水平的提高，创新的股票市场反应此时遏制了经理人的创新意愿。

如何缓解创新投入导致的股价崩盘风险，成为激励企业创新的重要研究课题。本章研究认为，企业创新效率的提高有利于减少创新投入导致的负面事件，从而降低创新投入带来的股价崩盘风险。依据这一思路提出了假设 H10，研究发现创新效率的提高减弱了创新投入强度和股价崩盘风险间的正向关系。因此，企业为了降低创新对股价的负面影响，应首先提高自身创新资源的配置效率，降低创新的失败概率，尤其是人为可控因素导致的创新失败。

6.6 本章小结

本章重点研究了企业创新对股价崩盘风险的影响。以 2007—2018 年我国 A 股非金融类上市公司为样本，研究发现，企业创新投入强度的提高显著增加了股价崩盘风险（假设 H9）；企业创新效率的提高有效缓解了创新投入对股价崩盘风险的正向影响（假设 H10）。稳健性检验表明，在使用了系统广义矩估计检验、行业调整后的企业创新投入，以及加入公司治理控制变量后，上述研究结论依然成立。表 6 –9 汇总了本章研究假设和检验结果。

表 6 –9　本章研究假设检验结果汇总

研究假设	检验结果	
假设 H9	企业创新投入强度的提高增加了股价崩盘风险	通过
假设 H10	企业创新效率的提高缓解了创新投入对股价崩盘风险的正向影响	通过

7 卖空机制对企业创新与股价崩盘风险关系的影响

第 6 章研究结论表明，企业创新投入的提高增加了股价崩盘风险，创新效率缓解了创新投入对股价崩盘风险的正向影响。在第 6 章的基础上，本章以股价崩盘风险为视角，进一步探讨卖空机制对企业创新经济后果的影响。

7.1 理论分析与假设提出

卖空机制应能通过以下两条路径影响企业创新投入与股价崩盘风险的关系：首先，第 5 章研究结论表明，通过市场信息反馈机制、研发人员股权激励机制和投入持续性增强机制，卖空机制的引入显著提高了企业创新效率，企业在创新投入一定的情况下，能够产出更多的发明专利。第 5 章研究结论表明，创新效率的提升有助于降低创新负面事件的发生概率，从而缓解创新投入增加对股价崩盘风险的正向影响。因此，卖空机制首先能够通过增强企业创新效率，缓解创新投入导致的股价崩盘风险。

其次，卖空机制有利于增强企业创新信息的披露意愿，降低企业与投资者之间的信息不对称。信息披露理论认为，经理人在披露创新信息时会权衡信息披露的成本与收益。一方面，创新信息属于企业的专有信息，Bhattacharya 和 Ritter（1983）通过构建信息披露模型研究发现，专有信息的公开披露降低了竞争对手的信息搜集成本，竞争对手能够及时掌握企业创新的项目进展与市场前景。当发现创新项目具有较高的市场价值时，竞争对手会争相学习和模仿，从而降低了创新投资的预期收益，增加了信息披露的专有成本。另一方面，从投资者角度，创新信息披露有助于缓解企业与投资者之间的信息不对称，帮助投资者了解企业创新项目的重要价值，缓解企业价值被低估的风险，从而降低了企业的融资成本。因此，对于企业而言，创新信息披露是一把“双刃剑”。在权衡信息披露的利与弊后，企业虽然总体上会在增加创新投入后披露更多的相关信息，以满足投资者与市场监管部门的最低要求，但并不会无保留地进行完全披露（胡楠等，2018）。

卖空机制的引入通过增加企业创新信息的披露收益，影响了经理人创新信息披露的利弊权衡。公开的信息披露是卖空投资者了解企业创新的重要渠道，企业在开展了一项创新项目后，如果选择在信息披露上“缄默不语”，可能会增强卖空投资者挖掘相关负面信息的动机，从而增加了卖空风险。相反，若企业选择及时披露创新信息，让市场了解企业当前的研发进展和预期价值，应会有效降低卖空风险。

按照信息的性质，对上述推断进行分类探讨：第一，如果企业披露的是创新相关的利好消息，那么公开披露能够促使投资者向上修正对企业价值的判断，提升企业的股价表现，从而降低外部卖空风险和股价被低估的可能。第二，如果创新遇挫，此时企业对负面消息可以选择披露或不披露：当企业选择不披露时，卖空投资者在具备较强的信息优势下，能够先于中小投资者获取创新的负面消息（Desai et al.，2006），此时便可利用信息优势在市场还未及时反应时卖空公司股票，赚取超额投资收益；若企业选择如实披露负面消息，负面消息的及时披露有助于降低卖空投资者和中小投资者之间的信息不对称。信息不对称的缓解会降低股价被市场高估的程度，那么卖空交易的套利空间便会被有效缩减，从而降低股票被卖空的外部风险（Chen et al.，2019）。因此，在卖空机制上述影响下，企业具备更强的意愿及时披露创新相关信息，尤其对负面信息的披露意愿会显著增强。信息披露水平的提高加快了投资者对创新信息的反应速度，有利于缓解在高水平的创新投入下，负面消息累积引发的股价崩盘风险。

现实案例为上述理论推断提供了有力支撑。2018 年 6 月 13 日，专业卖空机构浑水公司发布了对美股“好未来”（TAL. US）的沽空报告，称该公司从 2016 年开始进行财务数据造假，虚增了营业收入。报告发出后，“好未来”股价当日最高跌幅达 15%。经此一役，“好未来”在信息披露上更加及时，甚至会主动披露企业的负面消息以缩减卖空交易的套利空间。例如，2020 年 4 月 7 日，“好未来”发布公告称，公司在例行内部审计中，发现员工虚报了某项目的营业收入，并称该员工已被警方拘留。案例说明，卖空机制的引入能够增强企业信息披露意愿。

综上，卖空机制通过提高企业创新效率与创新信息的披露水平，应能有效减弱创新投入对股价崩盘风险的正向影响。图 7 – 1 展示了卖空机制影响企业创新与股价崩盘风险关系的理论逻辑。

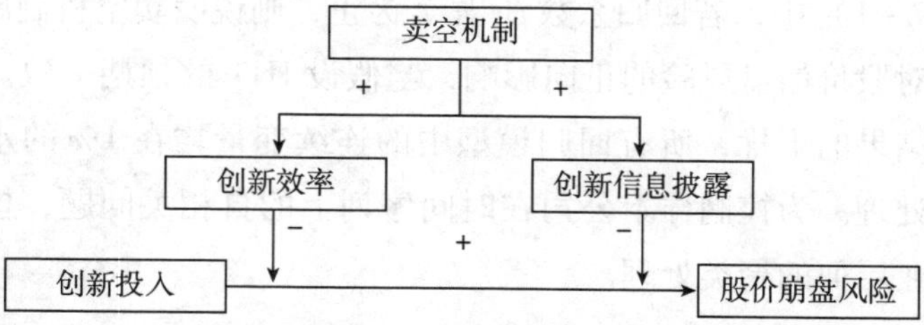

图 7 – 1　卖空机制影响企业创新与股价崩盘风险关系的理论逻辑

基于上述分析，本书提出以下研究假设：

H11：卖空机制的引入减弱了企业创新投入对股价崩盘风险的正向影响。

7.2　研究设计

7.2.1　数据来源与样本选取

本章样本选取与第 6 章一致，同样是以 2007—2018 年为样本期间，并对样本进行了以下处理：① 剔除样本中的金融类企业；② 剔除变量缺失样本；③ 剔除 ST、PT 企业。最终得到 21835 家公司—年度观测样本。融券标的数据、企业研发支出和相关财务数据来自国泰安数据库。

7.2.2　变量定义

本章研究模型的被解释变量（股价崩盘风险）、解释变量（创新投入强度）、控制变量与第 6 章一致，于此不再详细说明。

7.2.3　模型设定

为检验卖空机制对企业创新投入与股价崩盘风险关系的影响，本章在模型（6 – 5）的基础上加入了卖空机制与企业创新投入的交互项（*RDA* × *Treat*、*RDS* × *Treat*），并根据 Bertrand 和 Mullainathan（2003）多期双重差分模型的设定要求，加入公司固定效应（*Firm*）控制融券标的与非融券标的公司的特征差异。在此基础上，构建模型（7 – 1）进行检验，模型设定如下：

$$Crash_{i,t+1} = \beta_0 + \beta_1 RDA_{i,t} \times Treat_{i,t} + \beta_2 RDA_{i,t} + \beta_3 Treat_{i,t} +$$

$$\beta_4 DTURN_{i,t} + \beta_5 RET_{i,t} + \beta_6 MB_{i,t} + \beta_7 Size_{i,t} + \beta_8 SIGMA_{i,t} +$$

$$\beta_9 Lev_{i,t} + \beta_{10} ROA_{i,t} + \beta_{11} ABACC_{i,t-1} + \beta_{12} Firm_i + \beta_{13} Year_t + \varepsilon_{i,t} \quad (7-1)$$

模型（7－1）中，若回归系数β_1显著为正，则说明卖空机制的引入降低了创新投入对股价崩盘风险的正向影响，与假设H11的预期一致。为控制异常值对回归结果的干扰，所有回归模型中的连续变量均在1%的水平下进行了双边缩尾处理。为控制样本公司在时间序列上的自相关问题，模型对标准误进行了企业层面的聚类处理。

7.3 实证结果分析

7.3.1 描述性统计

表7－1报告了变量的描述性统计结果。*Treat*的均值为0.184，说明在21835个样本中，约4018个样本处于允许卖空交易的状态。由于本章样本选取与变量设定和第6章基本一致，因此不再对其余变量的统计结果进行详细说明。

表7－1　变量描述性统计

变量	样本量	均值	标准差	最小值	中位数	最大值
NCSKEW	21835	－0.400	0.760	－4.787	－0.365	4.787
DUVOL	21835	－0.289	0.495	－2.402	－0.296	2.924
RDA	21835	0.011	0.016	0	0.001	0.078
RDS	21835	0.023	0.036	0.000	0.002	0.195
Treat	21835	0.184	0.387	0	0	1
DTURN	21835	－0.098	0.468	－1.814	－0.051	0.942
RET	21835	－0.126	0.118	－2.386	－0.095	－0.006
MB	21835	3.974	3.595	0.691	2.943	26.133
Size	21835	22.003	1.295	19.006	21.833	26.610
SIGMA	21835	0.047	0.018	0.017	0.044	0.107
Lev	21835	0.456	0.209	0.052	0.459	0.998
ROA	21835	0.038	0.056	－0.354	0.035	0.202
ABACC	21835	0.063	0.067	0.001	0.042	0.370

7.3.2 变量相关性分析

表7-2汇报了主要变量间 Pearson 相关系数结果。结果显示，卖空机制（*Treat*）与两类股价崩盘风险指标（*NCSKEW*、*DUVOL*）相关系数并不显著，说明卖空机制难以直接影响股价崩盘风险，更有可能通过影响创新投入发挥间接作用。其余变量的相关性分析结果与6.3.2小节相一致，于此不再详细说明。

表7-2 变量间 Pearson 相关系数

	NCSKEW	*DUVOL*	*RDA*	*RDS*	*Treat*	*DTURN*	*RET*	*MB*	*Size*	*SIGMA*	*Lev*	*ROA*	*ABACC*
NCSKEW	1												
DUVOL	0.877***	1											
RDA	0.044***	0.051***	1										
RDS	0.045***	0.052***	0.841***	1									
Treat	0.001	0.005	0.100***	0.084***	1								
DTURN	-0.043***	-0.058***	-0.096***	-0.102***	0.070***	1							
RET	-0.007	0.005	0.015**	-0.011*	0.065***	-0.292***	1						
MB	0.099***	0.098***	0.084***	0.091***	-0.066***	0.067***	-0.372***	1					
Size	-0.003	-0.002	-0.116***	-0.138***	0.462***	0.067***	0.145***	-0.370***	1				
SIGMA	0.015**	-0.002	-0.020***	0.007	-0.086***	0.328***	-0.493***	0.384***	-0.184***	1			
Lev	-0.034***	-0.039***	-0.305***	-0.363***	0.064***	0.136***	-0.041***	0.056***	0.419***	0.048***	1		
ROA	0.066***	0.064***	0.151***	0.078***	0.056***	-0.074***	0.035***	-0.008	0.032***	-0.042***	-0.364***	1	
ABACC	0.039***	0.035***	-0.083***	-0.085***	-0.055***	-0.001	-0.120***	0.147***	-0.038***	0.135***	0.117***	-0.047***	1

注：*、**、***分别表示双尾检验在10%、5%、1%的水平上显著。

7.3.3 多元回归分析

表7-3汇报了卖空机制对企业创新与股价崩盘风险关系影响的回归结果。其中，列（1）和列（2）为以 *RDA* 衡量创新投入强度的回归结果，列（3）和列（4）为以 *RDS* 衡量投入强度的回归结果。

表7-3 卖空机制对企业创新与股价崩盘风险关系的影响

变量	(1)	(2)	(3)	(4)
	NCSKEW	*DUVOL*	*NCSKEW*	*DUVOL*
RDA × *Treat*	-4.323*** (-4.19)	-3.001*** (-4.49)		

续表

变量	(1)	(2)	(3)	(4)
	NCSKEW	*DUVOL*	*NCSKEW*	*DUVOL*
RDA	2.707*** (3.63)	1.445*** (3.00)		
RDS×Treat			-1.757*** (-3.62)	-1.230*** (-3.94)
RDS			1.127*** (2.94)	0.521** (2.11)
Treat	0.044 (1.58)	0.032* (1.76)	0.032 (1.18)	0.023 (1.35)
DTURN	-0.040** (-2.41)	-0.035*** (-3.26)	-0.041** (-2.43)	-0.035*** (-3.27)
RET	0.350** (2.25)	0.199** (1.97)	0.350** (2.25)	0.199** (1.96)
MB	0.030*** (10.09)	0.018*** (8.84)	0.029*** (10.06)	0.018*** (8.82)
Size	0.140*** (8.48)	0.072*** (6.73)	0.136*** (8.30)	0.070*** (6.56)
SIGMA	5.558*** (5.39)	3.247*** (4.86)	5.539*** (5.37)	3.237*** (4.84)
Lev	-0.390*** (-5.62)	-0.233*** (-5.14)	-0.381*** (-5.48)	-0.229*** (-5.04)
ROA	0.035 (0.24)	-0.045 (-0.48)	0.063 (0.43)	-0.036 (-0.39)
ABACC	0.121 (1.26)	0.067 (1.07)	0.126 (1.31)	0.069 (1.11)
常数项	-3.474*** (-10.17)	-1.905*** (-8.57)	-3.405*** (-10.01)	-1.866*** (-8.41)
公司	控制	控制	控制	控制
年份	控制	控制	控制	控制
样本量	21835	21835	21835	21835
调整后的 R^2	0.237	0.237	0.237	0.237

注：括号内是t值，*、**、***分别表示双尾检验在10%、5%、1%的水平上显著。

列（1）和列（2）中，当分别以负偏态系数（*NCSKEW*）和收益上下波动率（*DUVOL*）衡量股价崩盘风险时，企业创新投入强度与卖空机制交乘项（*RDA*×*Treat*）的回归系数均在1%的水平上显著为负［列（1）中，系数=-4.323，$t=-4.19$；列（2）中，系数=-3.001，$t=-4.49$］，而创新投入强度（*RDA*）的回归系数均在1%水平上显著为正。列（3）和列（4）中，创新投入强度与股价崩盘风险交乘项（*RDS*×*Treat*）的回归系数同样在1%的水平上显著为负。这说明卖空机制的引入缓解了企业创新投入对股价崩盘风险的正向影响，回归结果支持了假设H11。

从回归系数的经济含义角度，列（1）、列（2）中交乘项（*RDA*×*Treat*）的回归系数分别为-4.323和-3.001，表示当*Treat*的取值从0变为1时，即公司在股票成为融券标的后，由创新投入增加导致的股价崩盘风险下降了4.323×*RDA*和3.001×*RDA*。具体而言，当企业创新投入强度等于均值（0.011）时，对应股价崩盘风险两种指标分别下降了0.048（|-4.323|×0.011）和0.033（|-3.001|×0.011），对比两类变量的均值-0.400和-0.289以及标准差0.760和0.495可知，卖空机制引入后，创新投入强度增加导致的股价崩盘风险分别下降了0.063（0.048÷0.760）个和0.067（0.033÷0.495）个标准差，下降程度分别占各指标均值的12%（0.048÷|-0.400|）和11.4%（0.033÷|-0.289|）。

同理，列（3）和列（4）中交乘项（*RDS*×*Treat*）的回归系数分别为-1.757和-1.230，表明卖空机制引入后，创新投入强度增加导致的股价崩盘风险分别下降了0.053个和0.057个标准差，下降幅度分别占各指标均值的10.1%和9.8%。回归结果表明，卖空机制的引入不仅在统计意义上有效缓解了创新投入对股价崩盘风险的正向影响，在经济意义层面这种影响同样是显著的。

7.4 稳健性检验

基于多期双重差分模型的实证检验结果表明，卖空机制的引入缓解了创新投入对股价崩盘风险的正向影响。为了检验上述检验结果是否可靠，本节采取倾向得分匹配检验、系统广义矩估计检验、控制融资交易的潜在影响和行业调整后的企业创新投入，对研究结论的稳健性进行检验。

7.4.1 倾向得分匹配检验

与4.4.1小节和5.4.1小节方法相同，本小节采用基于倾向得分匹配的样本对假设H11重新进行检验，以缓解遗漏变量问题对回归结果的潜在干扰。具体步骤如下：首先，使用Logit模型预测公司成为融券标的的概率；其次，基于倾向得分为每家融券标的公司按照1:1的方法匹配一个倾向得分最接近的非融券标的的公司，具体配对方法在4.5.1小节进行了详细介绍；最后，使用匹配后的11972个样本对假设H11重新进行检验。

表7-4汇报了使用倾向得分匹配检验的回归结果。其中，列（1）和列（2）报告了以*RDA*衡量创新投入强度的回归结果，列（3）和列（4）为以*RDS*衡量创新投入强度的回归结果。

表7-4 倾向得分匹配检验

变量	(1)	(2)	(3)	(4)
	NCSKEW	*DUVOL*	*NCSKEW*	*DUVOL*
RDA × Treat	-4.575***	-3.356***		
	(-3.98)	(-4.46)		
RDA	3.059***	1.819***		
	(2.98)	(2.76)		
RDS × Treat			-1.988***	-1.449***
			(-3.71)	(-4.24)
RDS			1.507***	0.802**
			(2.87)	(2.38)
Treat	0.060*	0.050**	0.049	0.041*
	(1.74)	(2.21)	(1.46)	(1.90)
DTURN	-0.035	-0.027	-0.035	-0.027
	(-1.32)	(-1.53)	(-1.32)	(-1.54)
RET	0.446*	0.279**	0.445*	0.278**
	(1.86)	(2.04)	(1.86)	(2.03)
MB	0.030***	0.021***	0.030***	0.021***
	(6.95)	(6.82)	(6.92)	(6.80)
Size	0.126***	0.070***	0.124***	0.068***
	(5.55)	(4.58)	(5.46)	(4.50)

续表

变量	(1)	(2)	(3)	(4)
	NCSKEW	*DUVOL*	*NCSKEW*	*DUVOL*
SIGMA	6.605 ***	3.919 ***	6.579 ***	3.900 ***
	(4.35)	(4.39)	(4.33)	(4.37)
Lev	-0.321 ***	-0.206 ***	-0.315 ***	-0.204 ***
	(-3.37)	(-3.30)	(-3.30)	(-3.26)
ROA	0.112	0.004	0.117	-0.003
	(0.48)	(0.03)	(0.50)	(-0.02)
ABACC	0.113	0.066	0.117	0.070
	(0.88)	(0.80)	(0.92)	(0.85)
常数项	-3.293 ***	-1.904 ***	-3.247 ***	-1.876 ***
	(-6.88)	(-5.93)	(-6.81)	(-5.85)
公司	控制	控制	控制	控制
年份	控制	控制	控制	控制
样本量	11972	11972	11972	11972
调整后的 R^2	0.289	0.289	0.282	0.289

注：括号内是t值；*、**、***分别表示双尾检验在10%、5%、1%的水平上显著。

结果显示，列（1）和列（2）中，创新投入强度与卖空机制的交乘项（*RDA* × *Treat*）系数均在1%的水平下显著为负［列（1）中，系数 = -4.575，t = -3.98；列（2）中，系数 = -3.356，t = -4.46］；列（3）和列（4）中，创新投入强度与卖空机制的交乘项（*RDS* × *Treat*）系数同样在1%的水平上负显著［列（3）中，系数 = -1.988，t = -3.71；列（4）中，系数 = -1.449，t = -4.24］。检验结果说明，卖空机制的引入显著降低了企业创新投入对股价崩盘风险的正向影响，假设H11再一次得到支持，表明回归结果受遗漏变量问题影响的可能性较小。

7.4.2 系统广义矩估计检验

本小节采取系统广义矩估计的方法处理不可观测的遗漏变量问题对估计结果的影响。在模型（7-1）的基础上加入股价崩盘风险（*NCSKEW*、*DUVOL*）滞后一期项作为控制变量对假设H11进行重新检验，所有回归模型均对公司和年份固定效应进行了控制。

表7-5汇报了检验结果。其中，列（1）和列（2）汇报了以*RDA*构建解释变量的回归结果，列（3）和列（4）汇报了以*RDS*构建解释变量的回归结果。列（1）和列（2）中，创新投入强度与卖空机制的交互项（*RDA*×*Treat*）的回归系数在1%的水平上显著为负［列（1）中，系数=-4.702，*z*=-3.63；列（2）中，系数=-3.331，*z*=-3.92］。列（3）和列（4）中，创新投入强度与卖空机制的交互项（*RDS*×*Treat*）的回归系数显著为负［列（3）中，系数=-1.519，*z*=-2.01；列（4）中，系数=-1.355，*z*=-2.71］。实证结果说明，卖空机制的引入降低了创新投入强度对股价崩盘风险的正向影响，支持了假设H11。这说明本章研究结论受到内生性问题影响的可能性较小，具备较高的稳健性。

表7-5　系统广义矩估计

变量	(1)	(2)	(3)	(4)
	NCSKEW	*DUVOL*	*NCSKEW*	*DUVOL*
*NCSKEW*①	-0.316*** (-44.50)		-0.317*** (-44.75)	
DUVOL		-0.418*** (-62.19)		-0.420*** (-62.65)
RDA×*Treat*	-4.702*** (-3.63)	-3.331*** (-3.92)		
RDA	6.451*** (7.67)	4.134*** (7.46)		
RDS×*Treat*			-1.519** (-2.01)	-1.355*** (-2.71)
RDS			2.843*** (5.53)	1.993*** (5.81)
Treat	-0.243 (-1.51)	-0.141 (-0.88)	-0.256 (-1.58)	-0.143 (-1.47)
DTURN	-0.067*** (-4.27)	-0.053*** (-5.19)	-0.065*** (-4.15)	-0.051*** (-5.02)
RET	0.584*** (4.45)	0.307*** (3.65)	0.580*** (4.42)	0.301*** (3.59)

① 此处为被解释变量（*NCSKEW*、*DUVOL*）滞后一期项。

续表

变量	(1)	(2)	(3)	(4)
	NCSKEW	*DUVOL*	*NCSKEW*	*DUVOL*
MB	0.063***	0.042***	0.063***	0.042***
	(14.32)	(13.98)	(14.29)	(13.94)
Size	0.337***	0.221***	0.326***	0.215***
	(11.67)	(11.76)	(11.29)	(11.41)
SIGMA	6.818***	3.181***	6.672***	3.030***
	(6.87)	(4.90)	(6.73)	(4.68)
Lev	-1.126***	-0.811***	-1.069***	-0.765***
	(-9.65)	(-10.56)	(-9.03)	(-9.79)
ROA	-0.293*	-0.250**	-0.183	-0.178*
	(-1.82)	(-2.37)	(-1.14)	(-1.69)
ABACC	0.039	0.044	0.040	0.048
	(0.39)	(0.69)	(0.40)	(0.75)
常数项	-7.609***	-4.999***	-7.385***	-4.884***
	(-12.81)	(-12.94)	(-12.44)	(-12.61)
公司	控制	控制	控制	控制
年份	控制	控制	控制	控制
AR (2) (*P* 值)	0.275	0.318	0.271	0.311
Hansen J (*P* 值)	0.176	0.183	0.173	0.175
样本量	21835	21835	21835	21835

注：括号内是z值；*、**、***分别表示双尾检验在10%、5%、1%的水平上显著。

7.4.3 控制融资交易的潜在影响

与4.4.3小节相同，为了消除卖空机制实施效果受到融资交易的潜在干扰，本小节在模型（5-1）中进一步控制了融资交易对企业创新投入与股价崩盘风险关系的影响，对假设H11进行检验。具体而言，在模型（7-1）的基础上加入融资交易额与创新投入强度的交互项（*RDA*×*Margin*、*RDS*×*Margin*），融资交易额（*Margin*）以当年个股的融资买入额与个股交易总金额之比衡量。

表7-6汇报了控制融资交易影响后的回归结果。结果显示，在控制了融资

交易对创新投入强度与股价崩盘风险关系的影响后，卖空机制与企业创新投入强度的交互项（$RDA \times Treat$、$RDS \times Treat$）系数均显著为负［列（1）中，系数 = -3.467，t = -2.27；列（2）中，系数 = -2.519，t = -2.48；列（3）中，系数 = -1.659，t = -2.02；列（4）中，系数 = -1.314，t = -2.71］，说明卖空机制对创新投入与股价崩盘风险关系的影响不受融资交易的影响，实证结果再一次支持了假设 H11。

表 7-6 控制融资交易的潜在影响

变量	(1)	(2)	(3)	(4)
	NCSKEW	*DUVOL*	*NCSKEW*	*DUVOL*
RDA × Treat	-3.467 **	-2.519 **		
	(-2.27)	(-2.48)		
RDA × Margin	-4.389	-2.543		
	(-0.61)	(-0.54)		
RDA	2.705 ***	1.446 ***		
	(3.62)	(2.99)		
RDS × Treat			-1.659 **	-1.314 ***
			(-2.02)	(-2.71)
RDS × Margin			0.229	0.941
			(0.05)	(0.39)
RDS			1.107 ***	0.510 **
			(2.88)	(2.07)
Treat	0.107 ***	0.063 ***	0.092 ***	0.054 **
	(2.89)	(2.60)	(2.60)	(2.27)
Margin	-0.446 **	-0.225 *	-0.450 **	-0.228 *
	(-2.28)	(-1.75)	(-2.29)	(-1.77)
DTURN	-0.042 **	-0.036 ***	-0.042 **	-0.036 ***
	(-2.50)	(-3.33)	(-2.52)	(-3.34)
RET	0.342 **	0.195 *	0.343 **	0.195 *
	(2.21)	(1.93)	(2.21)	(1.93)
MB	0.029 ***	0.018 ***	0.029 ***	0.018 ***
	(9.97)	(8.75)	(9.94)	(8.73)
Size	0.139 ***	0.072 ***	0.136 ***	0.070 ***
	(8.46)	(6.71)	(8.26)	(6.50)

续表

变量	(1)	(2)	(3)	(4)
	NCSKEW	*DUVOL*	*NCSKEW*	*DUVOL*
SIGMA	5.441***	3.189***	5.414***	3.171***
	(5.29)	(4.77)	(5.25)	(4.75)
Lev	-0.390***	-0.233***	-0.381***	-0.229***
	(-5.63)	(-5.14)	(-5.48)	(-5.04)
ROA	0.014	-0.056	0.041	-0.048
	(0.09)	(-0.59)	(0.28)	(-0.51)
ABACC	0.119	0.066	0.124	0.069
	(1.24)	(1.05)	(1.30)	(1.10)
常数项	-3.460***	-1.898***	-3.382***	-1.850***
	(-10.12)	(-8.53)	(-9.94)	(-8.33)
公司	控制	控制	控制	控制
年份	控制	控制	控制	控制
样本量	21835	21835	21835	21835
调整后的 R^2	0.237	0.237	0.237	0.237

注：括号内是 t 值；*、**、***分别表示双尾检验在10%、5%、1%的水平上显著。

7.4.4 行业调整后的企业创新投入

考虑到不同行业创新投入强度存在较大差异，本章参考6.4.2小节，采用经过行业调整的创新投入衡量变量对假设H11重新进行检验，以降低回归结果受衡量偏误内生性问题影响的可能，增强研究结论的稳健性。经行业调整的创新投入强度的衡量方法，为企业研发支出与当年所在行业研发支出中位数的差值分别除以企业总资产（*RDA_ adj*）和主营业务收入（*RDS_ adj*）。随后，将回归模型中 *RDA* 和 *RDS* 分别替换为 *RDA_ adj* 和 *RDS_ adj* 进行检验。

表7-7汇报了使用经行业调整的创新投入强度为解释变量的回归结果。结果显示，经行业调整的创新投入强度与卖空机制交互项（*RDA_ adj* × *Treat*、*RDS_ adj* × *Treat*）的回归系数均在1%的水平上显著为负［列（1）中，系数 = -3.560，t = -3.29；列（2）中，系数 = -2.537，t = -3.55；列（3）中，系数 = -0.688，t = -2.42；列（4）中，系数 = -0.588，

$t = -3.41$]，说明卖空机制的引入降低了创新投入强度对股价崩盘风险的正向影响，回归结果再一次支持了假设 H11，研究结论的稳健性不受创新投入强度衡量方法的影响。

表 7－7　调整创新投入强度衡量方法

变量	(1)	(2)	(3)	(4)
	NCSKEW	*DUVOL*	*NCSKEW*	*DUVOL*
RDA_ adj × Treat	−3.560 ***	−2.537 ***		
	(−3.29)	(−3.55)		
RDA_ adj	2.064 ***	1.130 **		
	(2.77)	(2.30)		
RDS_ adj × Treat			−0.688 **	−0.588 ***
			(−2.42)	(−3.41)
RDS_ adj			0.416 ***	0.258 ***
			(3.06)	(2.80)
Treat	−0.006	−0.003	−0.009	−0.005
	(−0.26)	(−0.22)	(−0.37)	(−0.33)
DTURN	−0.039 **	−0.035 ***	−0.039 **	−0.034 ***
	(−2.33)	(−3.19)	(−2.33)	(−3.18)
RET	0.353 **	0.201 **	0.351 **	0.199 **
	(2.27)	(1.98)	(2.26)	(1.97)
MB	0.030 ***	0.018 ***	0.029 ***	0.018 ***
	(10.10)	(8.85)	(10.06)	(8.80)
Size	0.140 ***	0.072 ***	0.135 ***	0.070 ***
	(8.46)	(6.72)	(8.24)	(6.48)
SIGMA	5.563 ***	3.252 ***	5.551 ***	3.244 ***
	(5.39)	(4.86)	(5.37)	(4.85)
Lev	−0.393 ***	−0.235 ***	−0.390 ***	−0.231 ***
	(−5.67)	(−5.18)	(−5.62)	(−5.11)
ROA	0.042	−0.041	0.044	−0.043
	(0.29)	(−0.44)	(0.30)	(−0.46)
ABACC	0.121	0.066	0.124	0.069
	(1.26)	(1.06)	(1.30)	(1.10)

续表

变量	(1)	(2)	(3)	(4)
	NCSKEW	*DUVOL*	*NCSKEW*	*DUVOL*
常数项	-3.468***	-1.904***	-3.373***	-1.847***
	(-10.13)	(-8.55)	(-9.91)	(-8.32)
公司	控制	控制	控制	控制
年份	控制	控制	控制	控制
样本量	21835	21835	21835	21835
调整后的 R^2	0.237	0.236	0.236	0.236

注：括号内是 *t* 值；*、**、***分别表示双尾检验在 10%、5%、1% 的水平上显著。

7.4.5　加入公司治理控制变量

参考 6.4.3 小节，考虑到公司治理差异对股价崩盘风险的潜在影响，本小节同样对公司董事会规模（*Board_ Size*）、独立董事比例（*Indep*）和董事长、总经理两职合一（*Duality*）进行了控制。在模型（7-1）的基础上加入了这三个变量，并对假设 H11 进行检验。变量具体定义与 6.4.3 小节相一致，于此不再说明。

表 7-8 汇报了加入公司治理控制变量的回归结果。在控制了公司治理变量后，创新投入强度与卖空机制交乘项（*RDA* × *Treat*、*RDS* × *Treat*）的回归系数仍然在 1% 的水平上显著为负［列（1）中，系数 = -4.293，*t* = -4.15；列（2）中，系数 = -2.984，*t* = -4.45；列（3）中，系数 = -1.747，*t* = -3.60；列（4）中，系数 = -1.230，*t* = -3.94］，说明卖空机制的引入缓解了创新投入对股价崩盘风险的正向影响；创新投入强度（*RDA*、*RDS*）的回归系数仍然正向显著。实证结果支持了假设 H11。结果表明，研究结论受公司治理方面遗漏变量影响的可能性较小。

表 7-8　加入公司治理控制变量的检验

变量	(1)	(2)	(3)	(4)
	NCSKEW	*DUVOL*	*NCSKEW*	*DUVOL*
RDA × *Treat*	-4.293***	-2.984***		
	(-4.15)	(-4.45)		

续表

变量	(1)	(2)	(3)	(4)
	NCSKEW	*DUVOL*	*NCSKEW*	*DUVOL*
RDA	2.701 *** (3.62)	1.442 *** (2.99)		
RDS × Treat			-1.747 *** (-3.60)	-1.230 *** (-3.94)
RDS			1.119 *** (2.92)	0.520 ** (2.11)
Treat	0.045 (1.61)	0.032 * (1.75)	0.033 (1.22)	0.023 (1.35)
Board_ Size	-0.008 (-0.13)	0.006 (0.15)	-0.008 (-0.13)	0.006 (0.15)
Indep	0.066 (0.38)	0.167 (1.43)	0.064 (0.37)	0.167 (1.44)
Duality	0.023 (0.98)	0.006 (0.36)	0.023 (0.99)	0.006 (0.38)
DTURN	-0.040 ** (-2.37)	-0.036 *** (-3.27)	-0.040 ** (-2.38)	-0.036 *** (-3.28)
RET	0.364 ** (2.33)	0.209 ** (2.04)	0.364 ** (2.33)	0.209 ** (2.04)
MB	0.030 *** (10.14)	0.018 *** (8.84)	0.030 *** (10.11)	0.018 *** (8.83)
Size	0.140 *** (8.43)	0.072 *** (6.67)	0.137 *** (8.25)	0.070 *** (6.50)
SIGMA	5.630 *** (5.43)	3.318 *** (4.91)	5.611 *** (5.41)	3.307 *** (4.90)
Lev	-0.386 *** (-5.51)	-0.229 *** (-5.02)	-0.377 *** (-5.37)	-0.226 *** (-4.93)
ROA	0.038 (0.26)	-0.044 (-0.47)	0.066 (0.45)	-0.036 (-0.38)
ABACC	0.135 (1.40)	0.073 (1.15)	0.140 (1.45)	0.075 (1.19)

续表

变量	(1)	(2)	(3)	(4)
	NCSKEW	*DUVOL*	*NCSKEW*	*DUVOL*
常数项	−3.497***	−1.979***	−3.426***	−1.940***
	(−9.48)	(−8.16)	(−9.32)	(−8.01)
行业	控制	控制	控制	控制
年份	控制	控制	控制	控制
样本量	21725	21725	21725	21725
调整后的 R^2	0.238	0.237	0.237	0.237

注：括号内是 t 值；*、**、***分别表示双尾检验在10%、5%、1%的水平上显著。

7.5　影响机制检验

回归结果表明，卖空机制的引入显著降低了企业创新投入对股价崩盘风险的正向影响，潜在影响机制如下：第一，创新效率机制。卖空机制的引入显著提高了企业创新效率，降低了创新负面事件的发生概率，减弱了创新投入对股价崩盘风险的正向影响。第二，创新信息披露机制。卖空机制的引入增强了企业披露创新信息的意愿，创新信息的有效披露能够缓解投资者对于创新成功概率和价值判断的不确定性，加快股价对企业创新负面消息的反映速度，降低由于负面消息累积而导致的股价崩盘风险。

7.5.1　创新效率机制

关于创新效率机制，本书在第5章已证明卖空机制的引入显著提高了企业创新效率，并且在第6章已证明创新效率的提升，缓解了创新投入强度对股价崩盘风险的正向影响，结果支持了创新效率机制的存在。因此，本章不再对创新效率机制进行单独检验，重点对第二种影响机制——创新信息披露机制的存在性进行检验。

7.5.2　创新信息披露机制

创新信息披露机制的检验步骤共分为以下两步：

第一步，检验卖空机制对企业创新信息披露的影响，如果信息披露机制存在，那么在控制了创新投入强度对信息披露水平的影响后，卖空机制的引入仍应显著提高企业创新信息的披露水平。

第二步，检验创新信息披露对企业创新投入与股价崩盘风险关系的影响，如果信息披露能够缓解创新投入带来的风险上升，那么伴随信息披露水平的提高，创新投入对股价崩盘风险的影响应有显著下降。这两步检验的方法与创新效率的检验步骤相一致。

本小节检验主要通过以下两个回归模型完成，模型设定如下：

7.5.2.1　第一步检验模型

第一步中，参考 Merkley（2014），本小节根据创新信息披露的影响因素构建了模型（7－2），检验卖空机制对企业创新信息披露的影响。

$$Inno\_Dis_{i,t+1} = \beta_0 + \beta_1 Treat_{i,t} + \beta_2 RDA_{i,t} + \beta_3 MB_{i,t} + \beta_4 Tangibility_{i,t} + \beta_5 Size_{i,t} + \beta_6 Analyst_{i,t} + \beta_7 Insti_{i,t} + \beta_8 Age_{i,t} + \beta_9 Lev_{i,t} + \beta_{10} Stock\_Iss_{i,t} + \beta_{11} Firm_i + \beta_{12} Year_t + \varepsilon_{i,t} \quad (7-2)$$

模型（7－2）中，*Inno_Dis* 为企业创新信息披露，*Treat* 的回归系数衡量卖空机制的引入对企业创新信息披露的影响，系数为正时，说明卖空机制的引入显著提高了企业创新信息的披露水平。模型对标准误进行了企业层面的聚类处理（Peterson，2009）。为了消除异常值对估计结果的影响，模型中所有连续变量在上下 1% 的水平进行了双边缩尾处理。

（1）被解释变量

模型（7－2）中，被解释变量为创新信息披露。现有研究对创新信息披露的衡量主要采取人工打分法（韩鹏、岳圆圆，2016；Nekhili et al.，2016），但这种方法主观性较强，样本量较小，研究结果可复制性与普适性较低。

本书采用文构（WinGo）财经文本数据平台提供的创新信息披露指标，这一指标的构建采用基于词典的大样本分析方法。词典法也是当前文本分析研究最为常用和流行的方法，受到学术界的广泛关注（Loughran and Mcdonald，2011）。在词典法的基础上，WinGo 平台采用“种子词集＋Word2Vec 相似词扩充”构建创新信息关键词词库。这一过程具体分为三步：首先，阅读相关文献获取种子词集（Merkley，2014）。其次，使用 Word2Vec 神经网络相似词算法，对种子词集进行扩充，构建企业创新相关的关键词库。最后，邀请业界和学术界专家对关键词集进行核实验证，总共获得了 401 个与创新相关的关键词。

进一步地，统计年报中创新相关的关键词词频（创新关键词词数/总词数），并乘以 100 作为创新文本信息披露的衡量变量（*Inno_ Dis*）。Word2Vec 的方法介绍与指标的具体构建过程可参考 WinGo 数据库网站①的介绍——技术创新、研究、开发、研发、专利、发明。

在此基础上，经过 Word2Vec 算法扩充出了 401 个相关关键词，扩充出的词汇包括科技创新、技术革命、核心技术、实验、试验、原创、独创、版权、知识产权、专利技术、发明专利、实用新型、外观专利、孵化、产学研、前沿、尖端、绿色技术、信息化、人工智能、云计算、3D 打印、智能制造、生物育种、培植、新品种、临床、新药、药学研究等。

（2）解释变量

模型（7-2）的解释变量为卖空机制（*Treat*），公司当年股票为融券标的时，该变量为 1，否则为 0。

（3）控制变量

参考现有研究，本书对以下影响企业创新信息披露的变量进行了控制：根据胡楠等（2018）的研究，企业创新投入强度越高，创新信息披露的水平越高，因此对创新投入强度（*RDA*）进行了控制。根据 Merkley（2014）的研究结论，账面市值比在一定程度上反映了企业无形资产价值，无形资产价值越高，企业信息披露的专有成本越高，因此控制了账面市值比（*BM*）。由于有形资产比重较高的企业可抵押资产价值的不确定性较低，因此披露创新信息的动机较弱，模型控制了企业资产有形性（*Tangibility*）。现有研究表明，企业的信息与披露环境受企业规模、外部监督者和企业成长期的共同影响，因此模型对企业规模（*Size*）、分析师跟踪（*Analyst*）、机构投资者持股比例（*Insti*）和企业年龄（*Age*）进行了控制；此外，Lang 和 Lundholm（1993）研究表明，企业会在融资临近时调整信息披露行为，因此本书控制了资产负债率（*Lev*）和股票增发（*Stock_ Iss*）两个变量。变量定义中，账面市值比（*BM*）以企业总资产与总市值的比衡量；机构投资者持股比例（*Insti*）以机构投资者持股数量与总股数的比值衡量；股票增发（*Stock_ Iss*）为类别变量，当企业在当年进行了股票增发，该变量取 1，否则为 0。控制变量数据来自国泰安数据库。

---

① WinGo 数据库网站地址：http://www.wingodata.com。

7.5.2.2 第二步检验模型

第二步检验模型在模型（6－6）的基础上，将创新效率变量替换为企业创新信息披露，构建了企业创新信息披露与创新投入强度的交乘项（$RDA \times Inno\_Dis$、$RDS \times Inno\_Dis$），模型设定如下：

$$Crash_{i,t+1} = \beta_0 + \beta_1 RDA_{i,t} \times Inno\_Dis_{i,t} + \beta_2 RDA_{i,t} + \beta_3 Inno\_Dis_{i,t} + \beta_4 DTURN_{i,t} + \beta_5 RET_{i,t} + \beta_6 MB_{i,t} + \beta_7 Size_{i,t} + \beta_8 SIGMA_{i,t} + \beta_9 Lev_{i,t} + \beta_{10} ROA_{i,t} + \beta_{11} ABACC_{i,t-1} + \beta_{12} Industry_i + \beta_{13} Year_t + \varepsilon_{i,t} \quad (7-3)$$

模型（7－3）中，如果回归系数β_1显著为负，说明创新信息披露水平的提高有助于缓解创新投入导致的股价崩盘风险。此时，第一步和第二步检验的结果说明，卖空机制的引入通过增强企业创新信息披露，缓解了创新投入导致的股价崩盘风险。模型中因变量和其余控制变量的设定与模型（6－6）相同，于此不再详细说明。

7.5.2.3 第一步检验的回归结果

表7－9报告了模型（7－2）的回归结果。列（1）中，在控制了公司和年份固定效应后，交乘项 *Treat* 的系数在1%的水平上显著为正（系数＝0.006，t＝2.89）。列（2）中，在加入了一系列控制变量后，*Treat* 的系数依然在1%的水平上显著为正（系数＝0.007，t＝2.99）。实证结果表明，卖空机制的引入增强了企业披露创新信息的意愿，企业希望通过更加详尽的创新信息披露，让投资者了解企业当前真实的创新动态与创新水平，降低股票被卖空的外部风险，也说明了年报信息披露是企业与投资者沟通创新信息的重要桥梁，值得投资者和监管部门重点关注。

表7－9 卖空机制与企业创新信息披露

变量	（1）	（2）
	Inno_Dis	*Inno_Dis*
Treat	0.006*** （2.89）	0.007*** （2.99）
RDA	1.823*** （10.65）	1.800*** （10.47）
BM		0.042*** （3.19）

续表

变量	(1)	(2)
	Inno_ Dis	*Inno_ Dis*
Tangibility		-0.015 (-0.86)
Size		0.005 (1.19)
Analyst		0.001 *** (3.20)
Insti		0.009 (0.35)
Age		-0.025 (-1.38)
Lev		-0.128 *** (-8.65)
Stock_ Iss		0.011 ** (2.37)
常数项	0.597 *** (92.31)	0.580 *** (5.67)
公司	控制	控制
年份	控制	控制
样本量	19258	19258
调整后的 R^2	0.816	0.817

注：括号内是 t 值；*、**、***分别表示双尾检验在 10%、5%、1% 的水平上显著。

7.5.2.4 第二步检验的回归结果

表 7-10 汇报了第二步检验的回归结果。结果显示，当分别使用 *NCSKEW* 和 *DUVOL* 衡量企业股价崩盘风险时，企业创新投入强度与创新信息披露交乘项（*RDA* × *Inno_ Dis*、*RDS* × *Inno_ Dis*）的回归系数均显著为负［列（1）中，系数 = -1.958，t = -2.90；列（2）中，系数 = -1.422，t = -3.08；列（3）中，系数 = -0.470，t = -2.03；列（4）中，系数 = -0.264，t = -2.28］，说明伴随企业创新信息披露强度的提高，投资者能够更加有效地获取创新相关的负面消息，因负面消息累积而造成股价崩盘

的可能性显著降低，此时企业创新投入对股价崩盘风险的正向影响得到了有效缓解。

表 7-10 创新信息披露对创新投入与股价崩盘风险关系的影响

变量	(1)	(2)	(3)	(4)
	NCSKEW	*DUVOL*	*NCSKEW*	*DUVOL*
RDA × *Inno_ Dis*	-1.958 *** (-2.90)	-1.422 *** (-3.08)		
RDA	0.345 ** (2.13)	0.266 ** (2.17)		
RDS × *Inno_ Dis*			-0.470 ** (-2.03)	-0.264 ** (-2.28)
RDS			0.221 ** (2.21)	0.204 ** (2.13)
Inno_ Dis	0.021 (0.97)	0.015 (0.99)	0.029 (1.40)	0.024 (1.52)
DTURN	-0.045 *** (-2.67)	-0.041 *** (-3.86)	-0.043 *** (-2.68)	-0.040 *** (-3.77)
RET	0.420 ** (2.02)	0.281 ** (2.04)	0.422 *** (3.20)	0.282 *** (3.26)
MB	-0.388 *** (-9.28)	-0.254 *** (-9.42)	-0.388 *** (-10.12)	-0.255 *** (-10.12)
Size	0.028 *** (3.83)	0.019 *** (3.95)	0.027 *** (4.01)	0.019 *** (4.18)
SIGMA	5.158 *** (3.92)	3.207 *** (3.73)	5.087 *** (5.56)	3.163 *** (5.27)
Lev	0.030 (0.71)	0.020 (0.73)	0.047 (1.22)	0.031 (1.25)
ROA	0.523 *** (3.48)	0.353 *** (3.68)	0.582 *** (4.37)	0.392 *** (4.49)
ABACC	0.286 *** (3.01)	0.147 ** (2.44)	0.288 *** (3.24)	0.148 ** (2.54)
常数项	-0.918 *** (-6.24)	-0.654 *** (-6.62)	-0.913 *** (-6.78)	-0.651 *** (-7.37)

续表

变量	(1)	(2)	(3)	(4)
	NCSKEW	*DUVOL*	*NCSKEW*	*DUVOL*
行业	控制	控制	控制	控制
年份	控制	控制	控制	控制
样本量	15649	15649	15649	15649
调整后的 R^2	0.063	0.066	0.063	0.066

注：括号内是 t 值；*、**、***分别表示双尾检验在10%、5%、1%的水平上显著。

综合第一步和第二步检验的结果发现，卖空机制的引入提高了企业创新信息披露强度，而创新信息披露强度的增强能够显著缓解企业创新投入导致的股价崩盘风险。结合第一步和第二步检验的回归结果，卖空机制通过提高企业创新信息的披露水平，缓解了创新投入带来的股价崩盘风险，创新信息披露机制得到了实证结果的支持。

7.6 结果讨论

本章在第6章的基础上，进一步考察了卖空机制对企业创新股市负面效应的影响。在明确了企业创新与股价崩盘风险的关系后，提出了假设H11，检验卖空机制对企业创新与股价崩盘风险关系的影响。

基于多期双重差分模型的检验发现，上市公司在股票成为融券标的后，创新投入对股价崩盘风险的正向影响被显著削弱，支持了假设H11。这一现象产生的原因有两个方面：第一，卖空机制的引入显著提高了企业创新效率，从而降低了负面事件的发生概率；第二，卖空机制的引入增强了企业披露创新信息的意愿，因为创新信息的及时披露可以缩减卖空交易的套利空间，缓解了企业与投资者关于创新信息的信息不对称程度，使负面消息能够及时被股价反映，降低了股价崩盘风险。具体而言，当创新投入强度（*RDA*）取样本均值时，个股从非融券标的成为融券标的后，由于创新投入增加引发的股价崩盘风险显著降低，降低的幅度分别占两类股价崩盘风险衡量变量（*NCSKEW*、*DUVOL*）均值的12%和11.4%。可见，卖空机制有效地削弱了创新投入引发的股价崩盘风险。首先，从这一角度讲，经理人在卖空机制引入后，不再会过度担心由创新投入导致的股价崩盘，此时应会具备更高的创新意愿；其次，就中小投资者角度而言，卖空机制对创新信息披露的增强，有助于保护中小投资者利益，避免中小投资者因股价崩盘而利益受损；最后，从市场监管部门的角度，卖空机制的引入降低了企业创新导致的市场波动，发挥了稳定资本市场的重要功能。这一经验证据的发现，进一步凸显了卖空机制对我国企业创新和资本市场发展的重要意义。

7.7 本章小结

本章重点研究了卖空机制对企业创新与股价崩盘风险关系的影响。以2007—2018年我国A股非金融类上市公司为样本，使用多期双重差分模型研究发现，卖空机制的引入显著降低了企业创新投入引发的股价崩盘风险（假设H11）。稳健性检验表明，在使用了PSM配对样本检验、系统广义矩估计检验、控制融资交易的潜在影响，以及行业调整后的企业创新投入后，上述研究结论依然成立。机制检验发现，卖空机制是通过提高创新效率和增强创新信息披露两个方面，缓解了创新投入引发的股价崩盘风险。表7－11为本章研究假设和检验结果。

表7－11 本章研究假设检验结果

研究假设	检验结果	
假设H11	卖空机制的引入减弱了企业创新投入对股价崩盘风险的正向影响	通过

8 结论与展望

通过第4章至第7章的理论分析与实证研究，本书对第1章提出的四个问题进行了深入研究。发现了我国A股市场卖空机制的引入，对企业创新投入、创新效率，以及创新经济后果的影响效果与影响机制。本章在前文基础上，对上述研究工作进行总结，归纳本书主要研究结论，提出相关政策建议。并阐明本书的主要创新点，指出本书的研究局限与未来研究的发展方向。

8.1 主要研究结论

国家要求加快实施“创新驱动发展战略”，明确提出应“强化资本市场对技术创新的支持”，“发挥金融创新对技术创新的助推作用”。本书从股票市场交易机制层面，发现A股市场引入卖空机制是促进企业创新水平的有效途径。创新水平由创新投入与创新效率共同决定，激发企业创新意愿，提高创新投入是促进创新水平的首要任务。为此，第4章首先研究了卖空机制对企业创新投入的影响。随后，第5章重点研究了卖空机制对企业创新效率的影响。第6章从股价崩盘风险角度，研究了企业创新投入对股价崩盘风险的负面影响，以及创新效率对这一负面效应的缓解作用。在此基础上，第7章研究了卖空机制通过影响企业创新效率与创新信息披露，对企业创新投入和股价崩盘风险的关系会产生怎样的影响。

综合以上四部分研究内容，本书在理论分析与逻辑推演基础上，共提出了11项研究假设，并以A股市场非金融类上市公司为研究样本，采用描述性统计、相关性分析、多元回归分析和文本分析等实证研究方法，对研究假设进行了实证检验。同时采取倾向得分匹配法、系统广义矩估计等方法检验了实证结果的稳健性，得到了以下主要研究结论：

第一，卖空机制的引入显著提高了企业创新投入。具体而言，卖空机制引入后，企业创新投入强度的提高幅度占到了样本均值的7.6%。在经过倾向得分匹配、系统广义矩估计、控制融资交易影响等一系列稳健性检验后，卖空机制对企业创新投入强度的正向影响依然显著。影响机制检验发现，卖空机制的引入通过治理大股东“掏空”行为、抑制经理人享受“平静生活”的代理动机，以及缓解经理人创新的“职业担忧”，提高了企业创新的投入强度。进一步分析发现，卖空约束的缓解增强了卖空机制对企业创新投入强度的正向影响；企业内部治理水平与卖空机制外部治理存在替代关系，在机构持股比例较低的企业中，卖空机制对企业创新投入强度的正向影响更加显著。此外，从创新策略的角度，卖空机制的引入显著提高了企业探索型创新的投入强度，而对开发型创新的投入强度没有显著影响。上述结果表明，卖空机制的引入能够通过发挥“治理效应”，缓解企业创新的内源融资约束、增强经理人的创新意愿，最终提高创新投入水平。

第二，卖空机制的引入显著提高了企业创新效率。具体而言，卖空机制引入后，企业创新效率的提高幅度占到了样本均值的25.1%。在一系列稳健性检验后，卖空机制对企业创新效率的正向影响依然显著。影响机制检验发现，卖空机制主要通过以下三条路径提高了企业创新效率：首先，卖空机制的引入增强了股市信息反馈，提高了经理人创新项目的辨识能力；其次，卖空机制的引入减少了经理人对研发支出的意外性削减，提高了创新投入的持续性；最后，卖空机制的引入提高了研发人员股权激励的水平与效果，促进了研发人员的创新参与和团队协作。在上述三种机制的影响下，卖空机制显著提高了企业创新效率。进一步分析发现，卖空约束的缓解进一步增强了卖空机制对企业创新效率的正向影响；在创新强度较高的行业中，卖空机制对企业创新效率的正向影响更加显著；在企业创新投入和创新效率都得到显著提高后，卖空机制的引入显著提高了企业以发明专利数量为衡量的创新水平。

第三，企业创新投入强度的提高增加了股价崩盘风险，创新效率的增强缓解了创新投入引发的股价崩盘风险。并且在一系列稳健性检验后，上述研究结论依然成立。结果表明，创新投入本质上是一项高风险的资本投资，创新投入的提高一方面增加了负面事件的发生概率，另一方面加剧了企业与投资者之间的信息不对称。在二者的共同影响下，股价崩盘风险显著上升。而创新效率的提升有助于降低创新负面事件的发生概率，从而在一定程度上缓解了企业创新引发的股价崩盘风险。

第四，卖空机制的引入显著缓解了企业创新引发的股价崩盘风险。在经济效果上，卖空机制引入后，创新投入强度提高导致的股价崩盘风险显著降低，降低幅度占到了股价崩盘风险样本均值的12%。稳健性检验依然支持了卖空机制对企业创新这一负面经济后果的缓解作用。影响机制检验发现，卖空机制主要通过两个方面产生风险缓解功能：首先，卖空机制通过提高企业创新效率，降低了创新负面事件的发生频率；其次，卖空机制的引入增强了经理人对创新信息的披露意愿，缓解了企业与投资者的信息不对称。在创新效率与信息披露水平得到显著提高后，卖空机制的引入减弱了创新投入对股价崩盘风险的正向影响。

8.2 主要创新点

与现有研究相比，本书的主要创新有以下三个方面：

第一，本书将卖空机制纳入企业创新的研究框架，证明了卖空机制的引入提高了企业创新投入和创新效率，拓宽了股票市场与企业创新关系的研究视角。股票市场如何影响企业创新是创新研究的重要领域，现有文献更多关注了股票市场参与主体、股票特征和市场规模等因素对企业创新的影响，鲜有对市场交易机制与企业创新的关系的研究。本研究的前期成果初步证明了卖空机制对企业创新水平的促进作用，但未从投入和效率角度，有效揭示卖空机制促进创新水平的具体路径。鉴于此，本书在前期研究成果的基础上，运用委托代理理论、市场微观结构理论和市场反馈理论等，证实了A股市场卖空机制的引入对企业创新投入和创新效率存在正向影响，并揭示了卖空机制产生这一作用的内在机理。研究结论从交易机制层面，发现了股票市场影响企业创新的新路径，为探讨股票市场与企业创新的关系提供了新的视角与经验证据。

第二，本书研究发现卖空约束缓解后，卖空机制对企业创新投入和创新效率的促进作用得到显著增强，证实了卖空约束是影响卖空机制功能发挥的关键因素。与发达股票市场相比，我国A股市场仍然存在融券券源不足和融券费率过高等问题，卖空交易的撮合受到了较强的制度约束，影响了卖空机制经济效应的有效发挥。现有研究主要关注了引入卖空机制产生的经济后果，缺乏卖空约束对卖空机制功能发挥的影响等方面的研究。本书利用2013年2月A股市场转融券制度的实施，构建了卖空约束缓解的代理变量，并使用卖空机制引入与卖空约束缓解的交乘项进行研究，发现卖空约束缓解增强了卖空机制对企业创新的促进作用。研究结论表明，单纯扩大融券标的范围难以有效发挥卖空机制对企业创新的积极影响，在未来政策修订中，建议在有效的市场监管下，适度缓解 A 股市场对卖空交易的制度约束。

第三，本书从股票市场交易机制层面，研究并证实了引入卖空机制是缓解企业创新引发的股价崩盘风险的有效途径。近期相关研究发现，企业创新投入加剧了股价崩盘风险，但仅从股权特征角度研究了如何缓解创新引发的股价崩盘风险，研究视角仍有待拓展。本书研究发现，通过提高企业创新效率与创新信息披露水平，卖空机制的引入能够显著减弱企业创新投入对股价崩盘风险的正向影响。研究结论从股票市场交易机制层面，丰富了关于缓解企业创新引发的股市负面效应的研究成果，克服了现有文献仅从股权特征角度进行研究的局限，对于防范企业创新可能引发的非系统性风险具有一定的现实意义，也为全面、客观地评价卖空机制的实施效果提供了理论依据。

8.3 政策建议

本书的研究结论表明，卖空机制的引入对于增强企业创新水平具有重要意义。在对国内外股票市场相关制度差异分析的基础上，根据本书的主要研究结论，提出了以下政策建议：

第一，进一步扩大融券标的范围。截至 2022 年 10 月 21 日融券标的最后一次扩容，A 股市场共有融券标的 2200 只，占 A 股总数的 44.5%，融券标的范围仍存在较大的拓展空间。根据本书的研究结论，应进一步扩大融券标的范围，允许投资者对更多个股进行融券卖空交易，有利于促进企业创新水平，缓解企业创新可能导致的非系统性风险。考虑到卖空机制的“治理效应”对内部治理水平较差的公司影响更加显著，因此在融券标的的选择上，可以优先将内部治理水平较差的公司股票设为融券标的。此外，鉴于卖空机制对创新强度较高行业的企业创新效率影响更加显著，可以优先将这类行业的公司股票作为融券标的，有效激发卖空机制对企业创新的积极影响。

第二，在有效的市场监管下，进一步减少对卖空交易不合理的制度约束。本书以转融券制度实施作为卖空约束缓解的代理变量，发现卖空约束缓解进一步增强了卖空机制对企业创新的促进作用。这是因为卖空机制“治理效应”和“信息效应”的发挥依赖于真实交易的发生，只有当卖空交易的制度约束得到有效缓解后，卖空机制的积极作用才能得到有效体现。因此，在强化有效监管手段的同时，建议进一步扩大转融券标的范围，消除转融券标的和融券标的在范围上的不匹配。此外，我国A股市场现行卖空交易的融券费率过高，平均融券费率高达8%～9%，而同期美国市场的融券费率仅为1%。融券费率过高同样是卖空交易的重大制度约束。建议未来在融券费率的制定中，进一步发挥市场在价格决定中的基础性功能，减少行政手段干预，促进市场卖空交易规模稳步扩大。

第三，进一步引入以价值投资为导向的机构投资者。综观全球股市，卖空交易的实施者多为具有信息优势的机构投资者。这是因为机构投资者一方面具有较强的信息优势，能够积极充分地搜集并处理企业相关信息，布局卖空策略；另一方面机构投资者具备较高的风险承担能力，能够承担卖空交易的高风险。因此，卖空机制在A股市场的实践与发展离不开更加成熟的投资者结构。市场监管部门仍需进一步提高机构投资者占比，积极引入合格境外机构投资者（QFII）、保险和养老金资金等以价值投资为导向的中长期机构投资者。这类投资者对企业基本面的关注，能够进一步增强卖空机制对企业创新的积极影响。

第四，培育包容积极型卖空的制度和文化氛围。卖空交易可以分为对外发布卖空报告的积极型卖空和不发布报告的消极型卖空。相较于“沉默”的消极型卖空，积极型卖空传递的价值信号更易被中小投资者捕捉，从而更加有效地发挥卖空机制的“治理效应”和“信息效应”。当前我国A股市场仍以不对外发布公告的消极型卖空为主，积极型卖空较少。2019年3月7日，中信证券发布了针对中国人保的沽空报告。虽然证监会对此的评论为“个股看空报告非常正常”。但在各大股票论坛中，股民仍将这类正常的积极型卖空“妖魔化”，发表了对中信证券的各类攻击。由此可见，市场监管部门在舆论引导和投资者教育中应发挥更加积极的作用，提倡以价值投资为导向的积极型卖空，鼓励研究机构和机构投资者公开发布卖空报告，引导中小投资者树立对卖空交易的正确观念。积极型卖空是未来A股市场卖空机制发展的必然趋势，这类卖空交易数量的逐步增加反映了资本市场相关制度和文化氛围的不断健全。

8.4 局限性和研究展望

本书的研究基本完成了预期研究目标，得到了一些重要的研究结论，但仍在以下方面存在一定的研究局限：

首先，受制于研发人员个体数据的可得性，本书未能关注卖空机制对研发人员个体行为的影响。在企业创新过程中，研发人员是创新决策的执行者，对企业创新想法的来源和创新效率产生了重要影响。因此，卖空机制会如何影响研发人员行为，进而影响创新活动同样具有较大的研究意义。但受制于研发人员数据难以获得，本书并未对卖空机制与研发人员行为展开深入探讨。

其次，受制于数据可得性，本书未能从发明专利的个体层面，对专利价值进行差异化检验，故未开展卖空机制对企业创新价值的研究。虽然本书只以发明专利作为企业创新产出的衡量，这类专利本身具有较高的创新价值，卖空机制对这类专利申请并授权数量的正向影响，能够部分说明卖空机制对企业创新价值具有促进作用。但发明专利之间同样存在价值差异，当前国外研究使用了专利公布日公司股价的异常收益作为创新价值的衡量（Kogan et al.，2017）。但由于这一数据获取难度极高，本书并未运用这类创新产出价值的衡量方法进行相关研究。

最后，在企业创新经济后果研究中，本书只考虑了企业创新与股价崩盘风险的关系，并未研究企业创新在股票市场以外的经济后果。股价崩盘风险是企业创新在资本市场中的一类经济后果，除此之外，创新还有可能影响企业在债券市场的表现。但鉴于本书的研究要素主要聚集在股票市场，因此未从债券市场研究创新的经济后果。

根据相关领域的热点研究话题与本书的主要局限，未来研究可以考虑从以下三个方面开展：

第一，探索交易机制以外的资本市场制度变化对企业创新的影响。引入卖空机制是我国A股市场交易机制的重要改革，除此之外，资本市场其他方面的制度改革是否会影响企业创新活动？例如，近期科创板的建立引入了注册制的上市审核方式，相较于核准制，注册制会对企业创新产生怎样的影响？此外，股票市场允许保险和养老金资金入市的制度变化，是否会引起创新水平的提高？资本市场的发展过程就是制度改革不断推进的过程，我国资本市场发展历史较短，监管部门格外重视资本市场制度的建设与完善，这一方向的研究仍然具有重要的研究价值。

第二，通过对专利数据的进一步深挖，对卖空机制与企业创新这一话题进行更加深入的研究。依靠对专利数据的进一步深挖，国外的一些学者对企业创新的话题进行了更为深入的研究。例如，通过对专利技术分类数据的搜集，考察不同类型创新的影响因素；对专利公告日的股价异常收益数据的搜集，研究创新价值的影响因素；等等。未来我国创新研究的推进也离不开对相关数据的进一步搜集，通过提高数据可得性，开展卖空机制对企业创新价值、绿色创新等方面的影响研究。

第三，继续探索企业创新引发的其他负面经济后果及改善机制。伴随企业创新影响因素研究的不断深入，创新的经济后果研究具有较大的研究空间。尤其与以往学术界认识相悖，企业创新也可能对绩效以外的方面产生负面影响。本书以股价崩盘风险为视角，探究了企业创新对股价表现的负面影响，企业创新是否会引发其他类型的负面表现？例如，从债权人角度，债权人规避风险的天生属性是否会对创新投入较高的企业收取更高的融资成本？从分析师角度，企业创新的高风险和不确定性特征是否会通过增加盈余波动降低分析师预测的准确度？从审计师角度，创新型企业业务的复杂性是否会增加审计工作难度，进而影响审计收费？这类研究的开展有助于更加全面地认识企业创新的经济后果。通过探讨如何缓解企业创新的负面经济效应，有利于进一步增强企业的创新意愿，提升企业的创新表现，具有较高的学术价值与强烈的现实意义。

参考文献

[1]Schwab K. 2019年全球竞争力报告[R]. 瑞士:世界经济论坛,2019.

[2]Kurokawa K,创新25战略[R]. 东京:日本内阁,2007.

[3]美国国家经济委员会. 美国创新战略[EB/OL]. https://files. eric. ed. gov/fulltext/ED511653. pdf, 2009/09 - 21/2020 - 05 - 07.

[4]韩国政府, 制造业创新3.0战略[EB/OL]. https://cameta. org. cn/index. php? m = content&c = index&a = show&catid = 120&id = 999, 2014 - 06/2020 - 05 - 07.

[5]中国国务院. 中国制造2025[EB/OL]. https://www. gov. cn/zhengce/content/2015 - 05/19/content_9784. htm, 2015 - 05 - 19/2020 - 05 - 07.

[6]陈彦斌,尹志锋,陈小亮. 中国企业创新能力百千万排行榜(2019)[R]. 北京:中国人民大学企业创新课题组,2019.

[7]美国战略与国际研究中心. 科技胖龙——中国创新力基准报告[R]. 华盛顿特区:美国战略与国际研究中心,2017.

[8]李兰,李燕斌,张泰,等. 新常态下的企业创新:现状、问题与对策——2015中国企业家成长与发展专题调查报告[J]. 管理世界,2015(6): 22 - 33.

[9]中国国务院,关于深化体制机制改革加快实施创新驱动发展战略的若干意见, https://www. gov. cn/xinwen/2015 - 03/23/content_2837629. htm, 2015 - 03 - 23/2020 - 05 - 10.

[10]JENSEN M C, MECKLING W H. Theory of the firm: Managerial behavior, agency costs and ownership structure[J]. Journal of Financial Economics, 1976, 3(4): 305 - 360.

[11]BERTRAND M, MULLAINATHAN S. Enjoying the quiet life? Corporate governance and managerial preferences[J]. Journal of Political Economy, 2003, 111(5): 1043 - 1075.

[12] HOLMSTROM B. Agency costs and innovation[J]. Journal of Economic Behavior & Organization, 1989, 12(3): 305 -327.

[13] SHLEIFER A, VISHNY R W. A survey of corporate governance[J]. The Journal of Finance, 1997, 52(2): 737 -783.

[14] AGHION P, VAN REENEN J, ZINGALES L. Innovation and institutional ownership[J]. The American Economic Review, 2013, 103(1): 277 -304.

[15] LUONG H, MOSHIRIAN F, NGUYEN L, et al. How do foreign institutional investors enhance firm innovation? [J]. Journal of Financial and Quantitative Analysis,2017,52(4):1 -42.

[16] LANG M H, LINS K V, MILLER D P. Concentrated control, analyst following, and valuation: Do analysts matter most when investors are protected least? [J]. Journal of Accounting Research, 2004, 42(3): 589 -623.

[17]陈钦源,马黎珺,伊志宏. 分析师跟踪与企业创新绩效——中国的逻辑[J]. 南开管理评论, 2017,20(3): 15 -27.

[18] ABOODY D, LEV B. Information asymmetry, R&D, and insider gains [J]. The Journal of Finance, 2000, 55(6): 2747 -2766.

[19]余明桂,钟慧洁,范蕊. 分析师关注与企业创新——来自中国资本市场的经验证据[J]. 经济管理,2017,39(3): 175 -192.

[20] MYERS S C, MAJLUF N S. Corporate financing and investment decisions when firms have information that investors do not have[J]. Journal of Financial Economics, 1984, 13(2): 187 -221.

[21] Hsu P - H, Tian X, XU Y. Financial development and innovation: Cross - country evidence[J]. Journal of Financial Economics, 2014, 112(1): 116 - 135.

[22]钟腾,汪昌云. 金融发展与企业创新产出——基于不同融资模式对比视角[J]. 金融研究, 2017(12): 127 -142.

[23] SIMON H. The new science of management decision[M]. New York: The Haworth Press, 1960.

[24] HAYEK F A. The use of knowledge in society[J]. The American Economic Review, 1945, 35(4): 519 -530.

[25] BOND P, EDMANS A, GOLDSTEIN I. The real effects of financial mar-

kets[J]. Annual Review of Financial Economics, 2012, 4(1): 339 -360.

[26]李启佳,罗福凯,庞廷云.兼听则明:股价信息的创新指导效应[J].山西财经大学学报,2020,42(2):16-28.

[27]ZHONG R (Irene). Transparency and firm innovation[J]. Journal of Accounting and Economics, 2018, 66(1): 67 -93.

[28]Chemmanur T J, Shen Y, Xie J. Innovation beyond firm boundaries: Strategic alliances and corporate innovation [J]. Journal of Corporate Finance, 2023, 80: 102418.

[29]BRAV A, JIANG W, MA S, et al. How does hedge fund activism reshape corporate innovation? [J]. Journal of Financial Economics, 2018, 130(2): 237 -264.

[30]ACHARYA V V, BAGHAI R P, SUBRAMANIAN K V. Wrongful discharge laws and innovation[J]. The Review of Financial Studies, 2014, 27(1): 301 -346.

[31]张劲帆,李汉涯,何晖.企业上市与企业创新——基于中国企业专利申请的研究[J].金融研究,2017(5):160-175.

[32]WAKELIN K. Productivity Growth and R&D expenditure in UK manufacturing firms[J]. Research Policy, 2001, 30(7): 1079 -1090.

[33]陈超,赵武阳,潘晶晶.研发投入、融资能力与公司业绩——来自中国工业企业的大样本证据[J].研究与发展管理,2014,26(3):1-11.

[34]徐欣,唐清泉.R&D活动、创新专利对企业价值的影响——来自中国上市公司的研究[J].研究与发展管理,2010,22(4):20-29.

[35]吴超鹏,唐菂.知识产权保护执法力度、技术创新与企业绩效——来自中国上市公司的证据[J].经济研究,2016,51(11):125-139.

[36]JIN L, MYERS S C. R2 around the world: New theory and new tests [J]. Journal of Financial Economics, 2006, 79(2): 257 -292.

[37]林川,杜思俊.研发投入、外资股份与股价崩盘风险——基于创业板上市公司的经验证据[J].太原理工大学学报(社会科学版),2019,37(5):54-63.

[38]赵文耀,白霄,郑建明.研发投入是否存在"资源诅咒"效应?[J].科学学研究,2019,37(12):2176-2193,2304.

[39] MILLER E M. Risk, uncertainty, and divergence of opinion[J]. The Journal of Finance, 1977, 32(4): 1151 - 1168.

[40] CHANG E C, LUO Y, REN J. Short - selling, margin - trading, and price efficiency: Evidence from the Chinese market[J]. Journal of Banking & Finance, 2014, 48: 411 - 424.

[41] DIAMOND D W, VERECCHIA R E. Constraints on short - selling and asset price adjustment to private information[J]. Journal of Financial Economics, 1987, 18(2): 277 - 311.

[42] BOEHMER E, JONES C M, ZHANG X. Shackling short sellers: The 2008 shorting ban [J]. The Review of Financial Studies, 2013, 26 (6): 1363 - 1400.

[43] CHAROENROOK A, DAOUK H. A study of market - wide short - selling restrictions[J]. Working Paper, 2009.

[44] 褚剑,方军雄. 中国式融资融券制度安排与股价崩盘风险的恶化[J]. 经济研究,(5): 143 - 158.

[45] OHara M. Market microstructure theory[M]. Oxford: Blackwell Publishing, 1997.

[46] Spence M. Job market signaling[J]. The Quarterly Journal of Economics, 1973, 87(3): 355.

[47] Massa M, Zhang B, Zhang H. The invisible hand of short selling: Does short selling discipline earnings management? [J]. Review of Financial Studies, 2015, 28(6): 1701 - 1736.

[48] 张璇,周鹏,李春涛. 卖空与盈余质量——来自财务重述的证据[J]. 金融研究,2016(8): 175 - 190.

[49] Grullon G, Michenaud S, Weston J P. The real effects of short - selling constraints[J]. The Review of Financial Studies, 2015, 28(6): 1737 - 1767.

[50] 陈胜蓝,马慧. 卖空压力与公司并购——来自卖空管制放松的准自然实验证据[J]. 管理世界,2017(7):142 - 156.

[51] 褚剑, 方军雄, 于传荣. 卖空约束放松与银行信贷决策[J]. 金融研究,2017(12): 111 - 126.

[52] Meng Q, Li X, Chan K C, et al. Does short selling affect a firm's financial

constraints? [J]. Journal of Corporate Finance, 2020, 60: 101531.

[53]Chen H, Zhu Y, Chang L. Short - selling constraints and corporate payout policy[J]. Accounting & Finance, 2019, 59(4): 2273 - 2305.

[54]沈珂月,王学军.卖空机制对企业现金股利政策影响的实证分析[J].统计与决策,2019,35(8):165 - 168.

[55]DE ANGELIS D, GRULLON G, MICHENAUD S. The effects of short - selling threats on incentive contracts: Evidence from an experiment[J]. Review of Financial Studies, 2017, 30(5): 1627 - 1659.

[56]侯青川,靳庆鲁,苏玲,等.放松卖空管制与大股东“掏空”[J].经济学(季刊),2017,16(3):1143 - 1172.

[57]陈胜蓝,卢锐.卖空压力与控股股东私利侵占——来自卖空管制放松的准自然实验证据[J].管理科学学报,2018,21(4):67 - 85.

[58]陈康,刘琦.股价信息含量与投资 - 股价敏感性——基于融资融券的准自然实验[J].金融研究,2018(9):126 - 142.

[59]中国社会科学院语言研究所词典编辑室.现代汉语词典(第七版)[M].北京:商务印书馆,2005.

[60]张峥,李怡宗,张玉龙,等. 中国股市流动性间接指标的检验——基于买卖价差的实证分析[J].经济学(季刊),2014,13(1):233 - 262.

[61]HARRISON J M, KREPS D M. Speculative investor behavior in a stock market with heterogeneous expectations[J]. The Quarterly Journal of Economics, 1978, 92(2): 323.

[62]HONG H, STEIN J C. Differences of opinion, short - sales constraints, and market crashes[J]. The Review of Financial Studies, 2003, 16(2): 487 - 525.

[63]JONES C M, LAMONT O A. Short - sale constraints and stock returns [J]. Journal of Financial Economics, 2002, 66(2): 207 - 239.

[64]CHEN J, HONG H, STEIN J C. Breadth of ownership and stock returns [J]. Journal of Financial Economics, 2002, 66(2): 171 - 205.

[65]CHANG E C, JOSEPH W CHENG , YINGHUI YU. Short - Sales constraints and price discovery: Evidence from the Hong Kong market[J]. The Journal of Finance, 2007, 62(5): 2097 - 2121.

[66]SAFFI P A C, SIGURDSSON K. Price efficiency and short selling[J].

The Review of Financial Studies, 2011, 24(3): 821 - 852.

[67] BEBER A, PAGANO M. Short - Selling bans around the world: Evidence from the 2007 - 2009 Crisis[J]. The Journal of Finance, 2013, 68(1): 343 - 381.

[68] JARROW R. Heterogeneous Expectations, restrictions on short sales, and equilibrium asset prices[J]. The Journal of Finance, 1980, 35(5): 1105 - 1113.

[69] 李志生,陈晨,林秉旋. 卖空机制提高了中国股票市场的定价效率吗?——基于自然实验的证据[J]. 经济研究,2015,50(4): 165 - 177.

[70] 李科,徐龙炳,朱伟骅. 卖空限制与股票错误定价——融资融券制度的证据[J]. 经济研究,2014,49(10): 165 - 178.

[71] 古志辉,郝项超,张永杰. 卖空约束、投资者行为和 A 股市场的定价泡沫[J]. 金融研究, 2011(2): 129 - 148.

[72] 许红伟,陈欣. 我国推出融资融券交易促进了标的股票的定价效率吗?——基于双重差分模型的实证研究[J]. 管理世界,2012(5): 52 - 61.

[73] WOOLRIDGE J R, DICKINSON A. Short selling and common stock prices[J]. Financial Analysts Journal, 1994, 50(1): 20 - 28.

[74] BRIS A, GOETZMANN W N, ZHU N. Efficiency and the Bear: Short sales and markets around the world[J]. The Journal of Finance, 2007, 62(3): 1029 - 1079.

[75] KOLASINSKI A C, REED A, THORNOCK J R. Can short restrictions actually increase informed short selling? [J]. Financial Management, 2013, 42(1): 155 - 181.

[76] CLIFTON M, SNAPE M. The Effect of Short - selling restrictions on liquidity: Evidence from the London Stock Exchange[R]. London: London Stock Exchange, 2008.

[77] DIETHER K B, LEE K - H, WERNER I M. It's SHO time! Short - Sale price tests and market quality[J]. The Journal of Finance, 2009, 64(1): 37 - 73.

[78] SHARIF S, ANDERSON H D, MARSHALL B R. Against the tide: The commencement of short selling and margin trading in mainland China[J]. Accounting & Finance, 2014, 54(4): 1319 - 1355.

[79] 谢黎旭,张信东,张燕,等. 融资融券扩容和流动性[J]. 管理科学, 2018,31(6): 46 - 57.

[80]吴术,张兵,李心丹.融资融券交易对市场有效性影响的计算实验[J].系统工程,2014,32(9):42-47.

[81]于潇,毛雅萍.融资融券对股票市场流动性和波动性的影响——基于上证180的证据[J].当代经济科学,2014(22):113-117.

[82]李志生,杜爽,林秉旋.卖空交易与股票价格稳定性——来自中国融资融券市场的自然实验[J].金融研究,2015(6):173-188.

[83]陈海强,范云菲.融资融券交易制度对中国股市波动率的影响——基于面板数据政策评估方法的分析[J].金融研究,2015(6):159-172.

[84]苏冬蔚,倪博.转融券制度、卖空约束与股价变动[J].经济研究,2018,53(3):110-125.

[85]DESAI H, KRISHNAMURTHY S, VENKATARAMAN K. Do short sellers target firms with poor earnings quality? Evidence from earnings restatements[J]. Review of Accounting Studies, 2006, 11(1): 71-90.

[86]FANG V W, HUANG A H, KARPOF J M. Short selling and earnings management: A controlled experiment[J]. The Journal of Finance, 2016, 71(3): 1251-1294.

[87]陈晖丽,刘峰.融资融券的治理效应研究——基于公司盈余管理的视角[J].会计研究,2014(9):45-52,96.

[88]白雪莲,张俊瑞,马云高.卖空机制与会计稳健性——基于债权人视角的研究[J].审计与经济研究,2018,33(6):58-70.

[89]杨慧辉,刘伟.融券机制对上市公司信息披露违规行为存在治理效应吗[J].财贸研究,2018,29(9):98-110.

[90]刘亭立,姜莹.卖空机制能否提高上市公司的盈余质量?——基于转融券制度的准自然实验[J].商业研究,2019(11):131-140.

[91]彭文平,张姗姗.融券卖空、分析师跟踪与企业信息披露质量[J].南京审计大学学报,2019,16(3):46-54.

[92]LI Y, ZHANG L. Short selling pressure, stock price behavior, and management forecast precision: Evidence from a natural experiment[J]. Journal of Accounting Research, 2015, 53(1): 79-117.

[93]靳庆鲁,侯青川,李刚,等.放松卖空管制、公司投资决策与期权价值[J].经济研究,2015,50(10):76-88.

[94]王仲兵,王攀娜. 放松卖空管制与企业投资效率——来自中国资本市场的经验证据[J]. 会计研究,2018(9):80-87.

[95]CHANG E C, LIN T-C, MA X. Does short-selling threat discipline managers in mergers and acquisitions decisions? [J]. Journal of Accounting and Economics, 2019, 68(1): 101223.

[96]顾乃康,周艳利. 卖空制度、企业投资与资源配置效率[J]. 中山大学学报(社会科学版),2020,60(1):198-207.

[97]GAO K, LIN W. Margin trading, short selling, and bond yield spread [J]. China Journal of Accounting Research, 2018, 11(1): 51-70.

[98]顾乃康,周艳利. 卖空的事前威慑、公司治理与企业融资行为——基于融资融券制度的准自然实验检验[J]. 管理世界,2017(2):120-134.

[99]赵文庆,王婧. 融资融券与上市公司现金股利政策[J]. 投资研究,2017,36(7):66-78.

[100]MASSA M, ZHANG B, ZHANG H. Governance through threat: Does short selling improve internal governance? [J]. Working Paper, 2013.

[101]陆瑶,彭章,冯佳琪. 融资融券对上市公司治理影响的研究[J]. 管理科学学报,2018, 21(11):92-111.

[102]马惠娴,佟爱琴. 卖空机制对高管薪酬契约的治理效应——来自融资融券制度的准自然实验[J]. 南开管理评论,2019,22(2):61-74.

[103]洪昀,李婷婷,姚靠华. 融资融券、终极控制人两权分离与大股东掏空抑制[J]. 财经理论与实践,2018,39(4):67-72,79.

[104]熊家财,郭雪静,胡琛. 卖空与企业避税:基于融资融券的准自然实验[J]. 金融经济学研究,2019,34(5):122-136.

[105]孟庆斌,邹洋,侯德帅. 卖空机制能抑制上市公司违规吗? [J]. 经济研究,2019,54(6):89-105.

[106]PORTER M E. Capital disadvantage: America's failing capital investment system[J]. Harv Bus Rev, 1992, 70(5): 65-82.

[107]SCHUMPETER J A. The theory of economic development[M]. Cambridge: Harvard University Press, 1911.

[108]SOLOW R M. Technical change and the aggregate production function [J]. The Review of Economics and Statistics, 1957, 39(3): 312-320.

[109]ROMER P M. Increasing returns and long - run growth[J]. Journal of Political Economy, 1986, 94(5): 1002 - 1037.

[110]SCHMOOKLER J. Invention and economic growth [M]. Cambridge: Harvard University Press, 1966.

[111]EDQUIST C, HOMMEN L, MCKELVEY M. Innovation and employment: Process versus product innovation[M]. Cheltenham: Edward Elgar, 2001.

[112]柳卸林. 技术创新经济学[M]. 北京:中国经济出版社,1993.

[113]MYERS S, MARQUIS D G. Successful industrial innovations: A study of factors underlying innovation in selevted firms[R]. National Science Foundation, 1969.

[114]UTTERBACK J M. Innovation in industry and the diffusion of technology[J]. Science, 1974, 183(4125): 620 - 626.

[115]FREEMAN C, SOETE L. The economics of industrial innovation[M]. London: Routledge, 1982.

[116]COUNCIL on COMPETITIVENESS . Innovate America: Thriving in a world of challenge and change[R]. Washington DC: 2004.

[117]HE J, TIAN X. Finance and corporate innovation: A Survey [J]. Asia - Pacific Journal of Financial Studies, 2018, 47(2): 165 - 212.

[118]MANSO G. Motivating innovation[J]. The Journal of Finance, 2011, 66(5): 1823 - 1860.

[119]TIAN X, WANG T Y. Tolerance for failure and corporate innovation [J]. Review of Financial Studies, 2014, 27(1): 211 - 255.

[120]KORTUM S, LERNER J. Assessing the contribution of venture capital to innovation[J]. The RAND Journal of Economics, 2000, 31(4): 674 - 692.

[121]陈思,何文龙,张然. 风险投资与企业创新:影响和潜在机制[J]. 管理世界,2017(1): 158 - 169.

[122]温军,冯根福. 风险投资与企业创新:"增值"与"攫取"的权衡视角[J]. 经济研究,2018,53(2): 185 - 199.

[123]CHEMMANUR T J, FULGHIERI P. Entrepreneurial finance and innovation: An introduction and agenda for future research[J]. Review of Financial Studies, 2014, 27(1): 1 - 19.

[124]陆瑶,张叶青,贾睿,等."辛迪加"风险投资与企业创新[J].金融研究,2017(6):159-175.

[125]成力为,邹双.风险投资后期进入对企业创新绩效的影响研究——选择效应抑或增值效应?[J].管理评论,2020,32(1):80-90.

[126]MALMENDIER U, TATE G. CEO overconfidence and corporate investment[J]. The Journal of Finance, 2005, 60(6): 2661-2700.

[127]GALASSO A, SIMCOE T S. CEO overconfidence and innovation[J]. Management Science, 2011, 57(8): 1469-1484.

[128]HIRSHLEIFER D, LOW A, TEOH S H. Are overconfident CEOs better innovators? [J]. The Journal of Finance, 2012, 67(4): 1457-1498.

[129]易靖韬,张修平,王化成.企业异质性、高管过度自信与企业创新绩效[J].南开管理评论,2015,18(6):101-112.

[130]CUSTÓDIO C, FERREIRA M A, MATOS P. Do general managerial skills spur innovation? [J]. Management Science, 2017, 65(2): 459-476.

[131]何瑛,于文蕾,戴逸驰,等.高管职业经历与企业创新[J].管理世界,2019,35(11):174-192.

[132]付雷鸣,万迪昉,张雅慧.VC是更积极的投资者吗?——来自创业板上市公司创新投入的证据[J].金融研究,2012(10):125-138.

[133]郑春美,朱丽君.QFII对创新投入及企业价值的影响[J].科技进步与对策,2019,36(5):86-95.

[134]FERREIRA D, MANSO G, SILVA A C. Incentives to innovate and the decision to go public or private[J]. The Review of Financial Studies, 2014, 27(1): 256-300.

[135]BERNSTEIN S. Does going public affect innovation? [J]. The Journal of Finance, 2015, 70(4): 1365-1403.

[136]ACHARYA V, XU Z. Financial dependence and innovation: The case of public versus private firms[J]. Journal of Financial Economics, 2017, 124(2): 223-243.

[137]李丹蒙,孙淑伟,颜恩点.创业板公司公开上市对研发投入的影响分析[J].管理评论,2019,31(11):115-127.

[138]李云鹤,黄雨薇,马圣杰.上市促进了企业创新吗?——来自创业板

制造业企业的经验证据[J]. 南方经济,2018(7):59-74.

[139]FANG V W, TIAN X, TICE S. Does stock liquidity enhance or impede firm innovation?[J]. The Journal of Finance, 2014, 69(5):2085-2125.

[140]冯根福,刘虹,冯照桢,等. 股票流动性会促进我国企业技术创新吗?[J]. 金融研究, 2017(3):192-206.

[141]DONG M, HIRSHLEIFER D, TEOH S H. Stock market overvaluation, moon shots, and corporate innovation[J]. Working Paper, 2019.

[142]赵国庆,王光辉. 资本市场错误定价与企业创新[J]. 商业经济与管理,2019(1):62-73.

[143]HE J (JACK), TIAN X. The dark side of analyst coverage: The case of innovation[J]. Journal of Financial Economics, 2013, 109(3):856-878.

[144]FANG L H, LERNER J, WU C. Intellectual property rights protection, ownership, and innovation: Evidence from China[J]. The Review of Financial Studies, 2017, 30(7):2446-2477.

[145]倪骁然,朱玉杰. 劳动保护、劳动密集度与企业创新——来自 2008 年《劳动合同法》实施的证据[J]. 管理世界,2016(7):154-167.

[146]王珏,祝继高. 劳动保护能促进企业高学历员工的创新吗?——基于 A 股上市公司的实证研究[J]. 管理世界,2018, 34(3):139-152,166,184.

[147]LI X, MOSHIRIAN F, TIAN X, et al. The real effect of financial disclosure: International evidence[J]. Working Paper, 2016.

[148]GAO H, ZHANG J. SOX section 404 and corporate innovation[J]. Journal of Financial and Quantitative Analysis, 2019, 54(2):759-787.

[149]赵书博,王秀哲,曹越. 我国激励企业创新的税收政策研究[J]. 税务研究,2019(8):20-26.

[150]白旭云,王砚羽,苏欣. 研发补贴还是税收激励——政府干预对企业创新绩效和创新质量的影响[J]. 科研管理,2019,40(6):9-18.

[151]冯泽,陈凯华,戴小勇. 研发费用加计扣除是否提升了企业创新能力?——创新链全视角[J]. 科研管理,2019,40(10):73-86.

[152]张俊瑞,陈怡欣,汪方军. 所得税优惠政策对企业创新效率影响评价研究[J]. 科研管理, 2016,37(3):93-100.

[153]HE J, TIAN X. Do short sellers exacerbate or mitigate managerial myopi-

a? Evidence from patenting activities[J]. WORKING PAPER, 2016.

[154]陈怡欣,张俊瑞,汪方军.卖空机制对上市公司创新的影响研究——基于我国融资融券制度的自然实验[J].南开管理评论,2018,21(2):62-74.

[155]权小锋,尹洪英.中国式卖空机制与公司创新——基于融资融券分步扩容的自然实验[J].管理世界,2017(1):128-144,187-188.

[156]HABIB A, HASAN M M, JIANG H. Stock price crash risk: Review of the empirical literature[J]. Accounting and Finance, 2018, 58: 211-251.

[157]BLECK A, LIU X. Market transparency and the accounting regime[J]. Journal of Accounting Research, 2007, 45(2): 229-256.

[158]KIM J, LI Y, ZHANG L. Corporate tax avoidance and stock price crash risk: Firm-level analysis[J]. Journal of Financial Economics, 2011, 100(3): 639-662.

[159]KIM J-B, ZHANG L. Accounting conservatism and stock price crash risk: Firm-level evidence[J]. Contemporary Accounting Research, 2016, 33(1): 412-441.

[160]FRANCIS B, HASAN I, LI L. Abnormal real operations, real earnings management, and subsequent crashes in stock prices[J]. Review of Quantitative Finance & Accounting, 2016, 46: 217-260.

[161]潘越,戴亦一,林超群.信息不透明、分析师关注与个股暴跌风险[J].金融研究, 2011(9): 138-151.

[162]KIM C F, WANG K, ZHANG L. Readability of 10-K reports and stock price crash risk[J]. Contemporary Accounting Research, 2019, 36(2): 1184-1216.

[163]叶康涛,曹丰,王化成.内部控制信息披露能够降低股价崩盘风险吗?[J].金融研究,2015(2):192-206.

[164]王化成,曹丰,叶康涛.监督还是掏空:大股东持股比例与股价崩盘风险[J].管理世界, 2015(2): 45-57,187.

[165]罗进辉,杜兴强.媒体报道、制度环境与股价崩盘风险[J].会计研究,2014(9): 53-59,97.

[166]KERR W R, NANDA R. Financing innovation[J]. Annual Review of Financial Economics, 2015(7): 445-462.

[167]周铭山,张倩倩,杨丹. 创业板上市公司创新投入与市场表现:基于公司内外部的视角[J]. 经济研究,2017,52(11):135-149.

[168]IOSCO. IOSCO consults on regulatory approach to short selling[R]. Madrid: 2009.

[169]陈汉文,林永峰,鲁威朝. 做空VS反做空[M]. 北京:北京大学出版社,2018.

[170]卢太平,宋根苗. 我国融资融券业务模式的选择[J]. 财会月刊,2009(11):23-25.

[171]中共中央、国务院. 关于深化科技体制改革加快国家创新体系建设的意见[S].

[172]SMITH A. An inquiry into the nature and causes of the wealth of nations[M]. Oxford: Clarendon Press, 1776.

[173]BERLE A, MEANS C. The modern corporate and private properity[M]. New York: MacMillan, 1932.

[174]HART O D. The market mechanism as an incentive scheme[J]. Bell Journal of Economics, 1983, 14(2): 366-382.

[175]HOLMSTROM B. Essays in economics and management in honor of lars wahlbeck[D]. Helsinki: Swedish School of Economics, 1982.

[176]李姝,翟士运,古朴. 大客户关系如何影响企业技术创新?[J]. 科学学研究,2018,36(7):1314-1324.

[177]闫珍丽,梁上坤,袁淳. 高管纵向兼任、制度环境与企业创新[J]. 经济管理,2019,41(10):90-107.

[178]STIGLER G. The economics of information[J]. Journal of Political Economy, 1961, 69(3): 213-225.

[179]AKERLOF G. The market for "Lemons": Qualitative uncertainty and the market mechanism[J]. The Quarterly Journal of Economics, 1970, 84: 488-500.

[180]DEMSETZ H. The cost of transacting[J]. The Quarterly Journal of Economics, 1968:82.

[181]GARMAN M. Market microstructure[J]. Journal of Financial Economics, 1976, 3: 33-53.

[182]SPENCE M. Signaling in retrospect and the informational structure of

markets[J]. American Economic Review, 2002, 92(3): 434 -459.

[183]ROSS S A. The economic theory of agency: The principal's problem [J]. American Economic Review, 1973, 63(2): 134 -139.

[184]BHATTACHARYA S. Abstract: An exploration of nondissipative dividend - signaling structures [J]. Journal of Financial and Quantitative Analysis, 1979, 14(4): 667 -668.

[185]GROSSMAN S J, STIGLITZ J E. On the impossibility of informationally efficient markets. [J]. American Economic Review, 1980, 70(3): 393.

[186]HELLWING M F. On the aggregation of information in competitive markets[J]. Journal of Economic Theory, 1980, 22(3): 477 -498.

[187]ADMATI A R. A noisy rational expectations equilibrium for multi - asset securities markets[J]. Econometrica, 1985, 53(3): 629 -658.

[188]BOOT A W A, THAKOR A V. Financial system architecture[J]. The Review of Financial Studies, 1997, 10(3): 693 -733.

[189]SUBRAHMANYAM A, TITMAN S. The going - public decision and the development of financial markets[J]. Journal of Finance, 1999, 54(3): 1045 -1082.

[190]FOUCAULT T, GEHRIG T. Stock price informativeness, cross - listings, and investment decisions[J]. Journal of Financial Economics, 2008, 88(1): 146 -168.

[191]CHEN Q, GOLDSTEIN I, JIANG W. Price informativeness and investment sensitivity to stock price[J]. The Review of Financial Studies, 2007, 20(3): 619 -650.

[192]FOUCAULT T, FRESARD L. Learning from peers' stock prices and corporate investment [J]. Journal of Financial Economics, 2014, 111(3): 554 -577.

[193]孟庆斌,李昕宇,张鹏.员工持股计划能够促进企业创新吗?——基于企业员工视角的经验证据[J].管理世界,2019,35(11):209 -228.

[194]肖文,林高榜.政府支持、研发管理与技术创新效率——基于中国工业行业的实证分析[J].管理世界,2014(4):71 -80.

[195]HIRSHLEIFER D, HSU PH, LI D. Innovative efficiency and stock returns[J]. Journal of Financial Economics, 2013, 107(3): 632 -654.

[196] BERESKIN F L, HSU P－H, ROTENBERG W. The real effects of real earnings management: Evidence from innovation [J]. Contemporary Accounting Research, 2018, 35(1): 525－557.

[197] CHEN C, CHEN Y, HSU P－H, et al. Be nice to your innovators: Employee treatment and corporate innovation performance [J]. Journal of Corporate Finance, 2016, 39: 78－98.

[198] 江轩宇，许年行. 企业过度投资与股价崩盘风险[J]. 金融研究，2015(8): 141－158.

[199] FAMA E F. Efficient capital markets: A review of theory and empirical work [J]. The Journal of Finance, 1970, 25(2): 383－417.

[200] 徐飞. 银行信贷与企业创新困境[J]. 中国工业经济，2019(1): 119－136.

[201] BROWN J R, FAZZARI S, PETERSEN B. Financing innovation and growth: Cash flow, external equity, and the 1990s R&D boom [J]. The Journal of Finance, 2009, 64(1): 151－185.

[202] QIAN C, WANG H, GENG X, et al. Rent appropriation of knowledge－based assets and firm performance when institutions are weak: A study of Chinese publicly listed firms [J]. Strategic Management Journal, 2017, 38(4): 892－911.

[203] DRAKE M S, REES L, SWANSON E P. Should investors follow the prophets or the bears? Evidence on the use of public information by analysts and short sellers [J]. The Accounting Review, 2011, 86(1): 101－130.

[204] CHAKRABARTY B, SHKILKO A. Information transfers and learning in financial markets: Evidence from short selling around insider sales [J]. Journal of Banking & Finance, 2013, 37(5): 1560－1572.

[205] BARNEY J. Firm resources and sustained competitive advantage [J]. Journal of Management, 1991, 17(1): 99－120.

[206] TEECE D J, PISANO G, SHUEN A. Dynamic capabilities and strategic management [J]. Strategic Management Journal, 1997, 18(7): 509－533.

[207] CROOK T R, KETCHEN D J, COMBS J G, et al. Strategic resources and performance: A Meta－Analysis [J]. Strategic Management Journal, 2008, 29(11): 1141－1154.

[208] EBERHART A C, MAXWELL W F, SIDDIQUE A R. An examination

of long – term abnormal stock returns and operating performance following R&D increases[J]. The Journal of Finance, 2004, 59(2): 623 – 650.

[209] ZHANG D, ZHENG W, NING L. Does innovation facilitate firm survival? Evidence from Chinese high – tech firms[J]. Economic Modelling, 2018, 75: 458 – 468.

[210] EISDORFER A, HSU P – H. Innovate to survive: The effect of technology competition on corporate bankruptcy[J]. Financial Management, 2011, 40(4): 1087 – 1117.

[211] BUSHMAN R M, SMITH A J. Transparency, financial accounting information, and corporate governance[J]. Economic Policy Review, 2003, 9(1): 65 – 87.

[212] AGHION P, BLOOM N, BLUNDELL R, et al. Competition and innovation: An inverted – U relationship[J]. The Quarterly Journal of Economics, 2005, 120(2): 701 – 728.

[213] CHANG X, CHEN Y, WANG S Q, et al. Credit default swaps and corporate innovation[J]. Journal of Financial Economics, 2019, 134(2): 474 – 500.

[214] PETERSEN M A. Estimating standard errors in finance panel data sets: Comparing approaches[J]. The Review of Financial Studies, 2009, 22(1): 435 – 480.

[215] WINTOKI M B, LINCK J S, NETTER J M. Endogeneity and the dynamics of internal corporate governance[J]. Journal of Financial Economics, 2012, 105(3): 581 – 606.

[216]方芳,蔡卫星. 银行业竞争与企业成长:来自工业企业的经验证据[J]. 管理世界,2016(7): 63 – 75.

[217] BLUNDELL R, BOND S. Initial conditions and moment restrictions in dynamic panel data models[J]. Journal of Econometrics, 1998, 87(1): 115 – 143.

[218]袁齐,洪正. 所有权结构、信息不对称与技术创新——基于一项自然实验的研究[J]. 当代经济科学,2018,40(4): 58 – 65,126.

[219]温忠麟,张雷,侯杰泰,等. 中介效应检验程序及其应用[J]. 心理学报,2004(5): 614 – 620.

[220]DEFOND M, HUNG M. Investor protection and corporate governance: Evidence from worldwide CEO turnover[J]. Journal of Accounting Research, 2004, 42: 269-312.

[221]梁上坤,陈冬华.大股东会侵犯管理层利益吗?——来自资金占用与管理层人员变更的经验证据[J].金融研究,2015(3):192-206.

[222]BERGSTRESSER D, PHILIPPON T. CEO incentives and earnings management[J]. Journal of Financial Economics, 2006, 80(3): 511-529.

[223]李春涛,宋敏.中国制造业企业的创新活动:所有制和CEO激励的作用[J].经济研究,2010, 45(5): 55-67.

[224]AIKEN L, WEST S. Multiple regression: Testing and interpreting interactions - institute for social and economic research[J]. Journal of the Operational Research Society, 1991, 45(1): 119-120.

[225]王永海,王铁林,李青原.机构投资者参与公司治理积极性的分析[J].南开管理评论,2007,10(1):4-7,15.

[226]张强,王明涛.机构投资者对企业创新的影响机制——来自中小创板上市公司的经验证据[J].科技进步与对策,2019,36(13):1-10.

[227]MARCH J G. Exploration and exploitation in organizational learning[J]. Organization Science, 1991, 2(1): 71-87.

[228]孙俊杰,张云.金融发展、代理成本与企业创新策略[J].财经问题研究,2019(3):50-59.

[229]毕晓方,翟淑萍,姜宝强.政府补贴、财务冗余对高新技术企业双元创新的影响[J].会计研究,2017(1):46-52,95.

[230]TIDD J, BESSANT J. Managing innovation; integrating technological, market and organizational change[M]. Chichester: John Wiley & Sons Ltd, 2009.

[231]CRUZ CÁZARES C, BAYONASÁEZ C, GARCÍAMARCO T. You can't manage right what you can't measure well: Technological innovation efficiency[J]. Research Policy, 2013, 42(6-7): 1239-1250.

[232]ANDREWS D, SERRES A. Intangible assets, resource allocation and growth: A framework for analysis[J]. Working Paper, 2012.

[233]MEADE L M, PRESLEY A. R&D project selection using the analytic network process[J]. IEEE Transactions on Engineering Management, 2002, 49

(1): 59 -66.

[234] ALLEN F, GALE D. Innovations in financial services, relationships, and risk sharing[J]. Management Science, 1999, 45(9): 1239 -1253.

[235] KONG D, LIN C, WEI L, et al. Information accessibility and corporate innovation[J]. Working Paper, 2018.

[236]王悦亨,王毅,李纪珍. 创新目标、信息来源与创新成功关系实证研究[J]. 科研管理, 2015,36(1): 8 -17.

[237] FAMA E, MILLER M. The theory of finance[M]. New York: Holt, Rinehart & Winston, 1972.

[238] DOW J, GORTON G. Stock market efficiency and economic efficiency: Is there a connection? [J]. The Journal of Finance, 1997, 52(3): 1087 -1129.

[239] DURNEV A, MORCK R, YEUNG B. Value - enhancing capital budgeting and firm - specific stock return variation[J]. The Journal of Finance, 2004, 59(1): 65 -105.

[240] MATHERS A M, WANG B, WANG X (SARA). Innovation and price informativeness[J]. Financial Management, 2017, 46(2): 523 -546.

[241] JIANG L, PANG L. Does short selling enhance the allocational role of stock price? Evidence from Hong Kong[J]. Journal of International Financial Management & Accounting, 2016, 27(3): 269 -297.

[242] DUTTA P K. Optimal management of an R&D budget[J]. Journal of Economic Dynamics & Control, 1997, 21(2): 575 -602.

[243]梁莱歆,马如飞. R&D 资金管理与企业自主创新——基于我国信息技术类上市公司的实证分析[J]. 财经研究,2009,35(8): 49 -59.

[244]刘波,李志生,王泓力,等. 现金流不确定性与企业创新[J]. 经济研究,2017,52(3): 166 -180.

[245] GRAHAM J R, HARVEY C R, RAJGOPAL S. The economic implications of corporate financial reporting[J]. Journal of Accounting and Economics, 2005, 40(1): 3 -73.

[246] KOTHARI S P, MIZIK N, ROYCHOWDHURY S. Managing for the moment: The role of earnings management via real activities versus accruals in SEO valuation[J]. The Accounting Review, 2015, 91(2): 559 -586.

[247]CHANG X, FU K, LOW A, et al. Non - executive employee stock options and corporate innovation[J]. Journal of Financial Economics, 2015, 115(1): 168 - 188.

[248]姜英兵,于雅萍. 谁是更直接的创新者?——核心员工股权激励与企业创新[J]. 经济管理,2017,39(3):109 - 127.

[249]AIGNER D, LOVELL C A K, SCHMIDT P. Formulation and estimation of stochastic frontier production function models[J]. Journal of Econometrics, 1977, 6(1): 21 - 37.

[250]CHARNES A, COOPER W W, RHODES E. Measuring the efficiency of decision making units[J]. European Journal of Operational Research, 1978, 2(6): 429 - 444.

[251]FU X. How does openness affect the importance of incentives for innovation? [J]. Research Policy, 2012, 41(3): 512 - 523.

[252]HONG J, FENG B, WU Y, et al. Do government grants promote innovation efficiency in China's high - tech industries? [J]. Technovation, 2016(57 - 58): 4 - 13.

[253]国家知识产权局. 2016 年中国专利调查数据报告[R]. 2017.

[254]夏宁,蓝梦,宁相波. EVA 考核,研发费用管理与央企创新效率[J]. 系统工程理论与实践,2019,39(8):2038 - 2048.

[255]胡元木,纪端. 董事技术专长、创新效率与企业绩效[J]. 南开管理评论,2017,20(3):40 - 52.

[256]GAO W, CHOU J. Innovation efficiency, global diversification, and firm value[J]. Journal of Corporate Finance, 2015, 30: 278 - 298.

[257]吴延兵. 国有企业双重效率损失研究[J]. 经济研究,2012,47(3):15 - 27.

[258]SUNDER J, SUNDER S V, ZHANG J. Pilot CEOs and corporate innovation[J]. Journal of Financial Economics, 2017, 123(1): 209 - 224.

[259]陈习定,戴晓震,张芳芳. 管理层持股对企业技术创新效率的影响研究[J]. 科研管理,2018,39(5):11 - 18.

[260]DURNEV A, MORCK R, YEUNG B, et al. Does greater firm - specific return variation mean more or less informed stock pricing? [J]. Journal of Account-

ing Research, 2003, 41(5): 797 - 836.

[261]钟覃琳,陆正飞.资本市场开放能提高股价信息含量吗?——基于“沪港通”效应的实证检验[J].管理世界,2018,34(1):169 - 179.

[262]GUNNY K A. The Relation between earnings management using real activities manipulation and future performance: Evidence from meeting earnings benchmarks[J]. Contemporary Accounting Research, 2010, 27(3): 855 - 888.

[263]MOSHIRIAN F, TIAN X, ZHANG B, et al. Stock Market Liberalization and Innovation[J]. Journal of Financial Economics, 2019, Forthcoming.

[264]韩东林,徐晓艳,陈晓芳.“中国制造 2025”上市公司技术创新效率评价[J].科技进步与对策,2016,33(13):113 - 119.

[265]韩鹏,岳园园.企业创新行为信息披露的经济后果研究——来自创业板的经验证据[J].会计研究,2016(1):49 - 55,95.

[266]汪海粟,方中秀.无形资产的信息披露与市场检验——基于深圳创业板上市公司数据[J].中国工业经济,2012(8):135 - 147.

[267]彭俞超,倪骁然,沈吉.企业“脱实向虚”与金融市场稳定——基于股价崩盘风险的视角[J].经济研究,2018,53(10):50 - 66.

[268]CHEN J, HONG H, STEIN J C. Forecasting crashes: Trading volume, past returns, and conditional skewness in stock prices[J]. Journal of Financial Economics, 2001, 61(3): 345 - 381.

[269]HUTTON A P, MARCUS A J, TEHRANIAN H. Opaque financial reports, R2, and crash risk[J]. Journal of Financial Economics, 2009, 94(1): 67 - 86.

[270]DECHOW P M, SLOAN R G, SWEENEY A P. Detecting earnings management[J]. The Accounting Review, 1995, 70(2): 193 - 225.

[271]彭旋,王雄元.支持抑或掠夺?客户盈余信息与供应商股价崩盘风险[J].经济管理,2018, 40(8):135 - 152.

[272]谭松涛,黄俊凯,杜安然.个人大股东持股与股价暴跌风险[J].金融研究,2019(5):152 - 169.

[273]BHATTACHARYA S, RITTER J R. Innovation and communication: Signalling with partial disclosure[J]. The Review of Economic Studies, 1983, 50(2): 331 - 346.

[274]胡楠,张婷,李效宇. 描述性创新、真实创新活动和盈余持续性——基于文本分析和机器学习[C]. 第十七届中国实证会计国际研讨会,2018.

[275]CHEN X, CHENG Q, LUO T, et al. Short sellers and long - run management forecasts[J]. Contemporary Accounting Research, 2019, Forthcoming.

[276]LOUGHRAN T, MCDONALD B. When is a liability not a liability? Textual analysis, dictionaries, and 10 - Ks[J]. The Journal of Finance, 2011, 66(1): 35 - 65.

[277]MERKLEY K J. Narrative Disclosure and earnings performance: Evidence from R&D disclosures[J]. The Accounting Review, 2014, 89(2): 725 - 757.

[278]LANG M, LUNDHOLM R. Cross - sectional determinants of analyst ratings of corporate disclosures[J]. Journal of Accounting Research, 1993, 31(2): 246 - 271.

[279]KOGAN L, PAPANIKOLAOU D, SERU A, et al. Technological innovation, resource allocation, and growth[J]. The Quarterly Journal of Economics, 2017, 132(2): 665 - 712.

索　引